Julius Rodenberg

Verschollene Inseln

Sand- und Seebilder

Julius Rodenberg

Verschollene Inseln
Sand- und Seebilder

ISBN/EAN: 9783741130151

Hergestellt in Europa, USA, Kanada, Australien, Japan

Cover: Foto ©Thomas Meinert / pixelio.de

Manufactured and distributed by brebook publishing software (www.brebook.com)

Julius Rodenberg

Verschollene Inseln

Verschollene Inseln.

Sand- und Seebilder

von

Julius Rodenberg.

> Und eine Feder fällt
> Herab, daß diesen Tag
> Ich Sand und Möwenflug
> Damit beschreiben mag.
>
> Freiligrath.

Berlin.
Verlag von Julius Springer.
1861.

Inhalts-Verzeichniß.

	Seite
Die Matrosen von St. Pauli	1
Die Düne von Helgoland	21
Stillleben auf Sylt	79
Die Insel Thanet	195
Jersey und Guernsey	225
Schlußwort	289

An Claudine.

Mich aber treibt's, ein andres Land zu suchen,
Und ein Columbus ist mein ahnend Herz.
                              Robert Prutz.

Mein Herz ist dunkel wie die Nacht,
Die schon heraufzieht, dumpf und schwer;
Ich hab' mein Leiden mitgebracht,
Und trag' es an das große Meer.

Da steh' ich nun und schau' hinaus —
Hinaus vom letzten Dünenhang;
Umtost von Wind- und Flutgebraus,
Umglänzt vom Sonnenuntergang.

Es glänzt vor mir ein Zauberland
Mit Palmenthal und Kuppeldom,
Und um der blauen Berge Rand
Schlingt sich ein breiter Purpurstrom.

Die Landschaft blitzt, und golden winkt
Der Ferne süßer Dämmerschein;
Die Welle spricht, indem sie sinkt
Und steigt: O komm! O komm hinein!

O komm hinein! Da drüben liegt,
Da drunten Dein ersehntes Thal!
O komm, so lange sich noch wiegt
Auf unsrem Schaum der letzte Strahl.

Bring mit Dir Alles, was noch Dein;
Erinn'rung, bis zum Letzten treu —
Bring mit Dir jede Seelenpein,
Und jeden Schmerz und Haß und Reu'!

Was Du Dir nie vergeben hast —
O bring' es mit, daß es versöhnt
Die sel'ge Stätte Deiner Rast
Als reifste Lebensfrucht verschönt.

Und bring' die Lieb' auch — o vergiß,
Vergiß sie nicht! Sieh' dort im Hain
Des Gelbgewölks, das halb schon riß,
Soll Eure neue Wohnung sein.

Doch eil' Dich, eil' Dich — sieh', schon bleich
Und bleicher wird der Sonnenglanz;
Und eilst Du nicht in's Zauberreich,
So sinkt's vor Deinen Blicken ganz.

O komm, einsam Verlorner, komm!
Sieh! leise schon verrinnt der Duft;
Wenn jener Funke noch verglomm,
Begräbt's die eisige Meeresgruft.

Unsel'ger! sieh — die Friedensstatt
Drin Du mit Deinem Lieb sollst ruhn,
Sie dämmert nur noch falb und matt,
Und dunkler, dunkler wird es nun.

Und jetzt ... es sinkt ... es schwindet, weh!
Umsonst hebt jammernd sich die Hand;
Das Zauberland geht in die See,
Und Dunkelheit bedeckt den Strand.

Und was so süß noch eben klang,
Wie aus der Heimat Liebesruf,
Wird nun ein finst'rer Nachtgesang
Von Leiden, die man selbst sich schuf.

Und was, wie goldne Schwärmerei,
Noch eben Aug' und Ohr umfing,
Wird ein gewalt'ger Schmerzensschrei
Um eine Welt, die unterging.

———•◇•———

Die Matrosen von St. Pauli.

(1859.)

Die Nordsee! Gentlemen, ein besser Bierhauszeichen
Schuf keines Wirthes Witz für Leute meinesgleichen!
Ein rechtes Schifferschild! Das salzigste am Dock!
Gebt an! Ein Seemann muß in See gehn! kaum ent-
                                              ronnen
Der einen, treibt es mich schon wieder zu den Tonnen
Der andern! — Jenny, ein Glas Grog!
     Ferdinand Freiligrath.

Es ist noch nicht lange, daß ich wieder einmal einige Tage Station in Hamburg machte. Hamburg ist keine Stadt, die ich besuchen würde, wenn ich Ferien hätte und mich von Arbeit und Stubenluft erholen möchte. Die Stadt trägt allzusehr den Charakter der rastlosen Geschäftshaft an sich, und es würde mich beunruhigen, in der ganzen Masse geschäftiger Menschen der einzige Müßiggänger zu sein. Wenn ich aber von weiten Reisen zurückkehre oder auch ehe ich sie antrete, mache ich gerne Halt in Hamburg. Gehe ich nach London, so bin ich in Hamburg gewissermaßen schon in seiner äußersten Vorstadt; und kehre ich von dort zurück, so habe ich noch die leise schwindende Nachempfindung: den Hafen, die Schiffe, ein englisches Gesicht, ein englisches Wort hie und da, und kann mich zugleich wieder an Alles gewöhnen, was die Heimath im guten und bösen Sinne Eigenthümliches hat. In diesen Uebergangs-Stadien meines Wanderlebens ist mir Hamburg lieb geworden. Diesmal kam ich von den einsamen Gestaden der Nordsee zurück, woselbst ich mehrere Wochen in tiefer Abgeschiedenheit gelebt hatte.

Ich sehnte mich nach dem vollen Strome des Weltverkehrs, und wünschte mich mitten hinein. Ich nahm meinen Weg über Hamburg, und hatte was ich wollte.

Da saß ich wieder auf dem Steinbalcon meines Herrn Grube vom Kronprinzen-Hôtel; vor mir schimmerte das Alsterbassin in seinen feinsten Purpurlinien, die Morgensonne umwob das Blau mit Brocatbesatz; die Morgenluft, herbstlich kühl und erfrischend, hauchte Leben hinein; kleine Böte tanzten darüber hin, und im Hintergrund, auf der lachenden Anhöhe unter grünen Herbstbäumen, drehte die Windmühle lustig ihr weißes Flügelwerk. Da trat mein Freund zu mir, der alle erdenklichen Sprachen spricht, die halbe Welt durchreist hat und die ganze kennt. Oft, wenn er mich stundenlang mit seinen Reise-Abenteuern unterhalten hatte, und der beredte Mund sich auf eine Weile schloß, hab' ich ihn gefragt, warum er diese goldenen Schätze der Erfahrung und Beobachtung in solch' unverantwortlicher Weise verschwende? „Heißt das verschwenden," antwortete er mir alsdann, „wenn ich sie meinen Freunden, Dir und den anderen mittheile?" „Warum," hab' ich ihn gefragt, „benützest Du nicht eine müßige Stunde des Morgens, eine Feierstunde des Abends, um niederzuschreiben, wie Du vier Jahre in Rom unter den deutschen Künstlern verlebt hast — wie Du Sicilien bis an's letzte Außendorf durchschweift, wie Du in Florenz geschwelgt, und im Hafen von Marseille gedarbt hast — was Du in der Normandie gesehen, in Paris erfahren, und in den Schneethälern der Pyrenäen

gelitten haſt?" — „Laß das!" erwiderte er darauf, „wir
können nicht alle Geſchäftsreiſende ſein; es muß auch
Handwerksburſchen und Vagabunden geben. Die Wan=
derluſt würde ſonſt bald ein ſchönes Märchen werden, und
die ganze Literatur ein gelber Bädeler!"

Ach, wie recht hat mein lieber Freund gehabt! . . . .
Wir plauderten noch lange und wir rauchten noch manch
eine Cigarre auf dem Steinbalcon meines Herrn Grube
vom Kronprinzen=Hôtel. Mittag war längſt vorüber.
Endlich gingen wir. Wir gingen dem Hafen zu. Mit
dem Weſtwind, der von England weht, kam die friſche
Waſſerkühle uns entgegen; wir ſahen die Maſten und
die bunten Wimpel darauf. Feierſtille herrſchte im Hafen,
denn es war Sonntag Nachmittag, und dem Tag des
Herrn zu Ehren hatten alle Schiffe die Flaggen aufgeſetzt.
Es war ein mannichfaltiger Wald, das dunkle Maſten=
und Raaenholz von tauſend farbigen Tüchern belebt, und
die Tücher vom rauſchenden Weſtwind. Tauſend Remi=
niscenzen gingen durch unſere Seelen.

Dies nun heiß' ich mein Vergnügen, an dem Hafen Nachts zu
wandeln,
Wo die großen Schiffe liegen, die nach fernen Küſten han=
deln . . . .

Dieſe Verſe Freiligrath's ſagte ich, als wir uns
dem Hafen von Hamburg nahten. Dieſe Verſe fallen
mir jedesmal ein, wenn ich das Meer und die Schiffe
darauf ſehe. Später, in London, erzählte mir Freiligrath
einmal, daß er ſie in Amſterdam, als ſein Platz noch

zwischen Buttertonnen und Zuckerfässern gewesen sei, gedichtet, und auf ein Blatt, welches nach Käse roch, geschrieben habe.

Wir begaben uns in eine Hafentaverne, aßen Beefsteak und tranken, treu unserer fernen Freunde gedenkend, Porter dazu. Darauf bestiegen wir einen Elbdampfer und fuhren durch die ankernden Weltschiffe dem offenen Strome zu. Nichts Lieblicheres als die Ufer desselben. Sie gleichen einer blühenden Gartenterrasse; das frische Wasser und die häufigen Nebel, die es entsendet, halten das Grün frischer, als sonst wo, und aus der freundlichen Umgebung von Blumengesträuch und Waldgebüsch leuchtet manch' eine weiße Villa herunter. Sie sagt dem Gehenden ein wehmüthiges Lebewohl, und sie giebt dem Kommenden, der lange nichts gesehen hat, als graue Wolken und graue Wellen, den ersten Willkommen, den ersten Gruß des farbenreichen Lebens. Die Gesellschaft auf unserem Fahrzeug war von sonntäglicher Mischung, kein Geschäftsgesicht darunter, Alles heiter, die Einen dem Westen zugewandt, wo das große Meer liegt, die Anderen dem grünen, duftigen Gestade. Auch ein paar französische Damen, junge, dunkle, hübsche Mädchen mit ihrem Vater, waren in der Gesellschaft, und fröhliche Hornmusik begleitete jeden Schlag, den die Räder in's stäubende Wasser thaten.

So fuhren wir stroman und hielten zuletzt an der Landungsbrücke von Blankenese. — Menschen genug, die gleich uns in's Freie gepilgert waren, gab es hier; und kaum war die Musik auf dem Wasser verklungen, so empfing uns andere Musik vom Lande, und in einem schön belaubten Garten auf der Terrasse nahmen wir unseren Kaffee, rauchten und plauderten dazu. Nun stand noch eine Hügelspitze über uns, die mußte erklommen werden. Auf diesen Hügel, der Süllberg genannt, bildet sich Hamburg etwas ein, und der Hamburger erläßt es keinem Fremden, ihn zu besteigen. Wir thaten es und genossen des weiten Rundblicks über den Strom, die breiten Uferanlagen und den entfernten Hafen gegen die Stadt hin. Alles lag im sanften Abendsonnenschein. Gegenüber standen, wie ein Wall, die bläulichen Grenzhügel des hannoverschen Reiches. „Hast Du keine Sehnsucht nach Deiner Heimath?" fragte mein Freund. Ich mußte den Kopf schütteln; ich hatte keine.

Die Sonne stand schon tief, als wir das Schiff wieder bestiegen, und sie ging unter, indem wir stromaufwärts schwammen. Selten habe ich sie schöner untergehen sehen. Sie stand lange wie ein Feuerball über der dunklen Stromfläche, bis die Nebel des Meeres kamen und sie begruben. Da aber flimmerten schon die ersten Lichter der Stadt herüber, und die Hornmusik, die uns empfangen hatte, entließ uns mit den letzten Accorden einer hübschen Tanzmelodie. Wir standen am Lande; es war Abend, und ringsum und weit hinaus brannten die Lichter der Hamburger Vorstadt. Auf einer Anhöhe zu unserer Rechten unterschied man ein dunkles Gebäude; seine breiten und hohen Außenlinien zeichneten sich auf

dem dämmernden Abendhimmel ab, und seine Grund=
mauern schienen von Busch und Baum dicht versteckt.
„Dies ist das Seemannsasyl," sagte mein Freund. „Es
wird bald fertig sein; dann werden für ein Billiges alte
Seefahrer, die keine Familie und keine Heimath mehr
haben, Aufnahme darin finden. Anstatt ihren Lebensrest
auf den Schnapsbänken zu verlumpern, werden sie ein
geregeltes Dasein in guten und bequemen Verhältnissen
führen. Ihr Blick geht auf das Wasser, und ihr Zeit=
vertreib wird es sein, mit den Schiffen und den Schiffern
zu verkehren, die auf demselben liegen. — Laß uns an
der Seite dieses Gebäudes hinaufgehen; der Weg führt
nach St. Pauli."

St. Pauli, auch der Hamburger Berg genannt, ist
der Sammelplatz des rohen Vergnügens, der ungebän=
digten Freude, der wilden, naturzuständlichen Lust mit all
ihren leidenschaftlichen Uebergriffen und kräftigen Aus=
schreitungen. Es ist bei Weitem nicht das Gemeinste, was
man in dieser Art sehen kann; ich habe in der Hafen-
gegend von Liverpool andere Dinge gesehen. Aber es ist
das Eigenthümlichste, und in seiner Zusammensetzung und
Ausdehnung das Mannichfaltigste. St. Pauli wimmelt
von Tanzbuden und Schanklokalen, von Häusern, in denen
gesungen, gespielt und gewürfelt wird, von Theatern,
Caroussels, Kunstreiterzelten und Panoramen. Kein noch
so entfernter Genuß, der entweder das Auge oder das
Ohr ergötzen kann, ist vergessen; Stereoskopen und Wachs=
figuren sind da, und es fehlt nicht an tausend Dingen,

an denen nur ein Kind, oder ein Mensch, der geistig auf der Stufe desselben stehen geblieben ist, Freude haben kann. Hunde und Affen machen ihre Sprünge; Marionetten hüpfen an Drahtfäden, und auf einem großen Leierkasten sehen wir Peter den Großen, der seinem Kammerdiener den Zahn auszieht. St. Pauli ist das Eldorado, nach welchem der Seemann sich sehnt, einerlei, aus welchem Lande er stammt und unter welchem Himmelsstrich er geboren. Wenn er, alt und grau und verwittert, wieder in dem einsamen Küstendorfe, in der vom Vater ererbten Hütte sitzt, so erzählt er den Enkeln von den Wundern des Hamburger Berges, und die Enkel hören es und sagen, sie wollten auch zur See gehen, den Hamburger Berg besuchen und die Dinge sehen, die ihnen wie Wunder vorschweben, ihr Lebelang. Und der Matrose, wenn er Nachts auf der Wache steht, sein Auge in den Regen schaut und sein Ohr den Wind vernimmt, der durch die endlose See saust und heulend das Großmarssegel füllt: dann zum einsamen Rauschen der weltumspülenden Woge, indem das Schiff dahingeht, pfeift er eine Melodie, nach der er in St. Pauli getanzt, und die alles ist, was er von dort sich behalten.

Wir schritten nun an den Häusern, Zellen und Buden vorbei, die von Blaujacken voll waren, und traten in ein Theater ein, das „Elysium von St. Pauli" genannt. Die Eintrittspreise sind nicht hoch; der Platz im ersten Parquet, den wir einnahmen, kostete uns ungefähr drei Silbergroschen. Allein da das Haus noch lange nicht gefüllt und wenig Aussicht vorhanden war, daß das Spiel bald beginnen würde, so wurde uns die Zeit lang, und wir begaben uns auf die Bühne. Das Erste, was wir hier sahen, war ein junger Mann in Costüm, der mit einem Gefährten Fechtübungen hielt. Ich mußte sogleich an Leander und Wilhelm Meister denken, an den Wirthshausboden, wo sie ebenfalls mit Rappieren fochten, und an Philine. Sobald Leander uns sah, kam er freundlich auf uns zu, während Wilhelm Meister sich grollend hinter den Coulissen verlor. Leander war in den Wochentagen Handlanger bei der Hamburger Wasserleitung, und sein Geschäft war alsdann, die Eimer auf beiden Schultern, durch die Straßen der Stadt zu gehen, und seinen Artikel auszuschreien. Da demnach seine Stimme gut und wohlgeübt sein mußte, so war kein Zweifel an seiner theatralischen Befähigung. Er zweifelte auch keineswegs daran; er benutzte die freien Abende der Wochentage und den ganzen Sonntag dazu, um als zweiter Liebhaber auf dem Elysium-Theater zu fungiren. Zum ersten Liebhaber würde er's wol sobald nicht bringen, war seine Meinung, denn diese Partie ließe sich der Director nicht nehmen, obwohl er schon ein Mann sei, hoch in den Fünfzigern, und nicht viel an sich habe, was zum Verlieben wäre. Seinem bürgerlichen Charakter nach sei der Director ein Kaufmann; er verkaufe nämlich Fleisch für die Hunde, und mache gute Geschäfte. Ein geschickter Theater-Director sei er auch, das müsse er ihm nachsagen, trotzdem er es ihm nie verzeihen werde, daß er nicht aufhören könne, die ersten Liebhaber zu spielen; er mache alle Stücke, die hier zur Aufführung kommen, selber, d. h. er nehme die besten Stücke, die zu kriegen wären, streiche alles Ueberflüssige, namentlich die Reime, wo sie vorkämen, weg, und studire sie dann mit der Gesellschaft ein. Jetzt führten sie „Karl den Zwölften auf Rügen" auf, und der Director habe seine Sache so gut gemacht, daß dieses Stück, welches auf anderen Bühnen drei bis vier Stunden dauere, hier in zwanzig Minuten, die Zwischenacte eingerechnet, zu Ende komme. Sie hätten es heute, am Sonntag, schon fünfmal hintereinander her gespielt. Das da, das junge Mädchen im kurzen rothen Rock, sei des Directors Tochter; sie mache die ersten Liebhaberinnen. Wir sahen auf und bemerkten ein allerliebstes junges Geschöpf von höchstens sechzehn Jahren, das zwischen den Coulissen hin- und hertanzte. „Ha, Philine!" dachte ich, und wollte mich dem Rothröckchen nähern. Da aber trat Wilhelm Meister aus der Hinter-Coulisse und bedeutete mich und meinen Freund, daß es auf dem Elysium-Theater den Zuschauern nicht erlaubt sei die Bühne zu betreten. Wir gingen also, und Philine tanzte weiter.

Als wir auf unsere Plätze zurückgekehrt waren — das Haus hatte sich inzwischen mehr gefüllt — sahen wir am Clavier, welches hier die Stelle des Orchesters vertritt, ein wunderliches, altes, hochaufgetakeltes Weib sitzen. „Hurrah!" rief mein Freund, „das ist die tolle Gräfin! — Wie gehts, wie gehts, alte Scharteke?" wendete er sich darauf an sie. Die Angeredete sah groß auf, und lehrte uns ihr verrunzeltes Gesicht zu, das mit Schminke dick belegt und von einem falschen, haaröltriefenden Lockenputz umflattert war. „Alte Schartele?" kreischte sie. „Was? Du Lump!" Dann drehte sie sich wieder herum, und lehrte uns den Rücken. Sie trug ein schmutziges Kleid von rosa Seide, tief ausgeschnitten, so daß man vieles sah, was man lieber nicht gesehen hätte; ihre gespensterhaft dürren Arme und Hände, nackt und angenehm zu betrachten, wie ihr Hals und ihr Nacken, lagen auf dem Clavierdeckel.

„Sieh Dir dieses Weib an," sagte mein Freund. „Sie ist die Tochter eines dänischen Grafenhauses; ihr Bruder lebt noch auf den väterlichen Besitzungen, und ein Vetter, der denselben Namen führt, wie sie, ist eine angesehene Persönlichkeit in Hamburg. Sie ist jetzt alt und häßlich, und trägt jegliche Spur eines verworfenen Lebenswandels an sich; aber ältere Leute erinnern sich noch der Zeit, wo sie von Jugendfrische und Schönheit strahlte. Du fragst mich, welche Schicksale es gewesen sein mögen, die ein Wesen, von Natur und Geburt geadelt, aus den höchsten Sphären der Gesellschaft in die verrufensten heruntergeführt haben? Ich habe wenig darüber erfahren können. Man weiß nur, daß sie eines Tages aus dem Grafenschloß verschwand, daß man sie lange suchte, und zuletzt wiederfand, wie sie in einem dieser Häuser in den Armen eines Matrosen hing, der mit ihr tanzte. Die Familie ließ kein Mittel unversucht, um die arme Verirrte zurückzubringen; aber Güte erwies sich ebenso fruchtlos als Gewalt. Kaum daß man sie eine kurze Zeit im elterlichen Schlosse gehabt hatte, so war sie plötzlich wieder verschwunden, und man wußte bald nur zu gut, wo sie zu suchen sei; man schickte sie auf Reisen, man sperrte sie in ein Gefängniß, und darauf in ein Irrenhaus — aber das Ende war immer dasselbe. Man gab sie frei, und sie fuhr fort, mit den Matrosen von St. Pauli zu tanzen."

„Ihr Vater starb darüber hin und auch von ihrer Mutter sagt man, daß der Gram sie getödtet habe; der Bruder setzte der Unglücklichen eine kleine Summe aus, und überließ sie ihrem Schicksal. Darauf tanzte sie jahrelang fort, und als der Rest von Schönheit und Jugend zerstört und gänzlich ausgegeben war, setzte sie sich aus Clavier und begleitete die Tänze und Orgien der Anderen. So lange ich denken kann, spielt sie ihre Rolle in St. Pauli, und der Name der tollen Gräfin ist in dieser Gegend volksthümlich geworden." Dann redete er sie wieder an: „Schöne Gräfin," sagte er diesmal, „wie geht es Ihnen?" Das Weib hatte die erste Anrede schon wieder vergessen; mit einem freundlichen Grinsen, das ihr Gesicht noch mehr entstellte, als vorher der Zorn, sah sie meinen Freund an und sagte, es gehe ihr gut und sie danke für die gütige Nachfrage. „Wollen Sie uns nicht etwas vortragen?" fragte der Freund, indem er ihr einige Silbermünzen auf das Clavier legte. „O ja, recht gern, mein schöner Herr," war die Antwort, „recht gern, wenn Sie wünschen!"

Sie schlug den Clavierdeckel zurück und begann zu spielen, wahnwitzige Melodien, ohne Zusammenhang, ohne Rhythmus; ein chaotischer Wirrwar, bald abgebrochen, bald aufs Neue begonnen, als suche sie etwas, das sie in weiter Ferne verloren habe. Zuletzt fand sie's; es war ein wildes Matrosenlied, wie es die Seeleute von der englischen Marine singen. Ein unheimliches Feuer füllte für einen Augenblick ihre matten Augen, und stürmisch, indem sie mit aller Kraft und in kühnen Octavensprüngen das Lied wiederholte, fielen sechs, acht Männer ein, die oben im dunklen Zuschauerraume saßen. Nicht lange, so sang das ganze Elysium-Theater mit, wir selber sangen mit, und schwer war es, als endlich die Glocke zum Beginn des Stückes rief, diese seltsame Ouverture zum Schluß zu bringen.

Der Vorhang rollte auf — mit einigem Widerstreben, da er an einem Nagel der Seitenwand hängen zu bleiben schien — und das Erste, was wir sahen, war Wilhelm Meister und Leander, die ihren Part resolut heruntersagten; dann kam Philine, das sechzehnjährige Rothröckchen, schüchtern und verlegen, da sie uns erblickte, und gegen Ende des ersten Actes Karl der Zwölfte, der Hundefleisch-Verkäufer. Karl der Zwölfte sah für einen ersten Liebhaber schrecklich genug aus. Sein Gesicht war ganz schwarz — ob von Schmutz oder Natur, konnte ich bei der zweifelhaften Beleuchtung nicht unterscheiden. Eine Nase hatte er nicht mehr, aber die Stelle, wo sie ehedem gesessen, war durch ein großes Pflaster angedeutet;

Die Matrosen von St. Pauli.

der Mund war dafür um so größer, man konnte jeden Zahn sehen, den er hatte; lange gelbe Zähne, die den Eindruck eines Todtenkopfes vollendeten. Mit diesen Zähnen biß er unausgesetzt auf die Knöchel seiner Hand, und da man ihm nach dieser Thätigkeit wohl Leben zutrauen mußte, so konnte man ihn für einen Vampyr in Uniform halten. Der erste Act ging ohne Blutvergießen vorüber; er dauerte vier Minuten, dann fiel der Vorhang. Der zweite Act jedoch begann in höchst bedenklicher Weise; die Rappiere, mit denen Wilhelm Meister und Leander gefochten hatten, erschienen auf der Scene, und Karl der Zwölfte sah aus, als ob ihn nach Blut gelüste. Philine, das Rothröckchen, lag jammernd zu seinen Füßen, und Alles schien auf eine große Mordthat gefaßt.

Da aber schoß, wie eine Rakete, der erste Theil des „Feuerwehr-Galopps" in das Todesschweigen, welches der Katastrophe vorschriftsmäßig voranging, und plötzlich war das ganze Haus Tumult und Bewegung. Mein Freund hatte heimlicherweise die tolle Gräfin bewogen, in die Tasten zu greifen; anfangs wollte sie zwar nicht recht, aber einige Schmeicheleien bewirkten, was ein paar zuvor schon gegebene Schillinge nicht ganz zu thun im Stande waren, und bald unterbrach ihr Spiel und das Geschrei der Zuschauer den Gang der Aufführung. „Tolles Mensch!" kreischte Karl der Zwölfte, der jetzt wieder ganz Director und Hundefleisch-Verkäufer geworden schien, „was zum Henker fällt Dir ein?" — „Die Beiden da vorne, auf der ersten Bank, haben ihr Geld gegeben!" brüllten die in ihrem Genuß gestörten Zuschauer. „Meine Herren!" redete der Director uns an, indem er seinen Königshut abnahm, „ist das wahr?" — „Herr Director," erwiderte mein Freund, „ich war der Ansicht, daß Musik die Wirkung des Stückes erhöhen würde." — „Entschuldigen Sie," versetzte der Director, „daß ich In diesem Punkte nicht Ihrer Ansicht bin, und erlauben Sie, daß wir den Act ohne Musik zu Ende bringen!" Mein Freund gab seine Erlaubniß, der König setzte seinen Hut wieder auf, und nachdem die Rappiere ihre Schuldigkeit gethan und das Blut einer Ochsenblase die Bühne überschwemmt hatte, fiel der Vorhang zum zweitenmale, und wir verließen das Haus. Denn offenbar hatten wir uns durch unsere musikalische Eigenmächtigkeit viele Feinde gemacht, und wir wollten es auf eine Lynch-Justiz nicht ankommen lassen. Das Zischen und Stampfen dauerte so lange, bis wir unsere Plätze verlassen hatten, und noch draußen, in der frischen Nachtluft, vernahmen wir einige Häuser weit den schwachen Nachklang.

Vorbereitet, wie wir waren, betraten wir nun das nächste Tanzlokal. Es ist ein Haus von altem Ruf, und das Gemälde, das es auf seinem Schilde trägt (obgleich es nun schon etwas verblaßt ist) zusammt der Unterschrift: „In den grünen Jäger" ist wolbekannt unter den Leuten vom Hamburger Hafen. Doch hat der grüne Jäger seine goldenen Zeiten gehabt; denn die Polizei ist in seiner Nähe und Umgebung geschäftig gewesen, und nur ein kleiner Rest ist ihm geblieben. Die Traditionen des grü-

nen Jägers erzählen noch von alten Seefahrern, die in
einer Nacht den Erwerb einer ostindischen Reise hierselbst
verpraßt und oft eine Börse voll Gold in den Busen
eines dieser Mädchen geworfen haben; aber die Gegenwart ist ärmlicher geworden, und was sie fortwirft, sind
Kupferstücke und kleine Silbermünzen. Auch von Stilet-
stichen und Messerwunden wird nichts mehr gehört; eine
erbärmliche Alltagsschlägerei ist das Höchste, und auch ihr
macht der nächste Polizeimann und das Stadtgefängniß
rasch ein Ende. Die Romantik des grünen Jägers ist
dahin; aber die Wirklichkeit ist immer noch bezeichnend
genug. Sie hat ihre Dirnen in Röcken, die nicht länger
sind als die Jacken der Seeleute, mit denen sie im niedrigen, vom Tabaksqualm erfüllten Saale herumspringen;
sie hat ihre alte Kundschaft — wetterharte Gestalten, mit
der Farbe, Sprache und Tracht jeglicher Zone; und zuletzt hat sie ihre Gelage und Liebesscenen — ungenirt in
den Ecken des Saales, während die Anderen tanzen.

Das vornehmste dieser Lokale — denn bekanntlich
giebt es über und unter Null Grade und Abstufungen
— ist das, welches sich „In die vier Löwens" nennt.
Hier pflegt sich nur die Aristokratie des Marinewesens
zu versammeln, zu der vornehmlich die fremdländischen
Seeleute gerechnet werden; denn in seiner Verehrung des
Auslands — so kosmopolitisch er sonst immer sein mag
— ist der Hamburger Berg gut deutsch. Wir setzten
uns zu einem Liebespaar in die Ecke des Saales und
belauschten das Gespräch. Er war der Ofenheizer eines

englischen Dampfers und konnte kein Sterbenswort deutsch; sie trug ein himmelblaues Kleid und hatte sich ein Taschentuch über den Schoß gebreitet, denn er aß ein Beefsteak und hatte fettige Hände. Sie verstand übrigens von der englischen Sprache gerade so viel, wie er von der deutschen. Sie gab ihm die süßesten und verliebtesten Schmeicheleien, von denen er aber nur Notiz nahm, wenn sie Miene machte, ihn zu küssen, worauf er in der Regel nicht einging, weil sein Hunger größer zu sein schien als seine Liebe. Mehreremal jedoch bot er ihr auf der Spitze seines Messers einen Bissen Fleisch an; sie sagte, sie habe keinen Appetit, sie wolle lieber trinken. „Drink?" fragte er. „Ja!" schrie sie, denn sie schien zu glauben, daß er Schreien besser verstehen würde, als Sprechen. Allein ihr Glaube täuschte sie; und sie nahm weiterhin ihre Zuflucht zum Nicken und Kopfschütteln. „Beer?" fragte er. Sie schüttelte mit dem Kopfe. „Wine?" fragte er. Sie nickte mit dem Kopfe.

Er ließ Wein kommen; sie trank ein Bierglas davon mit einem Zuge leer, und küßte ihn darauf. Er hatte sein Beefsteak verzehrt, und wischte sich die Hände an dem weißen Tuche ab, das sie über ihren himmelblauen Schoß gebreitet hatte. „Hast Du viel Geld?" fragte sie. Er sah sie an und sagte: „Did ye say anything?" Sie suchte ihm darauf durch Zeichen und Geberden klar zu machen, was sie meine. „Klingeling!" rief sie, hob die Hand an's Ohr, und machte zugleich eine Bewegung, als ob sie einen Geldbeutel schüttle. „Oh yes!" rief er

— „yes," und nickte mit dem Kopfe. „Dann zeig' mal!" entgegnete sie, und machte eine Bewegung nach seiner Tasche, der er aber zuvorkam, indem er ein kleines Lederbeutelchen herauszog, das von Steinkohlenruß glänzte. Er öffnete die Schnüre desselben und ließ sie hineinsehen, worauf sie ihn wieder küßte und sagte, er solle mit ihr tanzen. „Dance!" fragte er. „Ja!" sagte sie, und nickte mit dem Kopfe. Dann standen sie auf, sie nahm das Taschentuch mit den Fettgriffen in den Mund, und sie tanzten dahin.

Wir indessen verließen das Lokal, und ich kann nicht sagen, daß mir der Abschied schwer wurde. Denn die Luft wurde von Minute zu Minute, je mehr der Raum sich mit tanzenden und rauchenden Männern (und sie rauchten nicht immer den besten Tabak!) füllte, schlechter und ungenießbarer. Sie wurde nicht viel besser, als wir in die Straße einbogen, deren Eckhaus die „vier Löwens" bildeu. Die Straße war voll Lärm und Menschen und schlechtem Tabaksgeruch, wie der Saal, den wir verlassen hatten; aus jedem Hause klang Musik, und seltsame Orchester waren es zuweilen, die diese Musik machten. Eines derselben, welches dicht neben der Hausthüre saß, bestand aus drei Weibern, welche Harfe, Flöte und Geige spielten, und einem Jungen, welcher bei den Effectstellen mit der Faust gegen die Bretterwand schlug.

Doch würde man sich irren, wenn man sich den ganzen Hamburger Berg in der bisher geschilderten Weise dächte; er wird anständiger, je mehr er sich dem Stadtthore nähert. Hier liegt das Tivoli-Theater und das „Odeum", das große Gesangslokal, in welchem sich der anständige Philister vom Hamburger Mittelstande aufhält. Anständig mag es hier sein; aber unerträglich ist es gewiß, das sah ich sogleich, nachdem ich am Arme des Freundes eingetreten war. Man denke sich eine Rotunde, die einige tausend Zuhörer fassen kann, und in diesem Augenblicke wirklich faßte — einige tausend Zuhörer in Sonntagszeug und Sonntagslaune, mit der dampfenden Cigarre für die Männer und dem dampfenden Glas Thee für die Weiber, dazu die erstickende Gluth der zahllosen Gasflammen und — die Gnadenarie! — „Gnade! Gnade!" rief ich, mit der Sängerin zugleich, deren Stimme übrigens in dem tausendfachen Gesumme kaum mehr gehört ward, „der Hamburger Berg von seiner anständigen Seite betrachtet, ist fürchterlich! Lieber zurück „„in die vier Löwens!"" — Mein Freund jedoch war für den Fortschritt; er schlug einen Austerkeller mit Rheinwein vor. „Armselige Menschen doch, wir, die wir die Gebildeten heißen!" sagte er, indem wir im Wagen dahinfuhren. „Unsere Woche hat keinen rechten Sonntag, unser Leben keine rechte Freude mehr; und nachdem wir einen ganzen Abend lang mehrere Tausende bei Tanz, Gesang und Theater fröhlich gesehen, bleibt uns als letzter Rest die Etiquette einer Rheinweinflasche und eine — Austernschaale!"

Die Düne von Helgoland.

(1852. 1859.)

> Wer en goder Loots will sien
> De daff' wol up fin Lot un Lien.
>   Helgolander Schifferspruch.

Erstes Kapitel.

Die Fahrt des Mercators.

Auf einer Fahrt nach Helgoland war es, wo ich das Meer zum erstenmale sah. Es ist lange her; acht Jahre, oder so, — aber ich werde den Tag nicht vergessen. Wie wir uns in früher, kühler Morgenstunde an Bord des Dampfers „Mercator" versammelten, die meisten echte Sonntagsgesichter, die den ganzen Ausflug nur zum Vergnügen berechnet hatten und damit sie doch auch mitsprechen könnten, wenn fürderhin vom Meere die Rede; wie wir Alle die Zeit nicht erwarten konnten, bis die Maschine in Freiheit gesetzt sei, und wie wir zuletzt, alle zusammen überglückselig, die ersten Stöße empfanden und dann hinausfuhren, zwischen den ankernden Schiffen im Hamburger Hafen und ihren Sonntagsflaggen. Es war ein recht kurzes Glück. Die Sonne ging Morgens, gegen sechs Uhr, wieder unter und wir sahen sie den ganzen Tag nicht mehr.

Nebel setzte sich zur Rechten auf die schönen Hügel des Altonaer Ufers und der dänischen Küste; und das hannoversche Land zur Linken lag in tiefe Schatten begraben. Die Sonntagsgesichter wurden darob höchst verdrießlich, und fragten den Capitain ob es auf See immer so naß und so kalt sei? „Well", sagte dieser — ein breiter Englishman mit dunkelrothen Bärten rund um das Gesicht, der von den funfzig Jahren, die er zählte, zwanzig Jahre in Hamburg gelebt hatte, aber für sein Alter noch recht schlecht Deutsch sprach — „well, wie es will sein auf See, wir können nicht wißen jetzt. Sie mögen noch warten einige Stunden." „Was, noch nicht auf See?" schrieen sie. Das Schiff ging allerdings schon recht munter auf und nieder; denn der Wind kam von West herein, und das Elbwasser, das hier stundenbreit mit der Ebbe ihm entgegenrollte, bäumte sich, so oft es von ihm schärfer gefaßt ward. Einer von der Gesellschaft, welcher ihr Vergnügungscommissarius zu sein schien, sagte, er sehe gar nicht ein, warum man hier auf Deck zu frieren brauche — er mache den Vorschlag, hinunter in die Salon zu gehen und dort mit einem Beaffteak und etwas Porter zu beginnen. Ja, sagten die Anderen; das sei ein Vorschlag zur Güte, und kurz darauf war das Deck leer und zuweilen hörte man von unten herauf Lachen und Gläserklang.

Unter den Leuten, welche oben blieben, fesselte mich eine Gruppe besonders; schon deshalb, weil sie auf einer Bank saß, dicht am großen Schornstein, woselbst es sehr warm und behaglich war. Die Gruppe bestand aus einem älteren Herrn mit grauem Kopf und schmalem, feinem Aristokratengesicht, mit steifen Vatermördern, hohem Filzhut und in einen Plaid gehüllt. Neben ihm saß eine dicke Dame in grüner Seide, Nebelkappe und Pelzmantel, mit einem höchst gemüthlichen Gesicht und der Eigenschaft, kein „sch" aussprechen zu können. Sie sei so müde, war das erste Wort, welches ich von ihr verstand, sie habe die Nacht fast gar nicht „geslafen". Unter die Flügel dieser würdigen Matrone duckten sich zwei jüngere Geschöpfe; das eine davon ein hübsches Mädchen von achtzehn Jahren ungefähr, mit braunen Haaren, breit unter den Hut gepreßt. Das andere ein liebliches Kind von zehn Jahren mit hellen Locken rund um den Kopf. Der Herr mit den Vatermördern stand auf und trat zum Capitain, der ihn auf seemännische Art höchst respectirlich begrüßte.

„Sieh, sieh", sagte die dicke Dame in Grün, — „das ist doch richtig der Capitain, der für den Vater ein Siff geführt hat, als der Krieg um Slesvig-Holstein angegangen war; und da haben ihn die Dänen gekapert und mit hineingenommen in den Sund. Davon weißt Du wol Nichts mehr, Angelika?

Das Kind schüttelte den Kopf, daß ihm die hellen Locken über die Augen flogen. „Mußt nicht!" sagte die Graue — „willst Du wol die Locken nicht so vertobbern?"

„Aber ich besinne mich noch recht gut darauf," sagte die Achtzehnjährige mit dem braunen Haar. „Ich war damals beim Onkel in London, und die Geschichte vom Vater und seinem gekaperten Schiffe stand in der „Times", und der Onkel las sie der Tante vor, und da hörte ich sie auch". —

„Kläre!" rief da der Herr mit den Vatermördern, ihr Vater, und sein Deutsch hatte einen scharfen Anstrich von Englisch, als ob er ein geborner Engländer sei, „komm doch hierher, Kläre! Ich will Dich einmal unserem wackeren Capitain präsentiren!"

Kläre stand auf und das Angesicht des wackren Capitains, das sonst schon roth genug war, nahm jetzt die braunrothe Couleur seines Backenbartes an, indem er Klären begrüßte.

Das ging auf dem Quarterdeck, in der Nähe des großen Schornsteins vor, dessen Rauchsäule dick und trüb in den aschgrauen Himmel stieg und nur zuweilen, wenn der Wind hineinfuhr, das Deck und die darauf befindlichen Passagiere, die hellen Locken Angelika's und die braunen Haare Klären's mit Kohlenresten bestreute. Auf der Luftseite, als suche er den frischen Wind und das herüberspritzende Wasser, ging ein junger Mensch, blutjung und hübsch gewachsen, und mit einem Gesicht voll Intelligenz und Gutmüthigkeit, und mit einem paar sehr schwärmerischen Augen. Diese Augen hatte er immer — Gott weiß wie — auf den Platz gerichtet, an welchem sich Kläre befand; und indem er selber in Wetter und Wind zwischen Steuer und Lootsenbrücke hin- und herwanderte, machten seine Augen ihre besonderen Wande-

rungen von der Bank am großen Schornstein, wo Kläre
gesessen, bis zu der Treppe des Capitains, wo sie nun
stand. „Wenn der sich mit seinem Herzen nicht in die
braunen Haare dieses Mädchens verwickelt hat, so will
ich selber mein Lebtag keine braunen Haare mehr hübsch,
keine dunklen Augen mehr gefährlich und keine rosigen
Lippen mehr einladend finden, einen Kuß darauf zu
drücken!" dachte ich, auf meinem Tabouret, welches ich
mir an Leeseite aufgestellt hatte. „O du armer, ver-
liebter Seefahrer!" dachte ich weiter; „warum machst du
es nicht, wie es die Dänen mit dem „Siff" ihres guten
Vaters gemacht haben? Warum kaperst du nicht?" —
Kein Gedanke daran; er ging hin und her, und her und
hin, und seine Augen thaten desgleichen.

Endlich kam Cuxhafen, die rothe Tonne und die See!
Auf eine Weile ließ ich Vater, Mutter, Töchter und den
einsamen Liebhaber. Mich grüßte das Element, welches
mir in späteren Jahren noch so bedeutungsvoll werden
sollte; und ich — ein junger Studiosus dazumal, im
zweiten Semester der Jurisprudenz beflissen — grüßte es
wieder. In der ganzen Majestät seiner sonnelosen Unendlichkeit lag es vor mir — unter einem Himmel, grau-
gelb, wie es selber; mit seinen breiten Wogen, eine hinter
der anderen herstürzend und sich unter unserem Kiel ein-
wühlend, so daß das gute Schiff bald oben saß und bald
wie an einer Hügelwand hinunterschoß, Schaum und
Brausen zurücklassend. Dazu strich der Wind breit und
voll über die hin- und hergewälzte Masse der Wasser,

und es wehte mich an wie eine neue Luft und eine neue
Zukunft. Bote einer fernen, unbekannten Welt war mir der
Wind, und lustig mit dem Schiffe machte mein Herz seine
Sprünge — Well' auf, Well' ab. Es war das Gefühl,
eine neue Welt entdeckt zu haben, welches meine Seele
so weit machte — so weit wie das dunkle Meer, wie den
dunklen Himmel selber.

Aber den Sonntagsgesichtern, die nun aus dem Salon
heraufstürmten, war das noch lange nicht "Meer" genug.
"Ist das Alles?" fragten sie den wackeren Capitain.
"Well", sagte dieser höchst gleichmüthig, "das ist Alles!"
— Die Sonntagsgesichter hatten sich etwas ganz Anderes
unter dem Meer vorgestellt — Stürme, daß die Masten
zitterten, Wellen, so hoch — wie nach ihrer Einbildung
höchstens noch der Mont Blanc sein könne, — allerlei
Unwetter, wilde Thiere, Haifische und dergleichen — kurz,
etwas Absonderliches, von welchem sich daheim erzählen
ließe. Dies war aber das allergewöhnlichste Einerlei,
welches sich ein Mensch vorstellen kann. Ein bischen
gelbes Wasser, wie man's in der Elbe auch hat, wo sie
am breitesten ist; ein bischen Wind, nicht der Mühe werth,
um deswegen einen ganzen Sonntag und den Montag
obendrein daran zu setzen — ein paar Wellen, die immer
dasselbe Geräusch machten und dem Schiffe ein paar
elende Stöße versetzten — die Stöße allerdings waren
nicht angenehm... "Zum Henker!" rief der Vergnügungscommissarius — "wollen doch sehen, ob mich diese
Stöße noch lange aus dem Gleichgewicht bringen sollen!

wollen doch sehen, wer stärker ist… wollen doch sehen…"
„Wenn's mit dem Stehen nicht geht, wollen wir's mit dem Sitzen probiren — Jungens, auf den Boden!" riefen ein paar Andere, und die Einen setzten sich, die Meisten aber fielen. „Wollen doch sehen", rief der tapfre Führer — „Kellner, einen Buddel Sect und Gläser… wollen doch sehen…" und dabei lag er platt auf der Erde. Denn das Schiff machte jetzt heftige Schwankungen; und je weiter wir in See kamen, desto voller und rascher ging das Wasser. Der Sect kam, aber der Eine sagte, er könne das Glas nicht halten, und der Andere sagte, ihm sei übel, wenn er nur an Sect denke… und der Führer, welcher mit seinem kaum noch verständlich „Wollen doch sehen" das erste, sprudelnde Glas an die Lippen gesetzt hatte, ließ es fallen, daß es klirrend am Boden in tausend Scherben zersprang, denn —

In diesen Gedankenstrich lege die nachhelfende Phantasie des Lesers so viel Weh und Leidwesen, als ihm irgend möglich. Er lege Grabesschweigen, Todtenblässe und kalten Angstschweiß hinein; Verzweiflung, Lust, sich über Bord zu rollen, Ekel am Leben, Magenkrampf und Herzbeklemmung. Alles, was ihm an fliegender Hitze und Fieberfrost zu Gebote steht, lege er hinein. Das Letzte freilich und das Bitterste von Allem — das Ende, welches leider nur immer den Anfang neuen Jammers bezeichnet: das hineinzulegen, kann selbst der grausame Verfasser des Gedankenstrichs nicht von ihm verlangen. Dieser saß, wie gemeldet, auf seinem Tabouret an Leeseite und freute sich über das große Meer und lobte es in seinem Herzen über die Rache, die es an seinen Verächtern, diesen kleinen Sonntagsmenschen, genommen hatte. Leider war auch die Gruppe am großen Schornstein sehr still geworden. Der Herr mit den Vatermördern hatte das Gesicht gesenkt, und sein hoher Filzhut saß windschief auf dem ehrwürdigen Grau seines Hauptes. Das Mädchen mit dem braunen Haar hatte sich lang auf den Boden gestreckt und die zierlichen Füße mit ihrem Mantel zugedeckt; der helle Lockenkopf lag neben ihr und die Dame in grauer Seide rief mit convulsivischem Zittern der Stimme: „Eine S... eine Sa... eine Sa= Sale!" Der junge Mann an Windseite, welcher schon seit mehreren Stunden über eine Gelegenheit nachgesonnen haben mochte, mit der Familie am Schornstein anzuknüpfen, griff haftig, man könnte sagen mit leidenschaftlicher Gier nach einer von den Messingschaalen, wie sie hier „zum Gebrauch der Delphine" herumgestellt werden; aber kaum fing er an, dem Ziele seiner Sehnsucht entgegenzuschreiten, als ihn auf halbem Wege ein Zittern ergriff, — ein Schritt weiter, da versagten ihm die Füße den Dienst und... da lag er, mitsammt seiner Schaale, zu den Füßen der seekranken Mutter seines geliebten Gegenstandes — Kopf an Kopf zwar mit ihr — — —.

Vier Stunden später waren wir in Sicht von Helgoland. Wie eine dichte Wolkenmasse erschien die Insel zuerst auf dem Hintergrunde des flüchtigeren Gewölkes. Dann war es, als nehme die Masse an bestimmter Form und Festigkeit der Umrisse zu; man sah den grünlichen Schimmer auf ihrer Oberfläche, den rothen Schein an ihren Wänden. Zuletzt tauchte auch rechts davon der weiße Strich der Düne von Helgoland auf, — ein Kanonenschuß vom Deck.... ein Kanonenschuß vom Lande .... zweimal, dreimal.... Die rothe Fahne von England hier am Topmast, dort auf einer Stange über den Felsen.... Der Anker fiel, Böte schwammen heran. Die seekranke Gesellschaft wurde in dieselben verladen, sie schwankten dem Lande zu, wo ein Musikcorps die Ankömmlinge begrüßte, und eine doppelte Reihe neugieriger Menschen, die sich auf beiden Seiten spalierförmig aufgestellt hatte, sie mit allerlei guten und schlechten Witzen empfing. Dies ist die berühmte Lästerallee von Helgoland. Jeder Ankömmling muß sich's gefallen lassen, hier verlästert zu werden; dafür hat er aber auch das Recht, sich an allen Seekranken, die nach ihm kommen, zu rächen.

Als unsere Sonntagsgesellschaft festen Grund unter sich fühlte, hatte sie auch unverzüglich wieder das große Wort. Wo ihr Sect wäre? schrieen sie rückwärts über das Meer. Sie wollten ihren Sect haben! Und der Kellner sollte ja nicht ihn vergessen mitzubringen, wenn er an Land käme! — Aber kein Mensch glaubte an ihre Renommage, denn sie sahen so geisterbleich und verstört aus, als seien sie eben aus dem Grabe gestiegen; Einer von ihnen hatte auch den Hut verloren, und die Lästerallee hatte vollauf zu thun. Als aber Kläre, blaß und edel, wie eine Marmorgestalt, auf den Arm ihres Vaters gestützt, vorüberschritt: da wagte Niemand zu lachen und zu lästern; im Gegentheil entblößten zum Gruße viele der umherstehenden Herren ihre Häupter.... „Das ist ja der reiche Schiffsmakler S." flüsterte Einer dem Anderen zu; „und das da ist seine Frau, eine biedre Frau!" hieß es. Die biedre Frau führte Angelika, deren liebliches Kindergesichtchen ganz verweint aussah, an der Hand; „sei ruhig, mein Säschen," sagte sie, „jetzt ist Alles vorbei — jetzt bist du wieder gesund.... so, so, mein Säßchen!"

„Das bist du ja! Bei Gott! Arthur, du!" — rief ein wohlbeleibter, jovialer älterer Herr, indem er dem Luftseilenschwärmer, der in der Liebe so unglücklich debütirt hatte, entgegentrat und ihn in die Arme schloß. „Ach," seufzte dieser, „mein lieber Onkel! Es ist mir schlecht gegangen." — „Kann mir schon denken," lachte dieser gutmüthig; „das Meer verlangt sein Opfer. Aber man bekommt Appetit danach. Werde dich schon wieder kuriren, Arthur! Komm!" —

Das war der Tag, an welchem ich das Meer zuerst gesehen; und also kam ich nach Helgoland.

Zweites Kapitel.

Venus und Adonis.

Helgoland ist heutzutage nichts als ein Felsstück mitten in der weiten, breiten Nordsee, auf welchem an zweitausend Einwohner unter der Flagge von England leben. Ehedem ist Helgoland größer gewesen; der alte Glauben ist, daß es mit den friesischen Außenlanden an der Küste von Schleswig einen Continent gebildet habe, und daß die rothe Kant von Helgoland und das rothe Kliff von Sylt den Anfang und das Ende einer nun ins Meer versunkenen Felskette bezeichnen. Auch von untergegangenen Dörfern und Kirchen, von Wäldern, die der Durchbruch der sogenannten „englischen Flut" begrub, als sie den Zusammenhang zwischen Britannien und Gallien, die alte Celtenbrücke zerriß; von diesen und anderen uralten Dingen wird gesprochen, wenn man auf Helgoland ist. Allein als sicher und gewiß gilt nur, daß die Insel vor etwas mehr als hundert Jahren noch mit der Düne zusammengehängt, und diese selbst sich bis zu dem Weißkliff erstreckt habe — einem nun gleichfalls, zu Nordwesten des Sandes in das Wasser gegangenen Felsgürtel, auf dem seither ein manches Schiff gescheitert und zerbrochen ist. Die Losreißung der Düne von der Insel geschah im Anfange des vorigen Jahrhunderts; um die Mitte desselben sollen, bei niedriger Ebbe, die Frauen noch hinübergegangen sein, um nach dem Vieh zu sehen, das drüben auf den Weideplätzen lag. Heut ist Alles vorbei. Keine Ebbe mehr bringt den Landweg ans Tageslicht; keine Weideplätze mehr auf der Düne; kein Vieh mehr, außer ein paar armseligen Schaafen, die oben auf der Insel um einen eisernen Pflock laufen, und die von der scharfen Meeresluft so ausgedörrt sind, daß man glauben möchte, sie würden mit dem ersten, besten Winde davon fliegen, wenn sie nicht angebunden wären.

Ein wunderliches Felsdreieck — dies Helgoland, mit seinen phantastischen Höhlen und Vorsprüngen gegen West, seinem Dörflein, seiner Kirchspitze, seinem Leuchtthurm, seinen Lootsen „im Theerhut", seinen Frauen „im rothen Rock mit gelbem Bande", seinen mageren Schaafen und seinem Ausblick auf die zu allen Seiten endlose See und die Schiffe, die den fernen Horizont durchwandeln. Wie der Altan eines Seepalastes erhebt sich die Insel aus dem Wasser, — eine kühne Masse rothen Gesteins, obenhin dünn mit einem Schimmer grünlichen Grases bedeckt. Diese Felsoberfläche ist das eigentliche Helgoland, und seine rothen Steinsäulen werden dem Anprall der westlichen Wogen noch lange trotzen, ehe auch sie nachgeben und zusammenbrechend den letzten Rest des Seepalastes in die Tiefe begraben, wie das Uebrige. Dies ist das Oberland, auf welchem Dorf und Kirche und Leuchtthurm bei einander liegen; am Südostrand desselben klebt noch ein Stück hängengebliebener Düne — ein schmaler, ins Wasser gestreckter Sandstreif, dessen spitzige Zunge mit dem Schaumwirbel davor noch in die Richtung weist, wo Insel und Düne verbunden waren. Dies ist das Unterland, der Tummelplatz des modernen Badelebens, welches sich hier ansiedelte, seitdem das Vieh von Helgoland so mager wurde, und das Salzwasser über die fetten Weiden der Düne ging. Hier, unter dem Schutze des Oberlandes steht das Conversationshaus, in welchem man jeden Mittag Fleisch ißt, wenn das Hamburger Schiff rechtzeitig eingetroffen; hier sind die beiden Pavillons, wo man jeden Nachmittag Milch zum Kaffee bekommt, wenn die mageren Schaafe des Oberlandes gerade bei Laune gewesen; hier kann man Briefbogen kaufen mit der Ansicht von Helgoland, und hier, an der berühmten Treppe, die das Unterland mit dem Oberland verbindet, wohnt auch der Friseur, der den ganzen Morgen vor seiner Bude sitzt und Cigarren raucht.

Der kleine Sandfleck, aus dem das Unterland besteht, bietet zu jeder Tageszeit während der Saison einen bunten und lebhaften Anblick; aber lustiger ist das Treiben doch nie, als am frühen Morgen, wenn die Ueberfahrt Statt findet. Denn gebadet wird dort an den Abhängen der einsamen, abgerissenen Sandhügel, mitten im offenen Meere, und von früh sechs Uhr liegen am Unterland die Böte bereit, welche die Badegesellschaft hinüber- und herüberführen. Die Entfernung ist mäßig; man legt sie in zehn bis funfzehn Minuten bei gutem Wetter zurück. Das Wasser ist ruhig, und von Seekrankheit ist nicht die Rede, wenn man über den untergegangenen Theil der Insel Helgoland dahin fährt.

So war es am zweiten Morgen nach meiner Ankunft. Frisch und kühl genug war es, und an Sonnenschein und duftiger Bläue ringsum, im Wasser unten und am Himmel oben, fehlte es nicht; wie jubelte mein Herz hellauf, indem die Wellen heranliefen und sich leise plätschernd auf dem Kiese brachen. Das erste Seebad! — wahrlich, das ist doch auch eine Phase im Leben eines jungen Menschen. Die Helgolander Leute — mit ihrem Südwester auf dem Kopfe, mit ihren weiten Hosen und blauen Friesjacken, mit ihren Gesichtern, die alle etwas Felsenhaftes halten, — so auf die Ruderstange gestemmt zu sehen, so hart, so selbstvertrauend, so lustig dabei: das war auch ein neuer und fesselnder Anblick. Namentlich war ein Helgoländer Junge da, der mir gleich sehr gefiel, und der — wie ich demnächst schon erfuhr — auch gar keine kleine Rolle unter den Argonauten der Düne spielt. Er hatte ein rosenrothes Gesicht, dieser Junge; Nase, Lippen, Stirn und Wangen waren all' von derselben zarten Farbe. Die Augen waren wasserblau und zwei strohgelbe Löcklein, wolgeflochten und trefflich gesalbt,

hingen ihm senkrecht an seinen rosenrothen Wangen nieder.
Dieser schöne Jüngling hieß dazumal — vielleicht heißt
er noch heute so — „der Adonis von Helgoland"; und
da zu Rosenroth und Wasserblau auch ein sanft Gemüth
und fühlend Herz gehört, so war der Liebschaften dieses
seefahrenden Jünglings kein Ende, kein Maaß und kein
Ziel. Zwar weiß ich nicht, wie der andere und schönere
Theil, welcher nothwendigerweise zu einer Liebschaft gehört, über ihn dachte; aber unser Adonis, — der beiläufig mit seinem mehr christlichen Namen Hender Geicken
hieß — liebte frisch drauf los, und wenn es nicht jeden
Tag, so war es doch mindestens alle zwei Tage, daß er
sein Ideal wechselte. Da bei solcher Weitherzigkeit ihm
das Terrain der Heimathinsel bald zu eng geworden sein
würde, so hatte er es besonders auf hübsche Auslände-
rinnen abgesehen, deren ihm die Badezeit eine beträcht-
liche Quantität von Woche zu Woche in frischer Ladung
lieferte, so daß denn Hender Geicken, der Adonis von
Helgoland, vom 1. Juni bis zum 1. October ein Leben
voller Wonne führte.

Dabei bediente er sich eigener Listen und Verschla-
genheiten, dieser Adonis der Nordsee, um sich seine hübschen Herzallerliebsten zu fangen; als zum Beispiel, er
stand in dem Boote, das unter seinem Wort und Com-
mando fuhr, rückwärts auf die Stange gelehnt, als ob
ihn die ganze Geschichte nichts angehe. Umsonst, daß
ehrwürdige Hausmütter mit ihrem Ehesegen am Ufer
standen, händeringend, daß sie nun schon so lange hätten

warten müssen; umsonst, daß weißlockige Matronen ihn um Einlaß baten. Adonis, alias Hender Geicken, hatte am Hinterkopf keine Augen, und seine Ohren waren dem Anschein nach mit höchst wichtigen Dingen beschäftigt, die sich allenfalls in der Nähe der englischen Küste zutragen mochten. Aber kaum ließ sich ein zierliches Füßchen, über die Kiesel des Unterlandes heranhüpfend, sehen; kaum war eine hübsche Wade, vom flatternden Winde leicht enthüllt, kaum ein jugendlicher Mädchenkopf mit braunem Strohhut in Sicht: so war auch mein Hender Geicken wieder da, und da hätte man ihn wirthschaften und hantieren sehen sollen, wie er sein Boot auf den Sand trieb, wie er hinaussetzte, wie er seine schöne Beute ergriff, und ins Boot trug, welches — mit den Ehrwürdigen und Weißlockigen als Ballast gefüllt, — demnächst unter breitem Segel lustig ins Meer strich. —

Auch an dem Morgen, an welchem ich meine erste Fahrt nach der Düne zu machen gedachte, stand Hender Geicken in seinem Boote, ohne Augen, wie gewöhnlich, und mit Ohren, die ganz in etwaige Zurufe von der englischen Küste versunken waren. „Verfluchter Junge! willst du wol hören?" rief ein alter Herr Stadtgerichtsrath aus Berlin. „Abscheulicher Mensch, kannst du denn nicht sehen, daß wir hier schon eine Viertelstunde warten?" schrie eine brave Wittfrau aus der freien Reichsstadt Bremen. Aber der verfluchte Junge wollte nicht hören; und der abscheuliche Mensch konnte nicht sehen; er blieb vielmehr stehen, wie er stand, auf seine Stange gelehnt, und horchte nach England hinüber. —

Da kam von dem großen Pavillon, links, ein ältlicher Herr mit steifen Vatermördern und hohem Filzhut, welchem eine behäbige Frau in grüner Seide, mit einem hellgelockten Kinde an der Hand und eine reizende Brünette von achtzehn Jahren folgte. „Hol up!" rief da auf Einmal der erwachende Abonis — „ho — ho — hol up!" — und dabei setzte er über den Rand des Fahrzeugs fort, daß die brave Wittfrau aus Bremen vor Schreck ihren Schirm fallen ließ, welche ihr der galante Herr Stadtgerichtsrath aus Berlin mit dem staunenden Ausruf: „Nanu?" wieder aufhob. Der entzückte Abonis aber stürzte auf die holde Achtzehnjährige los, schlang seine beiden Arme rund um ihren Leib, und trug sie — die vor Angst schrie und mit den Füßchen zappelte — in sein Boot, als wollte er sie rauben und entführen. Der übrige Theil ihrer Gesellschaft — in welchem ich sogleich meine Hamburger Reisegefährten wieder erkannte, — hatte Mühe, das Boot zu erreichen; und kaum war ich, während der galante Diener der Gerechtigkeit der braven Hanseatin zu einem Sitz verhalf, am Steuer untergebracht, als unser Fahrzeug auch schon mit allen Segeln das Weite suchte. Die braune Kläre hatte wieder eine Eroberung gemacht, und der rosenrothe Abonis war um ein neues Ideal bereichert.

Sprechen that er nicht viel; sprechen war nicht seine Sache. Aber die Blicke! das Erröthen! das Grinsen!

Wenn er so hinüber lugte, indem das Boot leicht über
die goldenen Wellen hintanzte, — als wollte er sagen:
„wir verstehen uns!" Die arme Kläre nun zwar hatte
keine Ahnung von den neuen Freuden, die ihrer harrten;
aber sie konnte nicht umhin, wenn ihr Adonis sie so zärt-
lich angrinste, endlich. auch zu lächeln, was denn seinem
Liebesglück die Krone aufsetzte. Dann schlug er mit
seinem Ruder tiefer in die sonnige Fluth, und funkelnd,
wie die blauen Wasserperlen abtropften, war auch sein
wasserblauer Blick. Im Gegensatz zu diesem sanften
Erröthen, diesem bedeutsamen Schweigen, ging es zwischen
dem ehrenfesten Bürger aus Berlin und seiner Nachbarin,
der freien Reichsstädterin desto lebhafter zu. Wie sich
das traf! Er seit zwei und einem halben Monat Wittwer,
mit so und so viel versorgten Kindern, und sie — er-
röthend theilte sie es dem lauschenden, im Dienste Ju-
stinians ergrauten Streiter mit — den Wittwenschleier
nun schon acht Jahre lang in Ehren tragend, vordem
das Weib eines tüchtigen Capitains, welcher auf See ver-
unglückte, und ihr leider keine Kinder, aber die Versiche-
rungssumme für sein, auf eigene Rechnung geführtes
Schiff, hinterließ. — Der Hamburger Handelsherr mit
den steifen Vatermördern sprach Nichts; und seine ehe-
liche Hälfte in grüner Seide vermahnte das blondlockige
Engelchen sich fester in ihren „Saal" zu wickeln, denn es
ziehe auf der See doch ganz merkwürdig.

Unter solchem Zeitvertreib trugen uns die Wellen
rasch genug an den Ankerplatz der Dünen. Der grin-

sende Adonis hob seine neue Aphrodite aus dem Kahn und versprach ihr — das war das erste Wort, was er mit ihr wechselte — er wolle mit seinem Schiffe für sie bereit liegen, sobald sie mit Bad und Promenade fertig sei. Kläre dankte dem rosigen Fährmann mit einem holdseligen Lächeln, welches die zarten Farben seines Gesichts in das dickste Ziegelroth vertiefte. Bald war der Wegweiser erreicht, wo der bisher für beide Geschlechter gemeinsame Pfad sich theilt und nach dem, einem jeden von ihnen besonders angewiesenen Badeplatz an den entgegengesetzten Seiten des Strandes führt. Hier mußte sich auch der Berliner Rath und die Bremer Capitainswittwe trennen; denn leider ist es nur Herren unter fünf Jahren gestattet am Damenstrand zu erscheinen, und Damen über funfzig Jahr nicht erlaubt, sich am Strande der Herren sehen zu lassen.

Das ist anders in Ostende und den Bädern von Frankreich und England. Hier tummelt sich die Menschheit, ohne Unterschied der Jahre, des Ranges und Geschlechts in dem für alle gemeinsamen Bassin des offnen Meeres — Kinder, Jungfrauen, Wittwen, Stadtgerichtsräthe, Prinzen, Pferde und Badeknechte.... Alles bunt durcheinander. Allerdings ist ein Bademantel für das schöne Geschlecht angeordnet, und eine Art von Gladiatorenhabit — so wie es die Kunstreiter und Gaukler tragen — für das andere vorgeschrieben. Allein solch ein Bademantel wird naß unter allen Umständen, und schmiegt sich alsdann den Körperformen auf's Wundervollste an;

zuweilen hebt ihn auch der Wind empor, von den weißen vollen Armen schiebt sich das Gewand zurück und lange, üppige Haare flattern umher, mit den Diamanten des aufjauchzenden Meeres besprengt. Und dann springen die Gladiatoren dazwischen, und die Nymphen entfliehen und die Baigneusen schreien; bis zuletzt eine gütige Welle Alles durcheinander wirft, und wenn sie nun zurückkehrend in's Meer verläuft, so pflegen die Nymphen im Bademantel auf dem Sande zu liegen, und in den Ohren und Nasen der Gladiatoren hat sich so viel Salzwasser gesammelt, daß sie schwören, sie wollten in all' ihrem Leben nicht Jagd mehr auf Nymphen machen.

In Helgoland badet ein jeglich Wesen fein still und sittsam für sich; und der einzige Genoß, mit dem der Mensch sich tummelt, ist die Woge, welche breit und gewaltig gegen die Düne rollt. Ja, das Meer hat hier eine andere Majestät, als dort an den bleichen und doch mit allem französischen Firlefanz aufgetakelten Küsten von Ostende. Das Meer hat hier seine Keuschheit behalten und die erhabene Einsamkeit desselben wird durch Nichts gestört.

Also kam ich zu den Innendünen zurück, und wandelte durch ihre Thalschluchten von weißem, glänzenden Sand, und erstieg ihre mäßigen Hügel, die unter jedem Schritte sich zu verschieben und zu verschütten schienen. Zuweilen überkam mich die Täuschung der vollen Abgeschiedenheit, wenn ich durch den schweigenden Sand gewandelt war, und minutenlang nichts vernommen hatte, als den entfernten Schrei der Möve und das Rollen und Murmeln der See unter den Hügeln. Zuweilen vernahm ich das Lachen eines Mannes und das fröhliche Wort einer Frau, vom Wind aus einer benachbarten Sandschlucht heraufgetragen; oder über die Fläche gingen ein paar Lustwandelnde dahin, mit flatternden Haaren, mit lustig wehenden Tüchern. Zuletzt trat ich wieder beim offenen Meere heraus. Hier an einer sonnig-ruhigen Stelle des Strandes saßen Kläre und Angelika. Die braunen Haare des älteren Mädchens hingen geglättet auf ein schimmernd weißes Battistuch über der Schulter nieder, während das blonde Gelock des jüngeren, feucht noch vom Wasser, um den Kopf hin- und herflog, wie der Wind es wollte. Sie saßen mit dem Rücken mir zugekehrt und sahen mich nicht. Sie sangen mit süßen gedämpften Stimmen das schöne Lied vom Meere, das weithinaus erglänzte. — Dann schwiegen sie ein Weilchen und Angelika sagte:

„Kläre, möchtest du wol nach England?"

„Ach ja, Engelchen," erwiderte Kläre, „das möchte ich wol. Ich habe eine Sehnsucht nach England, als wenn da meine rechte und wahre Heimath wäre — da, in dem stillen Landhaus mit dem goldgrünen Rasenplatz davor, in Clapham, wo der Vater geboren ist und gelebt hat, ehe er nach Deutschland ging."

„Sag doch Kläre," plapperte das Engelchen weiter, „warum gehen wir nicht alle nach England zurück, wenn ja dort unsere rechte Heimath ist?"

„Das wäre wol hübsch," entgegnete Kläre; „aber

was sollte dann aus unserem Garten mit den großen, dunklen Bäumen an der Alster, und aus unserem Haus mit den Ephenwänden werden? Und was würde unsere Großmama sagen, wenn wir mit der Mama sie nicht mehr am 15. Mai besuchten, um in ihrem großen Garten bei Rendsburg ihren Geburtstag zu feiern?"

„Ja, daran habe ich gar nicht gleich gedacht, Kläre," sprach das blondlockige Kind; „aber sag doch Kläre, wenn nun ein schönes Schiff hierher käme, — weißt du, so ein recht schönes Schiff, wie sie in Papa's Arbeitszimmer an den Wänden gemalt hängen — und ein recht schöner Capitain stände an Bord und sagte: Fräulein Kläre, kommen Sie doch, reisen Sie doch mit uns! Wir wollen nach England fahren — sag' mal, Kläre, was würdest du dann thun?"

Da sprang Kläre hastig auf — ihr Gesicht war über und über mit dem süßesten Purpur bedeckt — und sie ergriff die Hand des Kindes und sagte: „Engelchen, da ist der Herr wieder . . . . laß uns laufen und die Eltern suchen!"

Die beiden Mädchen enteilten — nur Angelika sah sich einmal um, Kläre aber zog sie rascher mit sich fort, und bald waren sie unter dem blauen, tiefen Schatten der Sandhügel verschwunden. In dem Herrn, welcher die holden Kinder aus ihren Träumereien am Meere aufgestört hatte, erkannte ich Arthur und dicht hinter ihm sah ich seinen Onkel.

„Dies ist das Mädchen gewesen," hörte ich Arthur

sagen, indem er an mir vorüberging, rascher, als wolle er den Entfliehenden nacheilen. „Dorten, Onkel, das Mädchen mit dem schlichtbraunen Haar über dem weißen Tuche."

„Ein capitaler Geschmack, mein Junge!" erwiderte der Onkel, indem er den Hut abnahm, um sich die feuchte Stirn zu trocknen und mächtiglich dabei schnaufte. „Aber du meinst doch nicht, daß meine fünfzigjährigen Beine so flink und flüchtig seien, als die Füßchen dieser beiden Kinder? Ruhig, mein Junge, ruhig, sag' ich! Keine Gemüthsaufregung im Seebade! Der Raum, auf dem wir uns hier bewegen, ist so klein... Du wirst sie noch hundertmal wiedersehen. Komm, wir gehen jetzt zum Frühstückspavillon; und ich wette, du findest sie bei einem Stück Schinken und einem Glase Madeira wieder...."

„Onkel!" rief Arthur in vorwurfsvollem Tone, und vergeblich bemüht, seinen schnaufenden Anverwandten weiter zu bringen.

„Essen und trinken müssen wir Alle, mein Junge. Auch ein schönes Mädchen mit braunen Haaren, sag ich, muß essen und trinken. Aber einzig ist und bleibt es doch, sich so auf den ersten Blick in ein Mädchen zu verlieben...."

„Verlieben?" unterbrach Arthur mit dem Tone des allergrößten Staunens seinen Onkel.

„Verlieben, mein Junge, — verlieben, sag' ich! Junge Leute müssen sich verlieben. Wenn sich junge Leute nicht mehr verliebten, dann wäre die Welt bald voll von so alten, lahmen Junggesellen, wie dein Onkel einer ist, und mit der Menschheit nähm's ein betrübtes Ende. Verlieb' dich nur, mein Junge und...."

Der Schluß dieser ermunternden Rede verlor sich im Winde. Die beiden Männer, die auf dem Platze gestanden hatten, auf welchem vorhin Kläre und Angelika gesessen, gingen weiter und auf meinem Sandhügel, mit dem Blick auf die einsame See, lag ich wieder allein in der steigenden Gluth der Sonne.

Der Frühstückspavillon, ein Bretterschuppen mit einem Dach von Segeltuch, liegt — der Insel gegenüber — an einer flachen, aber geschützten Stelle unter den Dünen, nicht weit vom Landungsplatze. An Bequemlichkeiten enthält dieser Pavillon Nichts, außer ein paar hölzernen Bänken und Tischen, einem Herde, um allenfalls Kaffee zu kochen und Eier zu sieden, und bei windigem oder regnerischem Wetter ist es unbehaglich genug darin zu sitzen. Aber für den Magen ist trefflich gesorgt, und bei Sonnenschein, wie an jenem Morgen, giebt es kein besser Vergnügen, als hier, beim Anhauch der frischen Brise vom Meer herüber, sein Frühstück zu verzehren. Kläre und Angelika jedoch saßen nicht bei Schinken und Madeira, wie Arthur's gutmüthiger Onkel sich eingebildet; vielmehr waren sie, als ich den Pavillon erreicht hatte, schon wieder am Strande, wo Hender Geiden mit den beiden Locken richtig auf sie gewartet hatte. Er schien daselbst in einer Art von Versteck und Hinterhalt auf der Lauer gelegen zu haben; denn kaum war Fräulein Kläre am Ende des Bohlenweges, der vom Pavillon an's Wasser hinabführt, in Sicht gekommen, so stürzte er hervor, umschlang und trug sie, wie vorher, in sein Boot, den Eltern und Angeliken nicht viel Zeit lassend, sich gleichfalls einzuschiffen. Dann ging das Boot mit vollen Segeln wieder in See, und umsonst riefen und demonstrirten zwei Herren vom Strande aus, daß sie auch mitfahren wollten. Adonis war fort, und ich sah, wie der eine von den Herren, der jüngere derselben, noch lange stand und dem entschwebenden Weiß der Segel nachschaute, während der andere rasch und mit entschiedener Wendung Kehrt machend, auf den Frühstückspavillon deutete, als wolle er sagen: „Essen und trinken müssen wir alle, mein Junge; schöne Mädchen mit braunen Haaren und verliebte Advokaten ohne Praxis nicht ausgenommen!"

Denn, so wenig ich auch im Allgemeinen mit der übrigen Badegesellschaft verkehrte: das hatte ich bald genug in Erfahrung gebracht, daß Arthur — seit zwei Jahren als Doctor beider Rechte unter die Hamburger Advokaten aufgenommen — bis jetzt weder Mann noch Frau gefunden habe, die ihm einen Prozeß anvertraut hätten; daß sein Onkel aber ein reicher, vom Geschäft zurückgezogener Herr sei, von welchem Arthur einst viel zu erwarten habe. Die Tage gingen in schöner Einförmigkeit dahin; dem Bade auf der Düne folgte die Heimkehr und das müßige Schlendern am Falm, der gegen das Meer und den Abgrund durch ein starkes Eisengitter geschützten äußersten Kante des Oberlandes. Dem Mittagessen folgte Musik und Kaffee in einem von den beiden Pavillons des Unterlandes, dicht am heraufspülenden Wasser, und dann wechselten Bootfahrten und Promenade bis zum Sonnenuntergang. Die Promenade allerdings war sehr beschränkt; im Unterlande bot sich die Bindfadenallee — ein schmaler, von überhängenden Klippen geschützter Sandweg zwischen den ausgespannten Stricken eines dort unverdrossen arbeitenden Seilermeisters; und der Longchamps des Oberlandes bewegte sich zwischen den mageren Haferfeldern und den dünnen, um ihre Eisenpflöcke laufenden Schaafen der Kartoffelallee, welche sich der Länge nach durch die ganze Insel, an ihrer Westseite, hinzieht.

Der Sonnenuntergang ist das große Ereigniß im Badeleben von Helgoland. Er versammelt die Gäste an der Nordwestspitze, wo man — wie auf einem ungeheuren Felsbalkon — der rollenden See, der rollenden Sonne und der ganzen Herrlichkeit des aufgethanen Himmels frei gegenübersteht. Mir war dieser Platz um die Stunde des Abendbrots der allerliebste; ich saß da oft genug bis es finster war und kein Mensch mehr zu sehen noch zu hören — nur das Rauschen der Brandung, voll und tief in den Felshöhlen unter mir, füllte mir die Seele, und vor meinen Ohren klang eine Musik, die ich mein Leblag nicht vergessen will. Oft in fremden Ländern und an entlegenen Küsten habe ich sie wieder vernommen — immer so eintönig, so düster, so groß, wie eine Musik der jenseitigen Welten.

Die Düne von Helgoland.

So saß ich eines Abends, zur Zeit der Dämmerung, auf der Holzbank an der Nordwestspitze. Roth und glühend lag die Wölbung des Himmels über mir, und das ganze Meer schäumte purpurn bis zum fernen Horizont, wo es sich in düster flammendes Nebelgewölk — geträukt vom Licht der Untergangssonne, die unter diesem Gewande zu verbluten schien — verlief. Die Großartigkeit dieses Anblicks hatte zugleich etwas Unheimliches und Fürchterliches; ein greller Widerschein färbte die rothen Felskanten umher, so daß sie magisch funkelten, und Möven, gleichfalls in die Gluth der Atmosphäre getaucht, flogen kreischend rundum oder verloren sich in die Dämmerung der Klippenschluchten. Die Natur brütete Unheil, und wenn es auch die Schiffer und Lootsen nicht schon den ganzen Tag verkündigt hätten, so würde es nun doch das Herz vorausgesagt haben, daß ein Wetter im Anzuge sei. Jede Creatur schien eine große Beklemmung und einen ängstlichen Druck zu empfinden. Mit dumpferem Schalle rollte das Wasser in den unterirdischen Höhlen ein und aus, und der Wind, indem er leise durch das schauernde Riedgras lief, hatte den Ton eines bangen Seufzers.

Da vernahm ich zuletzt Schritte durch die Dämmerung; es waren zwei Herren, welche den Pfad herabwandelten, und vor der anderen Bank, rechts von mir, stehen blieben. Schon war die Röthe des Gewölks in Gelb und Grüngrau geschwunden; und das Zwielicht und die Entfernung verhinderte sie, mich zu sehen, und mich, ihre Gesichtszüge zu unterscheiden. Ich sollte aber darüber nicht lange in Zweifel bleiben.

„Laß uns einen Augenblick Platz nehmen auf dieser Bank, Arthur, mein Junge," sagte der eine von den Herren. „Es wird Dir gut thun, ein bischen im kühlen Abendwind zu sitzen. Dein Kopf ist Dir so heiß, Arthur, und Dein Herz . . . . ha, ha, wie wird Dir Dein Herz erst glühen!"

„Ich bitte Dich, Onkel," erwiederte Arthur, „sprich nicht davon. Du hast nun diese zwei Tage lang Nichts gethan, als Deine Scherze über mich zu machen. Aber zum Scherzen ist mir diese Sache doch wahrlich zu ernst, Onkel."

„Wollte Gott, Du machtest endlich einmal Ernst," sagte der Onkel. „Was soll dies ewige Kopfhängen? Warum gehst Du nicht grad' auf sie zu — sprichst mit ihr, wie es die andern jungen Herren machen, tanzest mit ihr, führst sie zu Tische, eroberst ihr Herz und . . . und das Andere wird sich finden. Verlaß Dich darauf, mein Junge."

„Onkel, das kann ich nicht!" versetzte Arthur mit einem schüchternen und befangenen Tone. „Siehst Du, wenn sie so dasteht, einsam am Strande, und in die Ferne schaut, wo die Schiffe segeln, und wenn ihr braunes Haar so im Winde flattert — dann kann ich sie stundenlang von einer Dünenschlucht aus ansehen, aber ich möchte um Gotteswillen nicht, daß sie es wüßte. Denn ich fürchte immer, sie würde dann nicht wieder am Wasser stehen und so schön und träumerisch in die Ferne sehen. Oder wenn sie im Saale sitzt, wo die Andern tanzen, und ihre Hand in der der kleinen Schwester liegt — meinst Du dann, ich könnte zu ihr gehen, und sie auffordern? Wahrlich, das Wort würde mir in der Kehle stecken bleiben, und ich würde vor ihr stehen, roth und stotternd und gottverlassen, nicht besser wie ein Schulknabe. Ja, wenn sie dort säße, auf jener andern Bank —" und dabei deutete er nach der Seite hin, wo ich zum Glück in tiefe Dämmerung gehüllt saß — „und kein Mensch wäre hier außer mir und ihr — o, was sollte ich ihr wol sagen? Ich weiß es nicht; ich würde mich verstecken und sie ansehen, und immer noch hinsehen, wenn sie längst schon in der Dunkelheit unkenntlich geworden wäre. Nein, Onkel, mit ihr reden oder tanzen oder zu Tische gehen — das kann ich nicht! Aber siehst Du Onkel, wenn sie hier am letzten Klippenrande stände — wenn sie sich verbeugte — wenn sie schwankte, wenn sie sänke und stürzte: dann würde ich ihr nachstürzen, ob ich sie nun retten könnte oder nicht. Ja, das würde ich thun!" sprach er, indem er an den jähen Rand der Klippe vortrat, als sähe er Klärens weißes Kleid eben in der Dunkelheit des Abgrundes verschwinden.

„Um Gotteswillen," rief sein Onkel; „geh fort da von dem Felsen und sprich mir nicht von solchen Dingen, Arthur, Du weißt, das macht mich schwindlig. Sprich mir nicht von Stürzen und Retten und dergleichen, sag' ich. Wer wird im Seebade solch aufregende Gespräche führen? Komm, sag ich, mir ist angst und bange geworden, wie ich Dich habe dahin gehen sehen — komm fort von diesen Klippen, wo es so unheimlich weht und wettert; und daß Du mir nie wieder so entsetzliche Anspielungen machst!"

Die beiden Männer standen auf und gingen. Langsam verlor sich der Schall ihrer Fußtritte in der dunklen Wolkennacht; aber das Rauschen des Meeres wuchs und das Sausen des Windes wurde stärker.

Drittes Kapitel.

Arthur, der sich eine Braut aus den Wellen holt.

Zu Mittag des anderen Tages wehte es einen heftigen Sturm. Früh am Morgen war das Wetter noch erträglich gewesen; dann und wann war der Wind wol schärfer durchs Meer gestrichen, aber im Ganzen war die Fläche noch nicht aufgewühlt, und die Schiffer prophezeiten, daß man sich bis gegen Abend auf das Wasser verlassen könne. Die Schiffer von Helgoland aber, in ihrer lebenslangen Vertrautheit mit dem Element, das sie unablässig umgiebt, und in ihrer Vorsicht, welches dasselbe sie gelehrt, sind das Orakel für die Badegäste, und man fühlt sich zuletzt so sicher in Dem, was sie aussprechen, als ob sie Macht über Wind und Welle besäßen. Darum hatte man an diesem Morgen auch die Ueberfahrt zur Düne gemacht, und um so eifriger des schäumenden Bades genossen, als man im Voraus wußte, daß der nahende Sturm die Verbindung mit der Düne für mehrere Tage aufheben würde.

So gingen von der sechsten Morgenstunde an die Böte hinüber und herüber, wie gewöhnlich. Der Himmel hing voll riesengroßen Gewölkes, welches zuweilen ganz niedrig über das Wasser hinwegflatterte. Dann blies es der Wind für eine Weile nach beiden Seiten auseinander und die grelle Sonne warf einen kurzen Schimmer umher, den die stahlgraue, springende Wogenfläche blendend zurückspiegelte. Hierauf schloß sich das Gewölke wieder, und rasch, ohne jeden Uebergang, war Luft und Wasser unheimlich finster, wie zuvor. Zuletzt blieb die Sonne ganz aus, und gegen eilf Uhr fiel ein so schwerer Regen, daß Alles ringsum in eine trübe Wassermasse zu verschwinden schien. Das Rauschen der Wogen klang hohler, etwa so, als ob es aus unergründlichen Tiefen mühsam heraufbreche; und die Stöße des Windes folgten sich rascher. Diese Windstöße sind die Vorboten des stürmischen Meeres; sie eilen ihm voran, wie der Blitz dem Donner. Der Aufruhr des Küstenmeeres wird in entfernten Seen geboren; und der zerschmetternden Mutterwoge, welche mit der ganzen Breite des Ozeans herandonnert, ehe sie sich an den Inseln und Ufergürteln gebrochen hat, reitet der Sturm voraus mit der Lärmtrompete, um den Seemann zu warnen. Dann pflegt ein fürchterliches Regenwetter zu folgen, als wolle der Wassersturz von oben das Meer noch einmal schwellen, und unter diesem doppelten Andrang macht es selber nur seine ersten, wildesten Sprünge.

Das Boot, in welchem ich die Heimfahrt nach der Insel machte, befand sich auf halbem Wege, als der

Wolkenbruch uns überfiel und unser armes Fahrzeug unter Wasser zu setzen drohte. Mit seinem Lederhute tief im Nacken, das braune Gesicht fest und unverwandt aufs Wasser zu seiner Seite gerichtet, saß der Steuermann da, bald hoch, bald niedrig, wie das Boot jetzt schräg an einer steigenden Woge hing, jetzt hinuntergewälzt wurde, wenn sie sich, ihren Schaum über uns fortschleudernd, brausend verlief. Das Boot saß voll von Passagieren, voller als sonst, da beim nahenden Ausbruch des Wetters Alles, was sich auf der Düne befand, an den Abfahrtsort stürzte und auf Einmal mitgenommen sein wollte. Nun schrieen sie Alle und jammerten, es sei zu voll und schwer, es werde umschlagen, wenn noch eine solche Welle käme, und es werde das Ufer nimmermehr erreichen. Der alte Jenssen aber, welcher bisher unbekümmert am großen Segel gesessen, sagte zuletzt, sie sollten sich doch nicht so ängstlich betragen; sie sollten Gott danken, sagte er, daß sie noch gerade vor dem Sturme herliefen, und am Land sein würden, ehe der richtige Tanz angegangen. Nach einer Viertelstunde waren wir am Land. Der Regen strömte fort, wie bisher, und die Wellen schlugen über den Damm und liefen am Strande des Unterlandes hin und zurück. Boot an Boot kehrte aus dem Wasser heim und jämmerliche Gruppen von verweinten Kindern an der Hand bleicher Mütter bewegten sich nach dem bewohnten Theile der Insel. Das letzte Boot lief an.

„Wo sind meine Kinder?" schrie eine Dame, deren

Kleider von Regen und Meerwasser trieften. Ihr Gesicht war nicht zu erkennen, denn es war in einem Kautschukmantel verhüllt; aber ich erkannte den Ton ihrer Stimme, obgleich er anders klang als damals, wo ich ihn zuerst vernommen. Die ganze gewaltige Verzweiflung eines Mutterherzens bebte und zitterte in den vier Worten.

„Sie sind nicht da," sagte, kaum hörbar, so hatte Angst und Beklommenheit seine Brust gepreßt, ein Mann, der von der andern Seite des Strandes herantrat. „Die Böte sind alle zurück und unsere Kinder sind nicht da."

„Gerechter Gott im Himmel — meine Kinder, meine Kinder!" schluchzte die Frau, indem sie zu dem Steuermann stürzte, welcher mit mehreren Andern beschäftigt war, das letzte Boot ans Land zu schieben und fest zu machen. „Bist Du es nicht gewesen," rief sie, „der mich in dieses Boot getragen hat, und mir sagte, daß meine Kinde in einem anderen Boot abgefahren seien?"

Ja," sagte dieser ganz gleichmüthig, „ich habe gesehen, wie Hender Geicken das älteste Mädchen rund um den Leib faßte und in sein Boot schleppte. Weiter habe ich auch Nichts gesagt."

Da kam Hender Geicken mit einem sehr betrübten Gesichte und sagte, ja — er habe das „Frölen" auf sein Boot tragen wollen, aber sie habe sich mit Händen und Füßen gewehrt und habe geschrieen, ihre kleine Schwester sei nicht da; und die kleine Schwester habe auf den Bohlen gestanden und laut geweint, sie könne Papa und

Mama nicht finden, und indessen sei das Boot von Menschen überfüllt worden, und die Leute hätten gerufen, wenn er nicht gleich käme, so wollten sie ohne ihn abfahren. „Und da... da...“ schloß er stotternd, „da...“

Er brachte den Satz nicht zu Ende. Mit dem linken Arm auf den Rand des Bootes gestützt, stand die unglückliche Mutter. Ihr Auge, mit einem wilden Funkeln, sah in die Ferne, welche von schweren Regenschichten verhüllt war, so daß man die Düne nicht mehr unterscheiden konnte, und die Wellen zischten bis an ihren Fuß und der Wind riß ihre Haare auseinander.

„Ich muß meine Kinder wieder haben, Bootsmann!“ rief sie, „und sollte ich allein hinüber fahren. „Binde Deinen Kahn los, Bootsmann, ich muß meine Kinder wieder haben!“ Aber der Bootsmann rührte sich nicht. Er sah sie mit einem ungläubigen Lächeln an und sagte zuletzt: „In diesem Sturm, Madame?“ Sie stand noch immer mit dem Arme auf dem Bootsrande.

„Beruhige Dich, Mutter,“ sagte ihr Gemahl. „Unsere Kinder sind gewiß mit einem anderen Boote zurückgekommen und nach Haus gegangen. Wir werden sie daheim finden, verlaß Dich darauf!“

„Nein!“ rief die Verzweifelnde, „nein! Wenn meine Kinder am Lande wären, so ständen sie hier, um mich zu erwarten. Meine Kinder gehen nicht ohne mich nach Haus, und ich — das gelobe ich beim allmächtigen Vater im Himmel — gehe nicht ohne meine Kinder nach Haus!“ Furchtbar war es, wie sie die Hand in die dunkle Sturmluft emporhob und zu dem Rauschen der Brandung und dem Rollen der Wellen den Schwur that.

„Mutter! Mutter!" sagte ihr Gemahl. „Du weißt nicht, was Du thust!"

„Ich weiß es!" sagte sie. „Ehe ich meine Kinder nicht wieder habe, betrete ich die Schwelle meines Hauses nicht!" —

Und nun brach der Sturm los. Es war zwölf Uhr Mittags, aber finster, wie nach Sonnenuntergang, war die Atmosphäre. Der Regen schoß eisig, wie Gebirgswasser nieder, und wie ferner Donner umbrüllte es den ganzen Strand. Trübgelbe Wogen wälzten sich durcheinander und wo sie wüthend aneinanderprallten, da spritzte der Schaum häuserhoch und flog im Sturme dahin, so daß die ganze Luft mit Wasser erfüllt war. Kreischend kehrten die Möven aus dem ungastlichen Element heim und suchten ihre Schlupfwinkel in den Felslöchern. Woge stieg aus Woge, und vom pfeifenden Sturme gepeitscht sprang die Brandung über ihre Grenzen, und der Vorsand des Unterlandes stand knietief unter Wasser. Mit dem Aufgebot seiner ganzen Kraft hatte der Hamburger Handelsherr seine Gemahlin von dem Boot, an welches sie sich geklammert hatte, entfernt; aber sie weigerte sich, unter das schützende Dach eines Hauses zu treten, nicht einmal ihre durch und durch von Salz- und Regenwasser getränkten Kleider wollte sie wechseln. Sie sprach kein Wort mehr, sie weinte, sie schluchzte nicht mehr; aber sie hielt ihren Schwur. — Sie stieg mit ihrem Manne die

Treppe zum Oberland empor, und folgte ihm zum Falm. Hier, um ein Fernrohr, welches ein Lootse aufgestellt hatte, standen Hunderte von Menschen, Insulaner und Badegäste. Ganz Helgoland war in Aufregung. Man vermißte Klären und Angelika nicht allein; wie sich allmälig herausstellte, waren es in Allem dreizehn Personen, welche bei dem ungestümen Andrang nicht mehr mitgenommen werden konnten und auf der Düne zurückgelassen worden waren.

Die Lootsen wichen nicht von dem Fernrohr; aber sie konnten Nichts erblicken vor Regen, Nebel und Sturm. „Es ist nicht wegen der Dreizehn auf der Düne," sagten sie; „wollte Gott, daß jeder arme Matros, der jetzt zwischen Himmel und Wasser schwebt, so sicher wäre, als die; es ist einzig wegen der Schiffe, die in Sicht kommen könnten und Hülfe nöthig hätten." —

Kein Schiff kam. Der Sturm raste und das Meer donnerte und wühlte in den Felshöhlen. Ernst und stumm, wie das Schicksal selber, eine Niobengestalt, stand die Mutter am Eisengitter, den Blick unverwandt nach der Himmelsgegend gerichtet, wo in Sturmesdunkel und Wogengetöse begraben die Düne von Helgoland lag. Zwanzig Schritt von ihr, an der Grundmauer des nächsten Hauses, lehnte der bekümmerte Adonis, seinem Gesichte nach zu urtheilen eine Beute der nagendsten Gewissensbisse. Seine beiden Löcklein hingen schlaff und trostlos an der Wange nieder; sein wasserblaues Auge war auf den Grund gekehrt, und wenn er sie erhob, so sah er zuerst die Mutter und dann das Meer an, worauf er sie wieder senkte.

„Komm Arthur, mein Junge!" sagte der Onkel endlich, der bis dahin mannhaft dem Wetter getrotzt hatte — „es hilft nichts, sich hier auf den Tod zu erkälten. Wir retten dadurch die Dreizehn auf der Düne nicht. Schade nur, daß die Kläre dabei ist; aber wir ändern's nicht und Gott muß das Beste in dieser Sache thun. Komm, mein Junge!" —

Arthur ging mit dem Onkel; aber er war nicht zwanzig oder dreißig Minuten fort gewesen, so kam er wieder. Dießmal aber ohne den Onkel. Er stand eine Weile, wie er vorhin gestanden hatte, in Betrachtung des tobenden Elementes versunken. Da, wie aus einem tiefen Traum erwachend, trat er zu der Mutter, die noch immer unbeweglich in die Ferne schaute, und sagte mit einer schüchternen Anrede: „Madame haben Sie eine Botschaft an Ihre Töchter? Ich fahre hinüber nach der Düne!" Die Mutter, aus ihren düstern Phantasien langsam zurückkehrend, hatte den Sinn seiner Worte noch nicht recht begriffen. Aber „wer" rief Arthur, „wer begleitet mich hinüber zur Düne?" Staunend und ungläubig hatten die Menschen sein Wort vernommen und eine dichte Schaar umgab ihn bald. Eine Antwort jedoch erhielt er nicht. „Wer," wiederholte er seine Frage mit einer Stimme, die den Sturm überdröhnte, „wer begleitet mich hinüber zur Düne?" Da kam Heuber Geicken von seiner Mauer herbei und sagte: „Mein lieber Herr, wir fahren auf Leben oder Tod — aber ich will Sie begleiten und mein Boot liegt bereit!"

„Was willst Du thun?" riefen zwanzig Helgolander Schiffer, viel älter und erfahrener als er, einstimmig. „Du kommst nicht lebendig hinüber. Und wenn's noch ein Schiff in Nöthen wär' — aber so für Nichts und wieder Nichts!"

„Ist das Nichts?" rief Hender, indem er auf die Mutter deutete. Aber die Schiffer schüttelten ihre Köpfe, und sagten noch einmal, er käme nicht lebendig hinüber.

„Nun," erwiederte er, „dann ist's auch einerlei. Ich habe keine Mutter und keinen Vater mehr, und Weib und Kinder hab' ich gleichfalls nicht zu versorgen; und es soll mich nicht gereuen, wenn ich bei solch' einem Unternehmen verunglücke. Kommen Sie nur mit mir, mein Herr. Sie verstehen sich doch aufs Fahren?"

„Wie Einer!" sagte Arthur. „Steuern und Segeln — mir ist's nichts Neues — verlaß dich darauf, Hender, aber nun rasch an's Wasser!"

Die beiden Männer gingen. Aber nun erst erwachte die Mutter aus der Lethargie ihres Schmerzes; „Gott sei mit Euch!" rief sie ihnen nach, und als auf die Bitte ihres Gemahls Arthur noch einmal zurückkam, nahm sie seine Hand, preßte sie in der ihrigen und bedeckte sie mit heißen Küssen. „Wenn Ihr meine Kinder seht," schluchzte sie, „so sagt ihnen, ich stünde hier am Falm und mein Auge wäre nicht abgewandt vom Wasser, bis daß sie glücklich wiedergekehrt seien."

„Und hier sind Mäntel und Decken für sie," sagte der Vater, welcher einen Diener nach Haus geschickt hatte, um solche zu holen; und zehn, zwölf andere Personen, die um das Schicksal der auf der Düne zurückgebliebenen Verwandten bekümmert waren, umdrängten den jungen Helden und gaben ihm gleichfalls Grüße, Bestellungen und Decken mit.

Auch der Berliner Stadtgerichtsrath war mittlerweile zum Vorschein gekommen und nahm sich den Hender Gelden beiseite. Denn er hatte in Erfahrung gebracht, daß die Bremer Capitainsfrau unter den Berunglückten von der Düne sei. „Hender," redete er diesen an, „wenn Du die Capitainsfrau siehst, so sag ihr, ich lasse sie grüßen und ich würde selber mitgekommen sein, wenn das Boot nicht durch drei Personen zu schwer geworden wäre ..."

„O, mein Herr," unterbrach ihn Hender, „was das anbelangt ..." Aber „still" fuhr ihn der Berliner Rechtsgelehrte an, „thu, was ich Dir sage; grüße sie von mir, und nimm ihr diesen Mantel und diese Flasche voll Rum mit," und dabei legte er dem Adonis von Helgoland seinen Mantel über den Arm und steckte in die Seitentasche die besagte Flasche. Arthur indessen hatte sich von Klären's Mutter verabschiedet. „Madame," dies waren seine letzten Worte, „ich werde ohne Ihre Kinder nicht wieder vor Ihnen erscheinen."

Dann ging das Boot ab. Ein allgemeiner Schrei, halb der Furcht und halb der gespanntesten Erwartung, begleitete ihr Auslaufen. Der Falm war mit Menschen, Kopf an Kopf, bis zum Leuchtthurm bedeckt; und auf dem Dach dieses letzteren stand der Gouverneur von Helgoland und eine Lootsenschaar. Mehrere tausend Augen hingen unverwandt auf dem kleinen schwankenden Fahrzeug, welches sich nun dem Zorn der Elemente, und der Barmherzigkeit des allmächtigen Gottes, welcher darüber waltete, wie sie Alle glaubten, anvertraut hatte. Bald saß es oben auf einer breiten Welle, bald war es im Gischt verschwunden; dann kam es wieder zum Vorschein, der Quere nach, und nun ging es in eine Wolke, und war dem Auge verloren. Viele Augen waren ernst, und viele Hände hatten sich heimlich gefaltet; aber Keiner von Allen, die am Gitter standen, dachte daran, sich zu entfernen. Auf Einmal hieß es vom Fernrohr her: „Hier sind sie wieder!" und Alles stürzte hin, um auch einen Blick zu thun. Man rief auch die Mutter herbei; aber sie sagte: „Laßt mich hier stehen; ich habe es dem Herrn befohlen. Sein Wille geschehe!"

Der Regen hatte inzwischen nachgelassen, und wie einen grauen Wolkenstreifen auf dem blassen Himmel konnte man nun die Düne wieder erkennen. „Sie kämpfen wacker!" rief der Mann am Rohre. „Ich sehe Gestalten am Strande und Taschentücher werden geschwenkt — jetzt ziehen sie die Flagge auf ... hool up! ... ho-ho-hool up! — sie legen die Stangen aus ... hool up! ... Das Boot sitzt auf dem Sande ... sie sind in Sicherheit, Gott sei Preis und Lob!"

Ein ungeheurer Freudenschrei erfüllte tausendstimmig die wetternde Luft, und zu gleicher Zeit donnerte ein Kanonenschuß in die Brandung und das stürmende Element hinein. „Wenn sie glücklich wieder an's Land gekommen," sagte der Gouverneur, welcher vom Leuchtthurm herabgestiegen war, „so soll zu ihrem Empfang die zweite und dritte Salve abgefeuert werden."

Aber athemlos stürzte jetzt Arthurs Onkel herbei. Er hatte, wie aus seiner Rede hervorging, geschlafen, und der Kanonenschuß hatte ihn geweckt. „Wo ist Arthur, wo ist mein Junge?" rief er, indem er sich vergeblich im Gedränge nach ihm umsah. „Kommen Sie an das Fernrohr," antwortete ihm ein Lootse — „drüben auf der Düne können Sie ihn sehen. Eben steigt er aus dem Boot!"

Da hätte man den alten Herrn sehen sollen! Seine Knie schlotterten, seine Lippen zitterten. Er war sehr nahe daran, ohnmächtig zu werden. Da kam der Hamburger Handelsherr zu ihm und ergriff seine beiden Hände. „Sie haben einen heldenmüthigen Neffen, mein Herr," sagte er, „Ihr Arthur ist unter Gottes Schutz glücklich hinübergekommen, und wird uns, wenn ihm der Himmel ferner beisteht, unsere Töchter glücklich zurückbringen!"

Aber der betrübte Onkel wollte keinen Zuspruch annehmen. „Er hat mich verführt zu schlafen," wimmerte er, „und hat mich dann heimlich verlassen. Und wenn Ihre älteste Tochter nicht drüben wäre, so würde dieses

Unglück nicht über mich gekommen sein. Ich armer, alter Mann! Ich wollte, daß mein Neffe Ihre Tochter mit keinem Auge gesehen hätte ... ich wollte ... ich wollte ..." und dabei schlug er sich fortwährend mit der Hand gegen die Stirn.

Nun war es Nachmittag geworden. Der Regen hatte sich ganz verzogen, der Himmel schien wieder höher, da das flachziehende Gewölk ihn nicht länger beengte. Man hatte wieder den offenen Blick über die See. Aber wie tobte diese See! Jetzt erst, da man sie in ihrer unermeßlichen Weite überschaute, bekam man zugleich einen Begriff von der feindseligen Gewalt des aufgewiegelten Elementes und von der Gefahr, in welcher das Schifflein geschwebt haben mußte, da es die Fahrt nach der Düne machte. Diese selber lag, von riesigen Schaumgürteln und breiten Brandungswirbeln umschlossen, wie eine unnahbare Festung mitten im grüngelben Gewässer; man sah durch das Fernrohr von Zeit zu Zeit Gestalten am flachen Rande, oder auf einem von den Außenhügeln. Man unterschied eine feine, blaue Rauchsäule, welche aus der Gegend, wo der Pavillon liegen mußte, in die Luft wirbelte, und von dem nächsten Windstoß gebrochen und wild auseinandergejagt wurde. Man war erfreut, sich die Verschlagenen um einen warmen Herd versammelt zu denken, wo kein Mangel an Trinkwasser und Lebensmitteln aller Art war; und die Mutter von Kläre und Angelika sagte, sie sei ganz beruhigt und sehe dem Ende mit festem Vertrauen entgegen, seit Arthur mit ihren

Grüßen zu den Kindern hinübergegangen. Unverwandten Auges, wie zuvor, sah sie nach der Düne, den Gestalten am Ufer, dem Hüttenrauch; zuweilen in den Himmel, der mit seinem gelben Abendschimmer das immer noch brausende Meer und den kleinen Sandfleck darin beleuchtete. Es war ein recht wehmüthiges Bild, diesen bleichen Sand zu sehen, wie er nur wenig erhoben über dem ringsum aufgewühlten Meere, in dem kalten, gelben Zwielicht dalag; und dabei zu denken, daß nun die Nacht mit ihrem unheimlichen Dunkel kommen und die Schauer des Gewässers erhöhen werde. Man war darauf gefaßt, daß die Gesellschaft es nicht wagen werde, sich vor dem andern Morgen einzuschiffen; zumal es dann ein Leichtes war, ihnen vom Lande aus mit neuen Böten zu Hülfe zu kommen. Aber die Nacht mußte noch erduldet werden, und schon nahte sie.

Der metallene Schein des Himmels war grau und tonlos geworden; lange noch sah man in der Unsicherheit der trüben, feuchten Ferne die dunklen Umrisse der Düne, dann schwanden auch diese dahin, und nur das Tosen des Meeres, wie es nun murrend verlief, nun wieder an tausend Stellen zugleich aufbrausend sich hob, erfüllte die weite Finsterniß. Da auf Einmal schlug aus der Tiefe des Meeres und der Dunkelheit eine hohe, leuchtende Flamme in die Luft — mit freudigem Zuruf begrüßte man sie von der Insel. Denn sie brannte auf einem Sandhügel der Düne und aufs Neue erkannte man dunkle Gestalten, die sich in ihrem Scheine bewegten. Nicht

lange, so waren auch an einer geschützten Stelle des Falm
Theertonnen aufgehäuft und in Brand gesteckt, und wie
zwei Freunde, die sich sehen, aber nicht erreichen können,
begrüßten sich die beiden Flammen durch die Nacht, welche
sie trennte.

Stiller aber ward es nach und nach am Falm.
Denn die Erregtheit des Tages, die angestrengte Aufmerksamkeit, und die Theilnahme, die das Menschenherz
wider seinen Willen oft, Gott sei Dank! empfindet, wo
das Unglück ihm seine dämonische Seite zeigt: dies Alles
hatte die stundenlang versammelte Menge zuletzt erschöpft
und sie verlief. Einsam am sinkenden Feuer stand nur
noch die Mutter, welche gelobt hatte, daß sie ihr Haus
nicht ohne ihre Kinder betreten wollte. Eine hohe, einsame Erscheinung in dem matter werdenden Roth des
Brandes stand sie am Eisengitter des Felsvorsprungs,
über dem Wasser, welches sich unabläßig in den Höhlen
brach — mit dumpfem Rauschen ein- und auslaufend.
Das Geheimniß der Nacht umgab sie; der finstere Zauber
des entfesselten Elementes hatte aus der liebenden Mutter
eine ehrfurchtgebietende Heldin, eine Priesterin gemacht,
die an der Flamme steht. Schlaf kam nicht in ihr Auge,
ihr Körper trotzte den ungewohnten Schauern; und über
das tobende Meer hinüber sprach ihr Herz mit den beiden
Kindern auf der Düne.

Gegen Mitternacht verließ auch ich den Falm und
legte mich in der Koje meines kleinen Zimmers zur Ruhe.
Meine Seele war unruhig, es läßt sich denken, und voll

haftig wechselnder Bilder und Vorstellungen; aber die Müdigkeit besiegte die Aufregung meines Innern und ich schlief und träumte schwere Träume bis ein furchtbarer Donnerschlag mich weckte. Bestürzt fuhr ich aus meiner dunklen Koje, und neuen Unheils gewärtig an's Fenster. Aber ein blauer kühler Morgenhimmel, von dem das letzte Grauen der Nacht noch nicht völlig gewichen, mit einem verlöschenden Sternlein hier und dorten, schien herein. Rasch war ich in den Kleidern. „Sie sind in Sicht" rief mir die kleine Marie, meines Wirthes Tochter, entgegen, als ich aus meinem Zimmer trat. „Der Kanonenschuß zeigte ihre Abfahrt an!" Ich eilte ins Freie. Ueber mir wölbte sich das reine Blau des beruhigten Himmels wie die Kuppel eines Domes; und das gedämpftere Dröhnen der Wellen, das heimkehrende Brausen des Windes empfing mich wie Orgelton und Gesang der Gemeinde von Unten.

Als ich zum Falm kam, da war die Menge versammelt wie gestern. Wie eine Siegerin, aber mit feuchten Augen, stand die Mutter neben dem Fernrohr, das wieder aufs Meer gerichtet war, und viele Flaggen von buntem Zeug waren aufgezogen und flatterten lustig an den Stangen des Oberlandes und über den Dächern des Unterlandes. Nicht weit von der Düne, aber schon in hohem Wasser, erblickte man das Boot. Es hatte ein Segel aufgesetzt, und lavirte langsam gegen den Wind. Aber die Fluth war nah, und bald, unter Gottes Schutz, mußten sie eingelaufen und gerettet sein.

Indessen begann der östliche Himmel sich zu färben. Die Natur, zu ihrem festlichen Empfange, bereitete ihr schönes Morgenschauspiel vor. Gelb — aber nicht so unheimlich getrübt, als gestern, wo er Abschied nahm — hauchte der kommende Tag den Ostrand an, und das Wasser, welches darunter wogte, trug den selten Abglanz weiter. Das Grün des Oberlandes, gestern so bleich und so traurig, fing an mit Einemmal seltsam zu schimmern; und die weiße Düne, vom röthlichen Silber der Brandung umzingelt, bekam eigenthümliche Farbentöne. Das Wasser auch schillerte bunt, so weit man es sehen konnte. Blaugrün, wo es mit dem Horizonte zusammenstieß; grüner immer grüner, von Violett überflogen, wo es in breiten Wogen dem Lande näher rollte. Die Möven verließen ihre unterirdischen Nester, und schwebten, ihre silbernen Schwingen vom Lichte des Morgens beschienen, in der blauen Luft; während das Segel weiß und einsam gegen das wechselnde Grün der Wellen geneigt, ganz plötzlich in einen Rosenschimmer getaucht schien. Näher und näher kam es, wie der Horizont im Osten seine lieblichen Farben spielen ließ — aus dem sanften Rosenschein nun in tiefen Purpur hinüberglühend. Schon erkannte man die Gestalten, und durch das Fernrohr die Gesichter.

„Sie sind es! Alle, Alle! Nicht Einer fehlt!" war der Ausruf, der vielfach wiederholt, hin- und herging in der Menge. Nun waren sie nur wenige Fadenlängen noch entfernt, und man begab sich an den Strand des Unterlandes hinunter, um ihnen zuzurufen. Aufrecht am

Steuer sah man Henver Geicken stehen, seine Rosenwangen vom Rosenlicht des Himmels überflossen; seine gelben Locken, ach! und traurige Locken waren es im Sturm und Regen geworden, flogen um seine Schläfen. Traurig genug sah er selber aus; und kein Mensch konnte sich's erklären. Ich aber denke ihn verstanden zu haben den armen Jungen, zu dessen Füßen, auf der Bank, Kläre und Arthur saßen, mit selig hellen Augen einander anlächelnd, und nun, wo sie die Mutter am Strande erkannten, mit weißen Tüchern sie lustig begrüßend. Ein tausendstimmiger Freudenschrei scholl jetzt vom Ufer her; der dritte Kanonenschlag donnerte über das lichtzitternde Meer dahin, und umlodert von der Goldpracht der eben über dem Meeresrand emporsteigenden Sonnenkugel, welche in einem Augenblick die rothen Küstenwände, den Sand und die See in eine einzige unabsehbare Masse von Gluth und Herrlichkeit verwandelte, betraten die von der Düne Heimgekehrten den Boden von Helgoland.

Die Gruppen theilten und zerstreuten sich. Den breiten Weg ins Oberland wandelte eine stattliche Frauengestalt, die ein schlankes Mädchen mit lang herabwallendem braunen Haar an der Linken führte, und auf ihrem rechten Arme ein Kind trug, welches seinen blonden Lockenkopf dicht an ihren Busen geschmiegt hatte. Die Glorie der Morgensonne umleuchtete sie, indem sie dahingingen, und ihre langen Schatten fielen über das mit tausend funkelnden Tropfen besprengte Grün zu ihrer Rechten. Dann stiegen sie einige Stufen hinan und verschwanden unter einer Thüre — die Mutter war ihrem Gelübde treu geblieben, und jetzt mit ihren Kindern kehrte sie nach dem fürchterlichsten Tage und der fürchterlichsten Nacht ihres Lebens in ihr Haus zurück. Drei Männer, Arm in Arm, folgten ihr; es war Arthur, dessen Onkel und der Hamburger Handelsherr, dem er seine Kinder wiedergebracht hatte.

Kurz darauf erschien auf der Steintreppe vom Unterlande ein ältlicher Herr, der mit großer Beschwerde wie es schien, und im Schweiße seines Angesichts, trotz der kühlen Morgenfrische, einen unförmlichen Klumpen, der in einem Mantel gewickelt war, die Stufen hinaufschleppte. Wie sich demnächst ergab, war es der Berliner Stadtgerichtsrath und die Bremer Capitainsfrau. Sie war, als sie, nach überstandenen Todesnöthen, den galanten Rechtsgelehrten wieder sah, vor Freude ohnmächtig geworden; und dieser hatte die Gelegenheit benutzt, die süße Bürde im Stadtgerichtsmantel zum ersten Mal an sein edles Herz zu drücken und liebend in ihre wittfräuliche Wohnung zurückzuführen.

Das Letzte, was ich an jenem Morgen sah, nachdem der Strand wieder still und menschenleer geworden, war Hender Geiken, welcher sein Boot angebunden hatte und nachdenklich dabei stehen geblieben war. Er war dem Meere zugekehrt und sah nach der Düne hinüber, die blendend weiß, mit ihrem von der Sonne vergoldeten Sande in der dunkelgrünen Meerfluth lag. Er sah auf die Wellen, welche sich zwischen ihr und der Insel fun=

seind bewegten, und dann, indem sein Blick zu seinem Kahne zurückkehrte, stieß er mit dem Fuße gegen den Kiel desselben und schüttelte den Kopf. Offenbar war er während der Nacht zu der Ueberzeugung gekommen, daß es für seine Liebe zu Kläre besser und vortheilhafter gewesen wäre, wenn er die Fahrt allein gemacht hätte und daß es wol sein Schicksal gewesen sei, die Mühe des Wagestücks, nicht aber den Preis desselben mit Arthur zu theilen. Hierauf zog er sein Pfeifchen aus der Tasche, rauchte es an und blies im anscheinenden Aerger seines Herzens gewaltige Rauchwolken um sich her. Und so rauchend und kopfschüttelnd verschwand er endlich in einer Seitengasse des Unterlandes.

Viertes Kapitel.

Die Thürme von Hamburg.

Sieben Jahre sind vergangen. Es ist ein kühler, frischer Junimorgen, und wir befinden uns in einem Coupé des Couriers zwischen Berlin und Hamburg. Neben mir, in ein Zeitungsblatt vertieft, sitzt ein alter Herr, den ich für einen Engländer halte nach dem Schnitt seines Gesichtes, nach der Form seines Hutes und hauptsächlich wegen seiner Vatermörder. Gegenüber schläft eine Dame, welche zwei Sitze einnimmt, und nach der Corpulenz, mit welcher sie dieselben ausfüllt, zu urtheilen, ein so gemüthliches Frauenzimmer sein muß, wie eines unter der Sonne. Sie schlief schon, als ich auf dem Berliner Bahnhof in den Wagen stieg; und es scheint nicht, als ob sie diese für alle Betheiligten höchst interessante Beschäftigung sobald unterbrechen würde. Den andern Eckplatz nimmt ein feingeformtes hübsches Mädchen in der ersten und süßesten Frische der Jugend ein. Eine Fülle dunkelblonden Haares umgiebt die zarten Umrisse der weißen Stirn und das braune Auge, indem es sich in die Duftfülle der sonnigen Landschaft verliert, hat etwas lieblich Träumerisches.

Solch' einem träumenden Mädchenauge in der golden Frühe eines Sommermorgens zu begegnen, wenn das schöne Lächeln der Natur uns umgiebt, und das Säuseln des Windes unsre Seele löst und beflügelt: o, wie reizend ist das! Und doch war es dies nicht allein, was mich an den Blick des Mädchens fesselte. Unser Herz ist eine Memnonssäule; oft, wenn solch ein flüchtiger Schimmer es streift, beginnt es sein Lied aus alter Zeit zu singen. Wir haben Momente, wo eine Erinnerung, als läge sie tausend Jahre zurück, uns überkommt. Wir suchen ihre Spur, ohne sie zu finden; wir bilden uns ein, vor diesem Leben schon eine andere Wanderung gemacht zu haben, und nun zuweilen Klänge zu vernehmen, die aus der Ewigkeit herüberklingen.

Es fand sich Gelegenheit, eine Unterhaltung anzuknüpfen. Das Mädchen erzählte mir, daß sie mit „Papa und Mama" den Winter in Venedig gelebt habe, und daß sie nun auf der Heimreise nach Hamburg seien. Ach! sie freue sich so auf dies liebe, liebe Hamburg und es wiederzusehen nach fünf Monaten der Trennung, sagte das Mädchen. Dann kam die Rede auf Italien und den Krieg, wobei sich der Papa mit in's Gespräch mischte. Meine Vermuthung, daß er ein Engländer sei, ward durch die Art, wie er deutsch sprach, bestätigt; und ich vernahm, daß er allerdings in der Nachbarschaft von London geboren sei,

aber lange schon als Chef eines großen Handelshauses
in Hamburg lebe. Dann kam die Rede auf England, auf
das Wasser — auf den Seestrand, auf die See, mit den
großen Schiffen die darauf fahren, und den Stürmen, die
sie zuweilen aufwühlen und bewegen. Auch hier hatte
die Dunkelblonde schon mehr Erfahrungen gemacht, als
man bei so zarter Jugend voraussetzen durfte, so daß ich
staunend ausrief: „Wie ist's denn möglich, daß Sie das
Alles so genau wissen?" Worauf sie lächelte und das
träumerische Auge mit der Hand bedeckte, als wolle sie
den Blick desselben auf andere Bilder lenken.

Es folgte eine lange Pause. Endlich richtete sich
der Vater auf, und sagte: „die Thürme von Hamburg!"
Rasch auffahrend und das dunkelblonde Haar zurück-
werfend sah das Mädchen aus dem Fenster — und „die
Thürme von Hamburg!" jubelte sie, „Mama! die Thürme
von Hamburg!"

Mama war nicht ganz so leicht zu ermuntern, als
vorhin das Töchterchen. Aber die Thürme von Hamburg
ließen ihr keine Ruhe; „Mama!" rief die Dunkelblonde.
„Du willst doch wol nicht schlafen, wenn wir nach Hamburg kommen?"

Da aber erhob sich Mama, höchlichst entrüstet.
„Slafen?" rief sie; „ich hätte geslafen? Meinst Du
denn, Du kleiner Naseweis, man sliefe, wenn man die
Augen geslossen hat?"

Nun war ich von der Pein des ungelösten Räthsels
befreit! Nun gab die Memnonssäule, dieses Herz, welches

aus sieben Jahren eine Ewigkeit gemacht hatte, den rechten Ton an.

„Sind wir denn nicht zusammen in Helgoland gewesen?" brachte ich endlich heraus, indem ich alle Drei, Einen nach dem Andern ansah.

Die Mutter, welche nicht geschlafen haben wollte, aber immer noch aussah, als ob sie träume, wußte freilich aus meiner Frage Nichts zu machen. Ihre Tochter aber, indem sie mich schärfer ins Auge faßte, sagte: ja, und jetzt sei auch ihr, als ob sie mich schon irgendwo einmal gesehen, und es könne wol auf Helgoland der Fall gewesen sein.

„Und da war eines Tages ein heftiger Sturm, und da mußten dreizehn Personen, zwei junge Mädchen aus Hamburg darunter, auf der Düne bleiben, und...."

Jetzt war Alles, was wie Schlaf und Traum aussah, von dem Antlitz der ältern Dame gewichen; und ihr Auge bekam für einen Moment einen überirdischen Glanz, und ihren Arm um die dunkelblonde, erröthende Tochter schlingend, rief sie mit einer Thräne, welche jenen Schimmer und Glanz auslöschte: „Ja, das sind wir gewesen!"

„Und Arthur?" fragte ich.

„Arthur? Dort mein Herr, steht er," sagte das Mädchen, indem sie auf den Perron des Hamburger Bahnhofes deutete, in welchen wir jetzt einliefen, „und die Dame mit den beiden Kindern, die an seinem Arme steht, ist Kläre...."

„Und die hellblonde Angelika?" fragte ich im letzten Moment, ehe die Wagenreihe hielt.

„Ist eine dunkelblonde Angelika geworden in den sieben Jahren," sagte sie mit schelmischem Lächeln, indem sie den Wagen verließ, „und sie hat die Ehre, Ihnen eine glückliche Reise zu wünschen, mein Herr, und...."

Dabei reichte sie mir die Hand zum Abschied und sprang, ohne den Satz zu vollenden, in die Arme ihrer Schwester.

Stillleben auf Sylt.

(1859.)

Die Einwohner der Inseln sind stille geworden.
Jesaias 23, 2.

I.

Westerland, am 10. August.

Hier sind wir am fernsten Nordseestrande. Ein kleines, friedlich stilles Haus unter den Dünen beherbergt uns. Die Wände sind weiß, die Decke ist niedrig; von den Fenstern läßt nur eines halb sich öffnen, die andren sind fest zugenagelt, denn scharf streicht der Wind über Sylt. Unser Blick geht südwärts auf die weite, breite Haide. Einzelne Häuser sind hier verstreut, andere liegen dort beisammen. Wie einsam ist es auf Sylt! Am Abend, als ich ankam, und ein Rauschen, halb des Meeres, halb des Windes, auf dem sanften Rasenboden aber keines Menschen Tritt gehört ward, während mich das Geheimniß der Dunkelheit und des Ungekannten umgab: da hatte ich die Empfindung, als könne man hier ein neues Leben voll schweigender Glückseligkeit beginnen.

Hinter uns liegen die Dünen, bleiche, traurige Hügel mit wehendem Schilf und Riedgras. Unter den Hügeln ist das Meer — weit, breit und gelbgrün gleich der Haide. Aber wie wettert es auf der Meereshaide! Immer Wellen, immer Wind. Die Brandung rollt gegen die Dünenhügel, zeichnet ihre phantastischen Linien in den feinen weißen Sand, und läßt Muscheln, bunte Steine und milchweiße Kiesel zurück, wenn sie geht; Spielwerk aus dem Meeresgrund für die Kinder. Wir sehen es, wir heben es auf, wir schleudern es wieder in die Fluth zurück. Wir werden selber Kinder am Meeresstrand.

Menschen gehen wenig am Strand. Die tiefe Einsamkeit desselben wird selten, selten nur gestört. Der Wanderer kann schweifen, kann sinnen und träumen. Oft stößt sein Fuß auf schwarze dicke torfartige Massen, halb im Sande vergraben, oben von der Fluth frei gewaschen. Das sind die Waldreste von Sylt. Wo wir jetzt im breiten Sonnenschein zur Seite des Meeres auf Sand wandeln, da haben einst hohe, schöne Bäume gestanden; weit hinaus, dort, wo im offenen Meere die Schaumwelle spritzt, hat eine große Stadt gelegen, in welcher reiche Kaufleute gewohnt. Aber das Meer hat dieses Land zerrissen, es hat sich neue Straßen gesucht, und neue Küsten gegründet. Die große Stadt mit den reichen Kaufleuten ist hinunter, der schöne Wald von Sylt ist hinunter; wir leben auf einer kahlen baum- und strauchlosen Haideinsel in drei, vier kleinen Dörfern, und vor uns und hinter uns und rechts und links ist das Meer. Fahren wir nach Norden, so erreichen wir Island. Fahren wir gen Westen, so landen wir bei England.

Südlich liegt Hamburg und Helgoland und Deutschland und Belgien.

Das östliche Meer ist still und schmal. Wir sehen gegenüber die Küsten von Jütland und Nordschleswig. Zur Zeit der Ebbe liegt es halb trocken; die Watts, flache Sandbänke treten hervor und flimmern wie Silberstaub in der Sonne, während das blaue Wasser des Wattenmeeres sie wie ein blaues Band vielgestaltig umschlingt. Kleine Fischerböte segeln hin und wieder; ab und an steigt eine Rauchsäule auf, wenn das Dampfschiff von Husum oder Hoyer kommt. Weidenbüsche mit Besenreisern an der Spitze bezeichnen seinen Kurs; sie sind zu beiden Seiten in die Watts gesteckt und zwischen durch in den Kanälen des Wassers steuert das flachgehende Schiff. Man verliert das Land nie aus den Augen; wenn das Festland zur Rechten verschwindet, so tauchen zur Linken aus dem Wasser die Halligen auf, breitgestreckte Sandflächen, deren hügelförmige Erhöhung auf der Mitte drei, vier Hütten, ein paar Scheuern und Ställe trägt. Die Hügelabhänge geben reiche Weide und die Halligbauern haben das schönste Vieh. Im Winter, wenn der Wind kommt und das Wasser thürmt, sitzen sie oft monatelang einsam auf ihren Halligen, sie sehen das Festland, sie können aber nicht hinüber. Mit Böten ist dann gleichfalls nicht anzukommen. Einmal oder zweimal, wenn das Wasser ganz tief gefallen ist, wagen sich junge rüstige Leute, welche mit den gefährlichen Straßen vertraut sind, über die Watts an's Land;

während der einen Ebbe hinüber, während der andern zurück. Dieses sind die sogenannten Schlickläufer, deren Schicksale der abenteuerliche Zug sind in der Monotonie der Wattbänke und der Halligen.

Einmal war ein alter Halligbauer, der sich den Fuß gebrochen hatte, an's Land nach Husum gebracht worden, damit ihn der dortige Chirurgus kurire. Es war um die Winterzeit, wo das Meer überzutreten pflegt. Der Kranke hoffte auf Heimkehr, bevor das hohe Wasser sie ihm abschnitte; aber sein Uebel zeigte sich hartnäckiger, und eines Tages kam das Wasser und stieg über den breiten Sand jenseits der Deiche und überschwemmte die Watts, so weit man sehen konnte. Da saß nun der arme Bauer tagelang, den Blick der traurig wogenden Fläche zugekehrt; und des Nachts, seiner körperlichen Schmerzen vergessend, hörte er ihr Rauschen. Sein Heimweh wuchs; und oft, bei klaren Sonnenuntergängen, sah er auf dem kalten Winterabendbroth fern zwischen Himmel und Wasser die bläulich-scharfen Umrisse von Giebel, Dach und Mauerwerk. Es war sein Haus auf der Hallig, bis zu deren oberstem Hügelrande das Meer gestiegen. So saß er Tag für Tag, und sein Herz that ihm über die Maßen weh. Da, eines Nachmittags spät, erblickte er auf der Straße von Husum einen Mann, welchen er kannte. Er war von seiner eigenen Hallig, hatte die Zeit des Neumondes wahrgenommen, um über den Schlick nach dem Festland zu laufen und gedachte des Abends, bei Ebbe, den Heimweg zu suchen. Der kranke Bauer rief seinen Freund, den Schlickläufer herein, und sagte ihm, daß er es hier nicht mehr aushalten könne und daß er mit ihm heimkehren wolle. Umsonst daß dieser ihm abredete und mehr als einmal sprach: „Bedenk' was das Ende ist, wenn Dein Fuß Dich nicht mehr tragen will." Der Bauer beharrte bei seinem Vorsatz. Der Schlickläufer sagte, gleich nach Sonnenuntergang müßten sie sich auf den Weg machen, und heimlich, zu der verabredeten Zeit, stahl sich der Kranke an das Ufer. „Nun folg mir," sagte der Schlickläufer, „und bleib um Gotteswillen nicht zurück. Wenn die Fluth eintrifft, sind wir verloren, und ich kann Dich nicht retten. So komm!"

Sie gingen und der Neumond schien matt über ihren Pfad, der sich schmal und gefährlich durch's Wasser zog. Eine Stunde lang hörte der Schlickläufer den Schritt des Kranken hinter sich, gleichmäßig wie beim Aussetzen; dann, allmälig, blieb er ein wenig zurück. Er wandte sich um und rief: „Eil Dich, um Gotteswillen! Sonst erreichen wir die Hallig nicht!" — Mehrere Mal noch wandte er sich um. „Holla, ho!" rief er, und „ho!" kam es zurück, erst näher, dann weiter, immer weiter und schwächer, als käm es schon aus dem Wasser.

Zuletzt war es ganz still, nur sein eigenes „Holla, ho!" klang in die Nacht hinaus und mischte sich mit dem fernen Brausen der Fluth, welche von Westen hereinkam. Das Wasser spülte schon flach über seinen Weg und mit lautem verzweifeltem „Holla, ho!" lief er weiter; aber keine Antwort und dicht hinter seinen Fersen das steigende

Gewässer. Schweißtriefend erreichte er die Hallig zuletzt, und als er sich umsah, da stand Alles wieder unter Wasser, von dem Hügelrand bis zu den Deichen, die er beim schwindenden Licht der Mondsichel leise verdämmern sah. Trüb und voll rauschte die Fluth herein; von dem kranken Bauern aber hat man nie und nie mehr Etwas gehört. —

So ist das Wattenmeer. Anders die Nordsee, die vom Westen an gegen unsere Dünen rollt. Ihre Brandung ist hoch und gefährlich, ihre Küste für Schiffe unnahbar, zum Landen zu jäh und steil. Darum ist das Meer hier leblos — kein Segel, kein Mast in noch so weiter Ferne; kein Punkt, auf dem das Auge haften, mit dem das Herz und seine Sehnsucht langsam weiter schwanken möchte. Nur Möven über der breiten, unermeßlichen Wogenmasse und Wolken; das ist Alles. So weit ist der Blick, so hoch der Himmel, so phantastisch, so groß, so golden geballt die Wolken; aber die Seele des Menschen fürchtet sich, mit ihnen zu reisen. Wohin auf dieser kalten, ungastlichen Meeresfläche? Schaurig rollt und rauscht sie; es ist nicht das Lied des Lebens und des kräftigen Wagemuthes, das sie an den Küsten von England singt. Auch in Ostende hatte sie noch andere Töne. Es war Liebe dazwischen, Sehnsucht und Heimweh. Hier singt sie ihm düstern Gesang von Einsamkeit, von Entsagung, von Trauer um Vergangenes.

Oft, wenn ich in der grauen Abenddämmerung durch den Sand gehe und diesen Gesang höre, wird mir ängstlich zu Muthe, und über die Dünenhügel kehre ich auf die Haide zurück, und unter dem schweren Himmel erblicke ich die Abendlichter der kleinen Häuser in der Ferne.

Die Männer, die in diesen Häusern wohnen, sind Seefahrer und weitgereiste Kapitaine, die nun auf ihrer Heimathinsel nach stürmischem Leben zeitlich und ewig zu ruhen gedenken. Aber auch die Frauen tragen ihr Theil von dem, was das Meer giebt und nimmt.

Ich wohne bei einem grau gewordenen Mädchen, des Namens Jungfer Brigitte Marlo, und nicht ohne Ehrfurcht seh' ich im Stillen ihrem Wandel zu. Ihr Liebster ist vor zwanzig, dreißig Jahren auf See verunglückt; aber Brigitte ist dem Todten treu geblieben. Sie hat das Bild des Schiffes, welches er geführt, an die Küchenwand, dem Herd gegenüber, gehängt; sie spricht nicht von ihm, ich weiß kaum, ob sie noch an ihn denkt — sie ist so alt, so grau geworden. Aber treu ist sie ihm geblieben, und obwol sie so gut einen Jüten hätte zum Mann bekommen können, wie manche Andere, so hat sie's doch vorgezogen, so lange beim alten Rathsmann Deller als Magd zu dienen, bis sie sich ein kleines Vermögen erspart hatte, um davon ihr Alter zu fristen. Sie hatte ein kleines Haus, hundert Schritt von dem entfernt, welches sie heute bewohnt; aber der Blitz schlug ein und verzehrte in einer Nacht, wo der Brand weithin geleuchtet haben soll über die dunkle Insel, Alles, was sie besaß. Da sammelten die Westländer für sie und bauten ihr das neue Haus, stellten ihr Tische, Stühle, Betten für ein billiges Miethgeld in die Stuben, und zogen um den Platz des alten, welches Brigitte jetzt als Garten benutzt, eine Mauer von Erde, Rasen und dunklen Steinen. Statt der gehofften Ruhe hat ihr das Alter neue Sorgen gebracht; sie muß wieder schaffen und arbeiten, wie zuvor; sie thut es stumm, aber mit Freuden, und was ihr auf Erden noch von Liebe und Neigung geblieben, das vertheilt sie ehrlich zwischen den armen Kindern, die mehrere Mal in der Woche zu ihr kommen, und den Schafen, der Kuh und der Katze, die mit ihr den Hüttenraum bewohnen. Viele ehrwürdige Frauen, viele schlanke Mädchen in schwarzen Kleidern und schwarzen Miedern, weiße Tücher um das blonde Haar geknüpft, begegnen uns, wenn wir gegen Abend die Insel durchstreifen, denn jedes Jahr verunglücken sylter Männer auf fernen Meeren, und bei dem engen Verwandtschaftsverhältniß, in dem hier Familie zu Familie steht, ist die Trauer allgemein. Männer mit ergrauendem Haar und harten Händen sitzen vor der Thür oder man trifft sie im Wirthshaus bei einem Glase Grog; es sind Schiffskapitäne, die auf hamburger Schiffen das atlantische Meer zehnmal gekreuzt haben, oder auf holländischen Fahrzeugen die batavischen Inseln besuchten. Jetzt bauen sie Hafer und Buchweizen, jetzt bekümmern sie sich um die Schafe und um die Kühe; auf der Kommode ihrer kleinen, sauberen Zimmer steht das Modell ihres Schiffes, und gern erzählen sie dem Fremden von den Abenteuern, die sie auf See gehabt.

Einige haben sich dicht an dem geschützten Strande des Wattenmeeres schöne, steinerne Häuser mit weißen Wänden und platten Dächern errichtet. Bei einem dieser Häuser fuhr ich jüngst vorbei, um die Stunde des Sonnenuntergangs. Unten in der schön beleuchteten Stube sah ich Teppichflur und Polsterstühle und bequeme Sophas; auf dem Tische stand ein silbernes Kaffeeservice, die Tassen noch ungeordnet hier und dort, als habe man sich erst eben erhoben. So traulich war dies Zimmer, so voll Abendsonne, so voll Seeluft. Oben auf dem Dache stand der Kapitain und über einen niedrigen Schornstein hatte er sein Fernglas auf den Strand und die blaue See gerichtet.

„Was sucht Ihr, Kapitain?" fragte ich.

„Mein Weib und meine Kinder!" antwortete er. „Sie sind nach dem Kaffee hinunter in die Dünen gegangen. Nun will es Nacht werden und ich habe sie aus den Augen verloren!"

Dann fuhr ich weiter, und lange noch, wenn ich zurücksah, erblickte ich das weiße Haus und im Abendsonnenglanz darauf den Kapitain mit dem Fernrohr, der sein Weib und seine Kinder suchte.

Es ist merkwürdig, wie sehr diese Leute mit ihren falbblonden Haaren, ihren wasserblauen Augen, ihren starken Knochen und ihrem breiten, täppischen Wesen mich an die Engländer erinnern. Auch ihre Sprache erinnert mich jedesmal an sie. Sie reden unser Hochdeutsch, wie die auf dem Continente reisenden Engländer es zu reden pflegen; etwas weniger gebrochen, aber grade so hart, als sei es eine ihnen fremde Sprache. Unter sich gebrauchen sie nichts anderes, als ihr altes, heimath= liches Friesisch. Es klingt wie Englisch, und ist die Mutter des Englischen; auch Worte, und namentlich die= jenigen Ausdrücke, die sich auf das Meer, die Schiffe und die gemeinsam heidnische Vergangenheit beziehen, sind in beiden gleich. Das Loch heißt Gap und Gat, die Klippe Cliff, die Marsch Marsh, wie an der englischen Ostküste; die Wochentage, deren Namen und Bedeutung aus dem Heidenglauben stammen, sind dieselben: Winjsdei, Türsdei, Fridei — Mittwoch, Donnerstag, Freitag.

Hier hören wir auch das englische „th" wieder, jenen Buchstaben des angelsächsischen Alphabets, dessen Aussprache uns so viele Mühe macht, wenn wir nach England hinüber kommen. Aber die Sylter sprechen ihn schärfer, als die Engländer; sie sagen „Zinghügel" für Thinghügel, und nennen das südwestlich von dem unseren belegene Dorf Thinnum: „Zinnum." Ja, während das eigenthümliche Zeichen, welches in dem alten angelsäch= sischen Alphabet für dieses „th" existirte, nämlich ein d mit einem Strichlein durch den Kopf des Buchstabens in England verschwunden ist, hat es sich im Alphabet des Mutterlandes erhalten, und noch heut heißt das deutsche „ob, oder" z. B. auf Sylt: „wedder", und wird ungefähr so ausgesprochen, wie das englische „wether".

. Eigentliche Schriftsprache ist die Friesensprache nie recht gewesen, obgleich sie sehr edel ist; oder es war ihr doch nicht vergönnt, lange als solche zu bestehen. „Keine Fürsten von Holland und von Dänemark und keine Fürsten von Schleswig und Holstein haben sich je der Friesensprache angenommen oder sie nur irgendwie begünstigt. Wer das Edle untergehen läßt, wenn er es erhalten kann, den wird die Zukunft richten." So sagt in seinem Buche über Irland der Nordfriese C. J. Clement.

Unsere Insel ist der letzte Vorposten jenes „cimbrischen Chersonesus," auf dem die Jüten und die Angeln und die nördlichsten Sachsen wohnten; und dieser Boden, auf dem wir stehen, und alles Land ringsum, das wir im Horizonte matt dämmern sehen, wenn wir die Innenhügel besteigen, ist der wahre Boden Alt-Englands.*)

Nordöstlich von Westerland, wenn wir gegen das Dorf Wennigstedt gehen, kommen wir an eine mächtige Einbucht in den Dünenstrichen. Durch die Wölbung sehen wir das blaue Meer zur Linken und schimmernd bis dicht an den jähen Küstenhang rauscht es heran. Kräftiger wettert uns die Meeresluft entgegen; die Halme schwanken, der dürre Sandhafer weht, der langhalmige

---

*) Der englische Antiquar Gunn hält Angeln „für eine kleine Insel bei dem Herzogthum Schleswig in Dänemark, von welcher Flensburg die Hauptstadt ist." Giles, der Herausgeber der „Six Old English Chronicles" druckt diese Angabe gutgläubig nach (p. 400). Was würde jener aus „Adam Bede" bekannte Kritiker, welcher mit seiner linken Hand die Zwillinge in der Wiege schaukelt, und mit seiner rechten einen im Hebräischen nicht ganz capitelfesten Gegner züchtigt, sagen, wenn ein deutscher Gelehrter sich eines solchen Irrthums schuldig machte?

Dünenroggen schlägt hin und her. Dies ist das Ries-
gap, Reiseloch, die Bucht der Abreise. Vor uns, am
Fuße des rothen Kliffs, steht der Leuchtthurm, dessen
wechselnde Flammen wir am späten Abend, im dämmernden Mondeshimmel so gerne betrachten; weit, in blauer
Ferne, zeichnen die Thinghügel sanfte Conturen in den
Duft des Ostens.

Wo wir nun im Reisegap über ellenhohen Flugsand
niedersteigen an die festere Feuchtigkeit, zu den gehäuften
Kieseln des Seegestades: da stiegen einst vor vierzehn-
hundert Jahren wilde Männer, trotzig und halb nackt,
mit flachsgelben Haaren, mit kurzen, breiten Schwertern,
„Saxe" genannt, und setzten sich in kleine Segelböte
von Eschenholz und schwammen hinüber, und schwammen
viele Tage, bis sie bei der Insel Thanet, an der Küste
von Britannien Anker warfen, und eroberten von der
kleinen Insel aus die große Insel, und gaben derselben
ihren Namen und ihre Sprache, und herrschen noch immer, nachdem ihre ferne Heimath vom Nordmeere an
allen Ecken zerrissen ist, und die kleine Insel, die Insel
Thanet, längst keine Insel mehr ist, sondern die letzte
Landspitze von Kent bildet. Das Meer ist dasselbe, das
die Barken der Angeln und Sachsen und Friesen ans
Land trug; die Luft ist dieselbe, die ihre Standarten mit
dem schneeweißen Roß flattern ließ, und das schneeweiße
Roß ist noch heut das Wappenthier von Kent, von Braunschweig und Hannover.

Gerne sitz' ich auf den Hügeln des Reisegaps und

denke an die Männer, die hier niedergestiegen und nach Britannien gefahren sind, und denke an Hengist, ihren grausamen, heldenmüthigen Führer und an Vortigern, den guten, milden, poesiereichen König der britischen Celten, den Freund Merlin's. Dann schlage ich ein Buch auf, das ich mit an das Meer genommen — „Sechs alt-englische Chroniken;" ich schlage die britische Geschichte Gottfrieds, des Weihbischofs von Monmouth auf. Der Meerwind aus Westen saust durch die Blätter, und ich lese:

„Inzwischen aber kehrten die Botschafter von Deutschland zurück, mit achtzehn Schiffen voll der besten Kriegs=mannen, die zu finden waren. Sie brachten auch Ro=wena mit, die Tochter des Hengist, eine der schönsten Jungfrauen jener Zeit. Nach ihrer Ankunft lud Hengist den König ein, seine neuen Gebäude und die neuen Männer zu sehen, die herübergekommen. Der König kam; hier ward er mit einem fürstlichen Banquet unterhalten, und als das vorbei war, da kam die junge Dame aus ihrem Gemache mit einer goldenen Schale voll Wein, nahte sich dem Könige damit und sagte unter einer tiefen Verbeu=gung: „Lord! König, wacht Heil!" Der König, als er das Gesicht der Dame gesehen, war plötzlich eben so er=staunt als bezaubert durch die Schönheit desselben; er rief seinen Dolmetscher, um ihn zu fragen, was sie ge=sagt habe, und was er antworten solle? „Sie nannte Euch Herr und König", sagte der Dolmetscher, „und bat um die Erlaubniß, Eure Gesundheit trinken zu dürfen!

Ihr müßt nun antworten: Trink Heil!" Vortigern antwortete demgemäß: „Trink Heil!" und bat sie, zu trinken; darauf nahm er die Schale aus ihrer Hand, küßte sie und trank selber. Von jener Zeit bis zu dieser ist es Gebrauch im Britenland geblieben, daß der, welcher einem Andern zutrinkt, sagt: „Wacht Heil!" und dieser Letztere erwiedert: „Trink Heil!"*). Vortigern war nun trunken von den verschiedenen Getränken, und der Teufel nahm die Gelegenheit wahr, um in sein Herz zu schleichen und ihn in das Mädchen verliebt zu machen, so daß er bei ihrem Vater um sie anhielt. Es geschah, sage ich, durch des Teufels Spiel, daß er, so doch ein Christ war, sich in eine Heidin verliebte. Hier nun entdeckte Hengist, der ein schlauer Mann war, den Leichtsinn des Königs, und er überlegte mit seinem Bruder Horsa und den andern alten Männern, was zu thun sei in Bezug auf des Königs Bitte. Sie riethen ihm einstimmig, ihm seine Tochter zu geben und als Gegengabe dafür die Provinz Kent zu verlangen. Demgemäß ward die Tochter ohne Verzug Vortigern übergeben, und Hengist empfing die Provinz Kent, ohne daß Gorangan, der sie verwaltete,

---

*) Noch heute finden sich Reste dieses Gebrauches in der Sitte und Sprache Englands. „Wassail" heißt zechen, schmausen, und der „Wassail"-Becher geht noch heut bei Banquet und Festgelag von Hand zu Hand. In der alten Heimath aber, im Friesenland, empfangen die Bauern im Wirthshaus den Neuankommenden noch immer mit dem Gruße Rowena's: „Waes Hial!" und dieser erwiedert wie Vortigern: „Drink Hial!" (S. Hansen, Friesische Sagen ꝛc. p. 135.)

Kenntniß davon hatte. In derselben Nacht aber heirathete der König die heidnische Jungfrau und vergnügte sich im höchsten Maße mit ihr; wodurch er den Haß des Abels und seiner eigenen Söhne rasch auf sich lud".

Und so lieg' ich im Reisegap bei bei Wennigstedt und denke an den grausamen Hengist, den Sachsen, der seine schöne Tochter Rowena dem weichherzigen König Vortigern zur Frau gab, und ihn später ermorden ließ und sein Reich eroberte ... und der Meerwind streicht durch die Blätter der alten Chronik und dem Westen zugewandt ist mein Auge und der untergehenden Sonne.

II.

Am 13. August.

Die Insel Sylt ist das äußerste Stück deutschen Landes, wo noch deutsch geredet und deutsch gefühlt wird. Das wilde Meer, nirgends wilder als an diesen Küsten, hat dies Stück schon seit Jahrhunderten von der mütterlichen Erde des Festlandes abgerissen; wie ein verlorner Posten steht es in der einsamen Wasserwüste, dem zerstörenden Andrang des Meeres preisgegeben. Und wie von der Westseite das Meer heranbraust, so von der Nordseite ein anderes, dem deutschen Wesen nicht minder feindliches Element, das Dänenthum, das die Nordspitze der Insel schon bezwungen hat und weiter dringt. So sehen wir von der deutschen Küste, dem deutschen Meere aus, die Insel langsam untergehen. Es ist nicht, weil sie besonders groß oder schön oder werthvoll für uns wäre, daß wir sie wehmüthig betrachten; aber mit ihr geht ein Theil von uns selber, ein schönes Stück unserer eigenen Ver=

gangenheit hinunter, und ihr Verlust erinnert uns an vieles Andere, was wir schon verloren.

Die Halbinsel, auf welcher jetzt bis an's rechte Elbufer das Regiment des Dänen reicht, war einst der Sitz des kräftigsten deutschen Volksstammes, des freiesten, des stolzesten; die Heimath der Nordfriesen, welche England erobert und dem englischen Volke die Grundlagen seiner Sprache, seines Rechts, seiner Macht gegeben haben. O, spät und als man ihn längst nicht mehr erwartete, hat England die Schuld seines Dankes hierfür gezahlt: mit der parlamentarischen Agitation gegen die schleswig-holstein'sche Erhebung, mit den Leitartikeln der „Times" und dem Londoner Vertrag von 1852. Und doch werden sie und wir es nie vergessen, daß die Wurzeln ihrer Macht sich in diesem Boden genährt haben, der deutsch war und deutsch bleiben wird, so lange es Gott gefällt; die blondfalben Haare der Friesen, ihre Sprache, ihre Verfassung und ihr Recht erinnern uns täglich an die Verwandtschaft.

In jenen grauen Tagen nun, wo Hengist und Horsa eben ihre Mannen gen West geführt hatten und die Fahne mit dem weißen Sachsenroß zuerst über den Kalkfelsen von Kent flatterte, wo Vortigern, der gutmüthig schwache Britenkönig, durch Verrath gestorben war und Arthur, der König der mittelalterlichen Romantik, das heilige Drachenbanner der Kymrus in die wilde Einsamkeit des Snowdon's geflüchtet hatte: da waren die friesischen Lande auch noch ganz anders, als sie heute sind. Da hingen die Inseln, die jetzt verloren im Meere schwimmen, mit dem Festland, jener Halbinsel, zusammen; ja es giebt eine Sage, daß Heligoland oder Heiligland, das Helgoland unserer Tage*), die Südwestspitze des großen Friesenlandes gewesen. Zu der Zeit, wo die Völker Europas durch die germanische Wanderung zersetzt und neugestaltet wurden, soll auch die Landzunge, welche Frankreich mit England verband, durch den Wellensturz des Atlantischen Ozeans durchbrochen worden sein; die Brücke, über welche die celtische Urbevölkerung aus Iberien und Gallien hinübergewandert, war nicht mehr. Der Damm, der die germanischen Küsten beschützt hatte, deckte sie nicht länger, und Nordfriesland sollte den Stoß zuerst empfinden. Mit dem Fluthstrom aus Nordwest vereinte sich der neue aus Südwest; und er brachte Stürme und Ueberschwemmungen und Verwüstungen, und er zerriß das Friesenland, und er hat Wangeroge verschwemmt und er droht Helgoland zu begraben.

So hat sich der britische Kanal an dem Lande gerächt, von welchem das Volk kam, das die britischen Inseln erobert und beherrscht hat, bis auf diesen Tag.

Das alte Land der Nordfriesen wurde von den Gewässern in Inseln zerschnitten, die unter den Namen der friesischen Uthlande (Außenlande, Insellande) lange bekannt sind. Sie liegen aufwärts längs der Küste von Schleswig bis Jütland, und die hauptsächlichsten derselben

---

*) Die Engländer nennen es noch heut „Hellgoland".

heißen: Nordstrand, Pelworm, Föhr, Amrum und Sylt. Ihren Weststrand kehren sie dem stürmischen Nordmeer zu, das sie zerrissen hat und täglich mehr zerreißt; von der Ostseite sieht man das feste Land gegenüber, und nur das blaue, ruhige Wasser des Wattenmeeres trennt sie von demselben. Oft, zur Ebbezeit, die hier zwei Stunden später eintritt, als in der großen Nordsee, ist dieses Wasser so flach, daß man den Grund sieht und hindurchwaten kann. Dann soll man von Sylt nach Amrum mit einem Wagen fahren, und, wenn man die Straßen kennt, Föhr und die Wibingsharde am Festland trocknen Fußes erreichen können; Strecken, über welche die Fluth das Dampfschiff trägt, verwandeln sich alsdann in schwarze fette Schlickmassen, aus welchen trefflicher Marschboden würde, wenn man sie einzudeichen wagen dürfte.

„Es ist diß Land", sagt Dr. Kaspar Danckwerth, weiland Burgemeister von Husum (Mitte des 17. Jahrhunderts), der diese Stelle jedoch aus einem noch ältern Buche, aus der Chronik des Saxo Grammaticus, welcher um 1200 schrieb, entlehnt hat — „es ist diß Land reich an Korn und Vieh, sonsten aber nah an dem Meer und so niedrig belegen, daß es zuweilen damit übergossen wird. Damit aber solches nicht geschehe, seynd die Ufer rund herumb mit Teichen verwahret: wann aber des Meeres Gewalt dieselben durchbricht, so überschwemmt es das Land, reisset die Häuser danieder und verderbet das Korn. Gemeinlich machet oder reisset das Meer große Wehlen in die Aecker hinein und wirft die Erde auff frembde Felder. —

Sonsten trägt Frießland trefflich viel Graß und man siedet daselbsten auch Salz aus gedorrter Erde. Den Winter über liegt das Land stets mit Wasser bedecket und giebt das Ansehen, als ob es ein See wäre, daher es zweiffelhaft, wozu man diß Land eigentlich rechnen soll, dieweil man es zu Sommerzeit pflüget, zu Winterzeit aber mit Böten darüber fähret."

Hier bekommen wir, von einem Augenzeugen, die Schilderung des Scheidungsprozesses; er selber vollendete sich erst im 16. Jahrhundert, und was dem Augenzeugen und seinen Söhnen und seinen Enkeln vierhundert Jahre lang als ein topographisches Amphibium, als ein Mittelding zwischen Wasser und Land erschienen, ist seit der Zeit eine Inselgruppe, bewohnt von einem muthigen, ehrenfesten Volksstamme, der die deutsche Sprache spricht, uns zwar unverständlich, wie die Sprache des Hildebrandsliedes, aber nicht weniger deutsch, und sich deutsche Freiheiten und Rechte in jahrhundertelangem Kampfe männlich erhalten hat, einem Kampfe, der im achten Jahrhundert begonnen und im neunzehnten noch nicht beendet ist.

Noch zeigt man bei Archsum und bei Tinnum auf Sylt zwei Erdwälle, welche vordem dänische Zwingburgen getragen; die Burgen sind längst zerstört und Schaafe weiden auf der Höhe, wo sie damals gestanden. Freilich liegt, ungefähr in der Mitte zwischen den Wällen, die man noch heute Tinnumburg und Archsumburg nennt, die Landvoigtei, in welcher der dänische Statthalter wohnt;

aber sie haben den dänischen Statthalter gezwungen, deutsch mit ihnen zu reden und nach deutscher Weise mit ihnen zu Gericht zu sitzen. Denn ob es auch Mächte und Geschicke im Völkerleben giebt, die ruhig ihren Weg wandeln und zuletzt an das Ziel kommen, trotz allen Widerstandes: so haben diese Leute den Widerstand doch gewagt und, treu ihrem heldenmüthigen Wahlspruch: „Lieber todt als Sklav", haben sie ihr Land gegen das Meer und ihr Recht gegen den Feind behauptet, — und wenn nun zuletzt, nach Jahrhunderten vielleicht, das Meer und der Feind siegen sollten, so wird man doch sagen: der Kampf ist schön und erhaben gewesen, und mit Wehmuth wird der Blick des spätesten deutschen Geschichtsforschers auf der Stelle haften, wo er auf den nordfriesischen Inseln geführt worden.

Die Insel Sylt ist ihrer Lage nach die äußerste der Gruppe. Sie ist zugleich ihrem Umfange nach die größte. Sie hat in Süd und Nord 4¾ Meilen Länge, in Ost und West ¼ bis 1½ Meilen Breite und zählt 2700 Einwohner. Fruchtbaren Landes giebt es nur wenig, das Meiste ist unabsehbare Haide und aufgethürmter Dünensand, wo nur Schaafe ein kümmerliches Futter finden. Die Mehrzahl der Bedürfnisse muß vom festen Lande bezogen werde. Die Inselbewohner sind muthige, treuherzige, gastfreie Menschen; sie zeichnen sich nicht durch Schönheit aus, aber die Männer sind kräftig und die Frauen haben einen edlen Wuchs und seelenvolle Augen.

Wenn man das Land durchwandert und um die

Abendzeit von Dorf zu Dorf geht, dem Meere fern, wo man sein Rauschen nicht hört und nur noch die himmlisch reine Luft athmet, die es entsendet, so könnte man sich einbilden, man sei in einer einsamen, von vielen wilden Blüthen duftenden Haidegegend, und reizend ist es das Verhältniß zu betrachten, in welchem diese Leute zum Meere stehn, das ihre Existenz täglich bedroht und zum Lande, dessen friedliche Fläche sich vor ihren Hütten ausdehnt.

Sie sehen aufs Meer mit wehmüthigen und sehnsüchtigen Blicken; es hat Jedem, der auf der Insel wohnt, schon etwas Liebes, und nicht Wenigen Alles geraubt. Aber ihre Männer hören nicht auf, es zu befahren; berühmt ist der Muth und das Geschick der Sylter Schiffscapitaine auf allen Meeren des Globus, und wenig Knaben giebt es hier, die nicht zur See gingen, sobald sie die Schule verlassen. Viele kehren nie zurück, keiner aber eher, als bis er auf vielen Fahrten so viel erworben, um nun daheim, nachdem die eine Hälfte des Lebens fortgestürmt ist, die andere gemächlich „in Ruh verdehnen" zu können.

Die Sylter Frauen dagegen hängen am Haus und sie verlassen es niemals. Sie fürchten das Meer, das ihre Väter und Brüder, ihre Männer oder Bräutigame befahren; ihr Reiseziel ist das nächste Städtchen des Festlandes. Hamburg zu sehen, ist ein nicht Allen gegewährter Lebenswunsch, und nur von Zweien oder Dreien wird erzählt, daß sie in England gewesen. Daher es

denn geschieht, daß man auf dieser Insel so wenig junge
Männer und so viel Wittwen, so viel alte Mädchen
sieht, die nie heirathen. „Sie hätten wohl Alle heirathen
können", sagte meine Wirthin, die Jungfrau Brigitte,
„aber der Bräutigam ist verunglückt, und Landsleute oder
Jüten, wie die Anderen, haben sie nicht gewollt." Die
Sylter Frauen stehen an ihrem Heerde wie die Prieste-
rinnen der germanischen Vorzeit: sie besorgen das Haus-
wesen. Im Feld und auf der Wiese sieht man fast nur
Frauen, und sie sind es, die das Vieh auf die Weide
ziehen und wieder zurückholen.

Die niedrige Feldarbeit wird von eingewanderten
Dänen aus Jütland verrichtet. Diese — meist plumpe
Burschen, an ihren nichtssagenden Gesichtern, stumpfen
Blicken und unbeholfenem Betragen leicht von den freien,
stolzen Friesen zu unterscheiden, unter welchen sie sich bewegen, — stehen zu diesen in einem untergeordneten
Verhältniß, und werden vorzugsweise als „Knechte" be-
handelt und bezeichnet. Darum auch „Jüte" genannt
zu werden, der größte Schimpfname auf Sylt ist: und
diejenigen, welche es wirklich sind, leiden es doch nicht
gern, daß man ihnen diesen Namen gebe, mit dem sich
stets der Nebenbegriff des Schimpflichen verbindet. Allein
das hat doch nicht verhindern können, daß dies jütische
Element, verachtet wie es ist, von Jahr zu Jahr mehr
vordringt, je mehr das Bedürfniß nach Arbeitskräften
fühlbar wird. Und nicht alle Frauen denken so gut alt-
sylterisch, als meine Jungfrau Brigitte. Denn nament-

lich zeigen sich in neuester Zeit die Seemannswittwen nicht abgeneigt, sich mit jütischen Männern zum zweitenmale zu verbinden, die dann aber den Namen der Ersteren annehmen, da hier zu Lande die verheiratheten Fremden nach ihren Frauen genannt werden. So habe ich auf Sylt manch einen Mann gesehen, der eine deutsche Frau und einen deutschen Namen dazu hat, und nicht deutsch sprechen kann!

Recht aufkommen können aber weder diese Fremden noch diejenigen, welche als „Landsleute" im Gegensatz zu den Andren, den Seefahrern, entweder nicht stark oder nicht muthig genug waren, dem allgemeinen Zuge aufs Wasser zu folgen. Eine lange Vergangenheit voll seefahrender Väter und Vorväter verleiht hier der Familie den patricischen Charakter, deren jede hier ihre Genealogie und ihren Stammbaum hat, wie bei uns auf dem Festland der Adel; und das Mädchen, das im aufgeschürzten Rock die Kühe über die Haide führt, kann die Geschichte seiner Ahnen erzählen und ist stolz darauf. Wunderbare Geschichten sind es zuweilen, denen ähnlich, die man von der Geburt der römischen Zwillinge, oder der Helden und Halbgötter der nordischen Mythe erzählt.

Mein Freund, der Schiffscapitain Dirksen Meinertz Hahn, der die Stammtafeln seiner Familie mit ganz besonderer Genauigkeit geführt hat, beginnt seine Erzählung mit einem schönen Mädchen aus Holland, das von dem Sohne eines reichen und hochmüthigen Kaufherrn in Amsterdam geliebt worden sei. Dieser, der für seinen Sohn eine andere Verbindung wünschte, wußte es zu veranstalten, daß Jens Grete — so hieß das Mädchen — nebst der Frucht ihrer Liebe auf eines seiner Handelsschiffe, das nach Riga gehen sollte, gebracht wurde. Das Schiff scheiterte in einer düstern Novembernacht auf den Hörnumer Bänken, unter ging die Mannschaft, unter ging Jens Grete, die Geliebte des Amsterdamer Kaufmannssohnes, aber eine Wiege schwamm an Land und in der Wiege lag ein Knäblein, und das Knäblein wuchs heran und ging auf See und erwarb sich Ruhm und Reichthümer auf seiner Fahrt und ward der Stammvater der Familie Hahn, in welcher die älteste Tochter immer noch Grete heißt. Und welch eine hübsche Grete, mit welch dunklen Augen und freundseligen Mienen ist es, die in unsern Tagen das Andenken an die unglückliche Stammmutter forterhält!

Und so wie in das häusliche Leben dieses Volkes, so voll von dem Stolz und der Einfachheit der Patriarchen, ein fremdes Element sich störend eindrängt: so stürmt vernichtender noch gegen ihr Land selbst das andere Element, das Meer, heran. Die Dörfer der Ostküste sind freilich geschützt: das stille, an seiner blauen Bucht fast träumerisch gelegene Keitum, — die Dörfer Tinnum, Archsum und das von fetten Marschländereien umgebene Morsum haben Nichts zu befürchten. Aber traurig ist es, die Bewohner der Westdörfer Westerland und Rantum sprechen zu hören. Sie haben zwischen sich und dem Meere die Dünen, aber die Dünen wandern landein, wenn der Südwest im Winter und nahenden Frühling rast, und die Häuser, in denen ihre Eltern gewohnt, und die Stellen, auf welchen sie als Kinder gespielt, werden verschüttet, und über manchen Platz, den die alten Leute noch herausfinden und mit den Fingern zeigen, ebbt und fluthet jetzt die große Nordsee. Boh Jensen, der Schmidt von Westerland, der nun achtzig Jahre alt ist, hat mir Stellen gezeigt, wo er als Knabe die Pferde seines Vaters geritten und die Kühe geweidet hat. Sie liegen jetzt tief, tief unter den Dünen, und die Herren haben ihr Bad daselbst, seit den drei Jahren, daß man angefangen hat in Westerland Seebäder zu nehmen. Es ist traurig genug, wenn man seine Heimath verlassen und in fremde Länder und zu fremden Leuten wandern muß; aber man verliert sie doch nicht, indem man sie verläßt, sie bleibt stehn, wo wir als Kinder sie gesehn, und unsre Träume und Wünsche dürfen sie oft noch besuchen. Diesen Männern aber geht die Heimath unter dem Fuße fort. Sie versuchen sie zu halten, sie umklammern sie mit der ganzen Verzweiflung der Liebe; aber sie geht fort.

Umsonst, daß die Bewohner der Westküste von Sylt dem Ansturz des Meerstroms, dem Wandern der Dünen Einhalt zu thun versuchen. Sie bepflanzen die Dünen, eine nach der andern, die lange Küste hinauf, mit Riedgras und Sandroggen, — dürre, steife Gewächse, deren hartnäckige Wurzelfasern den fliehenden Staub zusammenhalten sollen. Sie liegen, vor Allem wieder die Frauen und Mädchen, denen ja — bei der Abwesenheit der Männer — die Hütung des Landes vertraut scheint, in den kalten stürmischen Herbstmonaten auf diesen Dünen und pflanzen und bauen; und welch hartes Werk es ist, das sehen wir, wenn wir es versuchen!, über die Dünenkette hinzusteigen und von dem weichenden Sand und dem Winde, der ihn um uns herumjagt, ermüdet sind, ehe wir die Hälfte zurückgelegt haben. Decker, der Strandvogt, hat mir von einem Mädchen erzählt, das sich hier in den Dünen den Tod geholt; seine eigene Schwester ist an den Folgen der Erkältung und Ueberarbeitung gestorben. Dieses ist auch ein Tod fürs Vaterland. Seht! wie sie knieend auf den Dünen liegen, im November-Sturm, im eisigen Regen, die Mädchen von Westerland, wie sie das Meer beschwören und anflehn, wie sie ihm ihr jungfräuliches Leben zum Opfer bieten...

Aber das Meer schlägt donnernd gegen die Küste und ihr Flehen verhallt im Südwest und die Dünen wandern. Und traurig durch die langen, weißen Sandthäler von Hörnum — dem unbewohnbaren Westende der Insel — schwebt das „Stademwüffke", die weiße Frau von Sylt und weint und klagt über den Untergang, und daß sie Nichts gegen die Thorheit und Verderbtheit der Menschen und Nichts gegen die Bosheit der heidnischen Sturm- und Meeresgeister vermochte, die seit Jahrhunderten Hörnum verwüsten und ganz Sylt dereinst vernichten werden. Und über die Haiden der Nordspitze, von den gespenstischen Bramhügeln bis hinauf zu dem still gewordenen, verödeten Königshafen wandert bei stürmischer Nacht der „Jückersmarschmann" und die Fackel, die er in den Händen trägt, wird weithin gesehn und sein Seufzen weht mit dem Winde von Dorf zu Dorf.

Doch wie das Land, auf dem sie wohnen, auch wankt und weicht: fest steht ihr deutsches Recht, ihre deutsche Tugend. Germanischer kann in der Welt Nichts sein, als das häusliche und öffentliche Leben dieses Inselvolkes. Nüchtern und enthaltsam sind die Männer; das Einzige, was viel und gern getrunken wird, ist der Kaffee. Das Gefängniß steht seit Menschengedenken leer, und wenn ja einmal Jemand hineingebracht wird, so ist es ein Ausländer; zuletzt war es ein Blankeneser Fischer, der im Hafen von Keitum ankerte und seinen Schiffsjungen mißhandelt hatte. Nachtwächter giebt es nicht und die Hausthüren verschließt man nur gegen den Sturm, nicht gegen die Diebe, und hängt den Schlüssel auf die Außenklinke; Grool, der Polizeidiener ist ein alter lahmer Mann, der kaum noch gehn kann. Sittsam und streng sind die Frauen. Ihre Unschuld ist so groß, daß der Fremde sie küssen kann, ohne daß sie oder ihre Männer etwas Böses darin finden. Aber nie hat man von den Uebeln gehört, die bei uns im Sonnenschein über die Straße gehn. Kinder, die ihren Vater nicht kennen, giebt es nicht auf Sylt. Der junge Ehemann, indem er seine angetraute Frau zum erstenmal über die Schwelle seines Hauses führte, steckte in alten Zeiten zugleich ein Schwert über die Thür; zum Zeichen, daß sie mit einem Schritte unter sein Dach und unter seinen Blutbann getreten sei, und noch zeigt man den Weg, auf welchem ehebrecherische Frauen an's Meer geführt wurden, das ihre Schuld begraben sollte. Aber nicht dreimal, so weit Sage und Geschichte reichen, ist dieser Pfad zum Meere gewandelt worden.

Das Verhältniß der beiden Geschlechter ist das zarteste, welches sich denken läßt. Im Herbste, wenn die jungen Männer von weiten Reisen zurückkehren und während der Monate, wo die See unfahrbar wird, in der Heimath verweilen, ist die Zeit der Liebe und Liebeserklärungen. Aehnlich dem „Fensterl'n" in den Alpenländern hat sich hier, am Meeresstrand, das sg. „Thüren" erhalten. Das junge, heirathsfähige Mädchen hält Hof an der Hausthür, die „Halfjunkengänger", so genannt, weil sie im Halbdunkel zu erscheinen pflegen, versammeln sich in der Stube bei den Eltern desselben, und warten, bis ihnen Audienz gegeben wird. Das Mädchen erwählt sich Einen von den erschienen Freiersleuten und die Andern kommen nicht wieder. Dann verloben sie sich und bleiben sich jahrelang treu, und selten nimmt das Mädchen einen Andern, wenn ihr Liebster von der See nicht wiederkehrt. Kommt es jedoch mit Gottes Hülfe zur Heirath, so findet diese regelmäßig am Donnerstage vor dem ersten Advent Statt. Wenn dann die Ströme wieder aufgehen, dann pflegt auch der junge Ehemann wieder zu gehn, und oft, um nicht mehr heimzukehren. Manch eine Wittwe hab' ich auf Sylt gesehn, die nur wenige Monate Frau gewesen. „Die Hochzeiten waren in vorigen Zeiten weit munterer und geräuschvoller als in den späteren Jahren", heißt es in einem kleinen Büchlein vom Jahre 1828, das ich auf dem Taffenbrett in Jungfer Brigittens Küche gefunden habe. „Man lud sehr viele Gäste dazu ein, und man war bei mäßiger Bewirthung recht fröhlich. Wenn der Bräutigam die Braut aus ihrer Eltern Hause abholte, so begleiteten ihn bisweilen fünfzig, sechszig bis siebzig und mehrere Leute zu Pferde und man zechte lustig darauf los, Branntewein und gutes Bier... Sonst hat man hier keine öffentlichen Lustbarkeiten, als blos am Petri-Tage, nämlich den 22. Februar, da sehr viele junge Leute sich, insonderheit in Keitum, versammeln und tanzen. An diesem Tage werden auch, einer alten Gewohnheit zufolge, sehr viele Kuchen gegessen und ausgetheilt, so daß dieser Tag für die Bäcker und für die Kinder der angenehmste Tag ist."

Selbst bei einem Völkchen von so insularer Abgeschiedenheit und conservativer Gesinnung verschwindet Manches, was Herkommen und Sitte geheiligt haben. So ist die malerische alt-sylter Tracht fast ganz verschwunden. Noch zu Ende des vorigen Jahrhunderts trugen die Frauen einen kurzen karmoisinrothen Rock, der nicht viel weiter, als über die Knie reichte, weiße Strümpfe, einen feingestrickten Brustlatz und einen Kopf-Aufsatz, dem nicht unähnlich, den wir bei den Damen aus der Zeit und am Hofe der Königin Elisabeth in England sehen. Von den langen Röcken mit großen silbernen Knöpfen und den buntgestickten Westen der Männer wird noch in mehreren Häusern auf Sylt Manches zum Andenken aufbewahrt. Die heutige Tracht der Sylterinnen unterscheidet sich wenig von der, die wir überall sehn. Nur ein weißes Tuch, das sie bei der Alltagsarbeit fest um den Kopf zu schlingen und über den Mund zu ziehen pflegen, wenn sie in den Sturm hinausgehen, giebt ihrem Ansehn etwas Geheimnißvolles, und jenen prophetischen Zug, von dem Tacitus gesprochen.

Das Eigenthümlichste und Ehrwürdigste, weil es sich von Alters her fast unverändert erhalten hat, ist das Gerichtswesen und die bürgerliche Verfassung von Sylt. Der einzige Königliche Beamte auf Sylt ist der Landvoigt, aber seine Macht ist eine nach altem Recht höchst beschränkte. Er kann in eigner Person nur über Sachen entscheiden, die den Werth von 10 Thlr. nicht überschreiten; in allen übrigen Fällen bleibt die Entscheidung den zwölf Rathsmännern von Sylt überlassen. Die zwölf Rathsmänner sind der Rest der Volksgemeinde, die einst auf den Thinghügeln tagten. Die Thinghügel stehen noch, der Landvoigtei grade gegenüber, und die wellenförmigen Conturen ihrer Kuppen werden weithin über die flache Inseln gesehen. Wir wissen aus dem altdeutschen Gerichtsverfahren von zwei ungebotenen, d. h. regelmäßig und ohne besonderes Aufgebot stattfindenden Things, von denen das eine im Frühling und das andere im Herbst abgehalten wurde. Von diesen beiden ist auf Sylt nur das Herbstthing geblieben, und es wird im Anfange des Oktober-Monats nach vierzehn Tage vorher ergangener Bekanntmachung gehalten; nicht mehr auf den Thinghügeln wie in alter Zeit, sondern gegenüber in der Landvogtei, deren nach Vorn geöffnetes Häuserviereck mir immer einen düstern Eindruck gemacht hat, so oft ich vorbeiging. In diesem großen öffentlichen Herbstgericht hat der Landvoigt jedoch keine Stimme; er fungirt nur als Protokollführer. An die Stelle der gebotenen, d. h. bei besonders dringlichen Angelegenheiten außerordentlich angesagten Things ist heutzutage ein Gericht getreten, das aus dem Landvoigt und zweien Rathmännern besteht. Gerichtet wird nach Nordstrander Landrecht, „damit der Durchlauchtige und Hochgeborene Fürst und Herr Johannes der Aeltere von Gottes Gnaden, Erbe zu Norwegen, Herzog zu Schleswig-Holstein ıc., seine Unterthanen, die fünf Harbesräthe, Bunde und Einwohner desselben seines Landes begnadet und begabet hat. Anno 1572." Ich habe mir's vom Rathmanne Decker auf Westerland geben lassen, als er mir eines Abends vor einem Fuder Heu, das sein Knecht einfuhr, begegnete und wir lange über Sylter Recht und Gericht im Nachhausegehen gesprochen hatten. Das altdeutsche System der Brüche und Mannsbuße findet sich noch darin, und manche sonderbare Bestimmung gegen Viehzauber und Hexerei, woran die Sylter bis auf den heutigen Tag glauben.

Die Communal- und Landschaftsangelegenheiten werden durch neun Landesbevollmächtigte verhandelt und verwaltet. Sie versammeln sich jährlich etwa zweimal in Keitum, in dem Hause zwischen der Post und Groot's Wirthshaus, in welchem eine alte Jungfer und ein alter

Junggeselle wohnen, und in dem langen Zimmer, worin
zur Winterzeit die Keitumer ihren Sonntagstanz halten.
Das Institut der Landesbevollmächtigten ist jedoch bei
allem Nutzen, den die innere Oekonomie der Insel davon
hat, nicht sehr populär auf Sylt; und zwar nur deshalb
nicht, weil es von der dänischen Regierung angeordnet
und eingeführt worden ist. So groß ist die Abneigung
gegen Dänemark; so groß, so rührend die Anhänglichkeit
an das ferne Deutschland, von dessen Segnungen die
Insel doch niemals Etwas empfunden.

Als im Jahre 1848 der Ruf des deutschen Volkes
nach einem deutschen Parlamente auch hierher gedrungen
und nun endlich eine allgemeine und große Wahl ausge-
schrieben worden war: da versammelten sich die Männer
von Sylt — sonst so indolent, wo sich's um politische
Dinge handelte — und nicht viel weniger als vierhundert
Stimmen bezeugten es, daß selbst am letzten Küstenrande,
wo deutsches Volk wohnt, der Gedanke eines einigen
Deutschlands begeisternden Anklang gefunden. Und ein
oder zwei Jahr später, als der Krieg um Schleswig-
Holstein entbrannt war, da hat auch die Insel Sylt ihr
Contingent gestellt und ihre Opfer gebracht. Manch ein
Vater erzählt von einem Sohne der drüben auf dem
Felde von Idstedt begraben liegt, oder nach dem Kriege
die Heimath für immer verlassen und nach Amerika aus-
wandern mußte. Was sollen wir Deutschen erwidern,
wenn wir uns solche Geschichten erzählen lassen, auf
einer Insel und von einem Volke, das für uns geweint

und geblutet hat und das wir kaum dem Namen nach kennen?

Auch hat man mir einen Mann gezeigt, der besonders heftig und im patriotischen Sinne zur Zeit des Krieges auf Sylt agitirt hat; dieser Mann mußte sich ein halbes Jahr lang vor der Rache des Dänen in der wilden Sandwüste von Hörnum verborgen halten, dann wurde er mit den Andern amnestirt. Aber stumm, ernst und schmerzlich in sich gekehrt, geht er noch heute herum.

Die Sprache des Gerichts, der Schule und der Kirche ist deutsch verblieben, das haben diese wackeren Männer durchgesetzt und die Schullehrer und Pastöre von Sylt sind die bravsten Deutschen, die ich je gesehen. Die Pfarreien von Morsum und Keitum sind ansehnlich dotirt; der Pfarrer von Westerland und Rantum jedoch soll sich, wenn man Alles rechnet, was ihm an Gehalt, Ländereiertrag und Sporteln zufällt, nicht auf dreihundert Thaler stehen. Die Männer, welche das Wort Gottes auf den Inseln predigen, müssen sich an Einsamkeit und Entbehrung gewöhnen. Die Prediger auf den kleinen Inseln und Halligen sind zugleich Küster und Todtengräber und erst wenn sie in dieser Weise dem Herrn und ihrer Gemeinde sechs Jahre gedient haben, erhalten sie das Recht, auf einer der größeren Inseln angestellt zu werden.

Lieber habe ich auf Sylt nicht gehört. „Frisia non cantat" ist ein altes Wort; „die Friesen singen nicht." Der Kampf mit dem Meere hat sie ernst gemacht, und ihr Leben ist ein Leben voller Gefahren und Sorgen und Arbeit. Auch von Volkspoesie habe ich nur wenig vereinzelte Spuren entdecken können. Firmenich's „Völkerstimmen" bringen gleich auf den ersten Blättern ein Paar Gedichte in der Sylter-Friesischen Mundart. Doch sind diese Gedichte noch nicht sehr alt; ihr Verfasser ist der Vater des Schulmeisters C. P. Hansen in Keitum, von welchem wir jüngst ein hübsches Buch über „die Insel Sylt wie sie war und wie sie ist" (Leipzig, Weber) gelesen haben. Die wenigen Dichtungen, die sich aus älterer Zeit erhalten haben, sind von geistlicher Natur, oder sie beziehen sich auf den — Hexenglauben, der, wie in dem Sylter Recht, so hier in der Sylter Poesie seine Spuren zurückgelassen hat. Ich habe oft mit dem Schulmeister Hansen, der die Vergangenheit und die Gegenwart seiner Insel kennt, wie kein Zweiter, über diesen Gegenstand gesprochen; aber Alles, was ich von ihm erfahren habe, sind ein paar Hexensprüche und ein Hexenlied, die ich in hochdeutscher Uebersetzung sogleich mittheilen werde. Es ist zwar die Absicht dieses wackeren Forschers, etwa versprengte Reste der alt-sylter Volksdichtung zu sammeln, wie er früher die „Sagen und Erzählungen" seiner Heimathinsel, und verstreut darin einige jener Reste, gesammelt hat (Altona, Wendeborn); über den Erfolg jedoch muß erst die Zukunft uns belehren.*)

---

*) So eben, beim Schlusse dieses Bogens, geht uns ein neues Werk von Hansen zu: „Der Sylter-Friese. Geschichtliche No-

Die Hexensprüche — welche in auffallender Weise an den Goethe'schen Spruch erinnern: „Eines schickt sich nicht für Alle", nur in die Hexensprache übertragen, — lauten:

>Leg Knoten hin für Jedermann,
>Stoß hie und da und nirgend an,
>Sei hier und da und überall,
>Bring Jeden, nur nicht Dich, zu Fall!

Etwas voller in Form und Inhalt klingt folgendes Liedchen, das man schon als eine Sylter Volks-Ballade bezeichnen dürfte, mit dem schauerlichen Ton und Hintergrund der nordischen Mythe:

>Glühauge saß auf dem Steinchenbrink,
>Und stiert' in den Tag, der zu dämmern anfing;
>Sie hat sich verspätet beim Tanze der Nacht,
>Drum ist sie verfallen der strafenden Macht.
>Sie stiert in das dämmernde Morgenroth,
>Sie stiert in's Verderben, sie stiert in den Tod.
>Da sieht sie zwei Schwestern — sie fliegen vorbei,
>Sie haben verpaßt auch den Hahnenschrei.
>Sie sieht sie, sie kennt sie, sie ruft ihnen zu:
>Lauf, lauf, lahme Ente! lauf, manntolle Kuh!
>Und die Ente, die läuft, und die Kuh, die jagt,
>Und — „Hu! was war das?" Glühauge fragt.
>Das Morgenroth riß und es brannte die Sonn' —
>Glühauge flog zu dem Henker davon!

Noch vielerlei wäre über diesen Punkt und manchen andern zu forschen und zu untersuchen; aber der Boden ist für die Wissenschaft und ihre fleißige Schwester, die

---

tizen, chronologisch geordnet und benutzt zu Schilderungen der Sitten, Rechte, Kämpfe und Leiden, Niederlagen und Erhebungen des Sylter Volks in dem 17. und 18. Jahrhundert." (Kiel, Homann.)

Reisebeschreibung, zu neu, um Alles mit einem Zuge erschöpfen zu können. Wir müssen uns zuletzt bescheiden, und vor manchem Räthsel stehen bleiben. Die Insel liegt ernst und nachdenklich vor uns, und das Volk, das sie bewohnt, spricht nicht viel, und oft genug habe ich an den Spruch denken müssen, den ich an einem dieser Tage über einer Seitenthür der Kirche von Keitum gelesen habe:

> Viel wissen und wenig sagen,
> Nicht antworten auf alle Fragen!

III.

Am 16. August.

Das Nordseebad Westerland besteht jetzt drei Jahre. Es will mir nicht einleuchten, warum man erst vor drei Jahren auf den Gedanken kam, hier zu baden. Der Strand an der ganzen Küste hinauf ist vortrefflich; er senkt sich flach und bequem und der Grund ist weicher Sand- und Muschelboden. Das Wasser kann nicht besser und kräftiger sein; hier rollt die breite Woge des Nordmeeres heran, von keiner Insel mehr gehemmt, von keinem letzten Ausläufer des Landes eingezwängt, nur die Sandbänke, die vor unserem Strande liegen, zerreißen ihre ruhige Fläche, und schaumspritzend, in immerwährender Brandung stürzt sie sich auf den Sand, wo wir sie erwarten. Dieses heilkräftige Wellenspiel ist vom Winde nicht abhängig; die See kann blau sein und sonnig vom goldenen Morgen schimmern, ohne daß der Wogenbruch fehlt, der dann wie ein silberner, vielfach gewundener Streif den Biegungen der Küste folgt. Wenn nun aber dunkles Gewölk die Fernsicht beschränkt, wenn der Regen über dem dumpfen Meere steht und der westliche Wind in die trübe Masse von Nebel und Wasser braust; dann scheint die Brandung zu rauchen, wirbelnd überstürzt eine Welle die andere, der aufgewühlte Boden mischt seine röthlichen Bestandtheile mit dem dunkelgrünen Schaume und ein donnerartiges Getöse den Strand entlang verkündet die schwere See. Dann halten wir uns an Seilen, die weiter oben an den Dünen ankerfest gemacht sind, und indem wir, ans Festland gekettet, in den rasch verdunstenden Schaum tauchen, überschauen wir nicht die nächste Welle und bedenken kaum, welcher Schrecken, welch' unsägliche Gefahr hinter den Bänken lauert, von denen sie herantobt.

Wehe dem Fahrzeuge, das in diese Brandung geräth! Wir aber holen uns, dicht aus der Nähe des gräßlichen Todes, neue Kraft, dem Leben zu trotzen; und nicht zwanzig Schritte vom schauerlichsten Grabe, neue Lust, es zu genießen. Und wie herrlich ist die Luft, die uns umwittert, wie rein ist sie, wie kühl — wie weitet sich die ganze Brust, indem sie die köstliche Frische in sich athmet. Man geht ihr entgegen, man glaubt sie umfassen, umarmen zu können. Man sitzt einsam mit ihr auf den Hügeln, sie zieht dahin, ewig neugeboren, und sie flüstert uns schöne Erzählungen in die lauschende Seele, tausend süße Stimmen nimmt sie an, die alle von Liebe und Leben, und Hoffnung und Glück sprechen.

So ist das Seebad von Westerland. Wessen Seele

nicht gewohnt ist, die luftigen Pfade zu wandeln, die der Scheidestrahl des sinkenden Tages ins Wasser und weit hinaus zeichnet, der wird sich unglücklich fühlen an diesen Küsten. Wer es nicht vergessen kann, daß jenseits der Gewässer eine Welt liegt, voll zweifelhafter Freuden, voll halber Genüsse, voll unbefriedigter Wünsche, was könnte der hier suchen, auf der entlegensten Insel, die nichts hat als ihr Meer, ihre Haide, ihre strohgedeckten Hütten und ihre schuldlosen Bewohner? Haben wir doch kaum eine Zeitung, die uns Kunde gäbe von dem wirren Laufe der Dinge da draußen, und selten nur kommt der alte Postbote von Keitum mit einem Briefe, der uns erinnert, daß es noch hier und da im Weltall ein Herz giebt, das wir lieben oder verehren dürfen. Die Verbindung mit dem Festland ist mangelhaft und höchst unregelmäßig; von den beiden Dampfschiffen, die den Dienst besorgen sollen, bleibt bald das eine und bald das andere aus. Will man mit einem Segelboote fahren, so muß günstiger Wind abgewartet werden, und nicht selten, mitten in der Reise, schlägt er um, und das Boot muß liegen bleiben oder zurückkehren. Was uns ein neuer Reiz zu sein scheint, ist es nicht für Alle.

Dazu ist das Badeleben höchst monoton. Keine Musik, kein Tanz, keine Gesellschaften; soll etwas dergleichen veranstaltet werden, so müssen die Mittel dazu erst mühsam und mit großem Aufwand vom Lande herbeigeschafft werden. Man wohnt in den beschränkten Räumen, welche die Insulaner mit den Badegästen theilen.

Ein kleines Stübchen mit weißer Kalkwand, nicht größer, als daß ein Bett, ein Tisch, ein paar Stühle, vielleicht noch ein Sopha mit Haartuch überzogen, darin Platz finden können, ist unser Quartier. Nicht jeder findet Ersatz darin, daß er mit den Besten der Menschen, mit den Ehrlichsten und Gütigsten Wand an Wand unter einem Strohdach wohnt; daß mit dem Wenigen, was ihm gewährt wird, stets das Gefühl verbunden ist, als sei er ein Gast und kein bezahlender Fremder, dem man es gewährt, und daß die größte Reinlichkeit im Aeußern, die Lauterkeit des Innern überall begleitet.

Von Essen und Trinken ist auch nicht viel zu sagen. Wir müssen an der Genügsamkeit, die uns umgiebt, Theil nehmen. Wir leben zwar am Meere, aber diesseits der Brandung halten sich keine Fische, und jenseits derselben fangen sie die Blankeneser uns weg. Wir schmachten nach Fischen, aber wir müssen uns an Entsagung gewöhnen. Dicht vor der Nordspitze unserer Insel liegen die berühmten Austerbänke, aber der Fang wird erst beginnen, wenn wir sie längst verlassen haben. Nirgends werden mehr Krick-Enten gejagt, als in der Vogelkoje zwischen Wenningstädt und List auf Sylt, aber sie streichen erst, wenn die Westwinde des September wehen. Und werden wir diese Winde nicht durch die dürren Linden von Berlin rauschen hören? Wir stehen, wie Tantalus, bis an's Kinn im Wasser, und können nicht trinken; wir sehen, wie Tantalus, Zweige mit goldenen Früchten über uns hangen, und können sie nicht erhaschen. O, zahlreich und bemerkenswerth sind die Lehren, die uns die Tage von Sylt hinterlassen!

Am Mißlichsten von Allem sind die Mängel, die uns beim Aufenthalt am Strande begegnen. Erstlich ist das Baden bei Ebbezeit einigermaßen beschwerlich; die Badehäuschen, in denen man sich entkleidet, stehen alsdann so weit vom Wasser, daß man oft zwei Minuten über den Sand und durch die kalte Luft, zuweilen im Regen, laufen muß, ehe man die äußerste Welle fängt. Die Westerländer sagen, es sei wegen der meistentheils sehr schweren Fluth unthunlich, die Bretterbuden näher zu bringen, und wegen des weichenden Sandes unmöglich, sie auf Räder zu stellen. Dieser weiche Sand ist eine zweite Mißlichkeit. Man sinkt oft bis an die Knöchel in den feuchten Kies, wenn man am Strande lustwandelt, und eine Promenade, die nicht länger als ein Stündchen zu währen braucht, macht todtmüde. Für Erfrischung nach solchen Touren ist allerdings zur Noth gesorgt; ein paar Peincuzelte sind in den Schutz eines Dünenhügels aufgestellt. Aber gering ist der Comfort, der uns auf den Holzbänken derselben erwartet, und geringer noch die Auswahl dessen, was der Wirth gegen Hunger und Durst in Bereitschaft hat. Auch nicht für Alle wird der Ausblick befriedigend sein, den man von dieser Ruhestatt gegen das breite Meer hat. Kein Schiff mit dem Fernglas zu finden — kein Segel, noch so fern, zu entdecken. Leblos für Jeden, der in der unendlichen Einsamkeit der wogenden Fläche, in dem ruhigen Wandel von Schatten

Stillleben auf Sylt.

und Licht nicht die ewige Nahrung alles Lebendigen zu erblicken vermag, liegt die See vor Sylt; und nur selten erblickt man ein Fischerboot von anderen Küsten, das bei östlichem Winde vorbeitreibt.

Es ist nicht Jedermanns Sache, die Natur zu belauschen, die oft am Gewaltigsten redet, wo sie am Tiefsten zu schweigen scheint; was mir den Eindruck dieser Insel vollendet, daß nämlich auch ihre See so einsam, so traurig ist, das wird Andere noch mehr verstimmen. Was kümmert es sie, daß diese See den Gesang des Unterganges singt? Daß die Welle, indem sie heranbraust, einen Fuß breit Erde nach dem andern fortreißt, die Dünenwälle zurückschiebt, und zuletzt die ganze Insel und ihre Bewohner hinunterspülen wird, wie es deren Voreltern und die Stadt, die Dörfer und die Wälder hinuntergespült hat, in denen sie einst wohnten? Werden sie sich geneigt fühlen, die kleinen Züge sorgsam zu belauschen, in denen sich das Wesen eines Volkes offenbart — werden sie sein häusliches Leben beobachten mit seinen unbedeutenden Sorgen, die nicht über den Viehstall und die Weide hinausgehen — oder die abenteuerlichen Wege der seefahrenden Jugend verfolgen, die sich nicht selten in Sturm, Schiffbruch und Tod an fernen, unwirthbaren Küsten traurig verlieren? Werden sie so viel Geduld haben, um die Sagen und alten Geschichten anzuhören? Die Thinghöhen besteigen — auf den Bramhügeln im brüllenden Mittags-Sonnenschein träumen? Werden sie in stillem Versunkensein die unscheinbaren Erlebnisse des

Tages zusammentragen und aneinanderreihen, aus denen sich zuletzt das Bild dieser Insel und dieses Volkes herstellt — klein, anspruchslos aber ehrwürdig und voll jener süßen Farben, die das Auge besänftigen, voll jener Töne des Friedens, die man im Leben oft bange sucht, ohne zu wissen, wo man sie finden soll? Werden Viele zu solch' verlorenem Thun gestimmt sein? Ich fürchte, nicht Viele.

Zu den geschilderten Uebelständen des Strandes gesellt sich noch dieser, daß die Häuser des Dorfes weit ab von ihm liegen; zehn Minuten die nächsten, bis auf zwanzig Minuten und darüber die entfernteren. Weite Strecken durch struppig Dünengras und aufgehäuften Sand und beschwerlich zu wandeln für Reifröcke und pariser Stiefelchen! Es ist schlechte Gelegenheit auf Sylt für Toilette; fast jede Bequemlichkeit, an die uns Andern das Leben gewöhnt hat, hört hier auf. Johanne, die Nähterin, ist die Einzige, die mit der Nadel umzugehen weiß; die Wäscherin hält kein Wort, der Schuster fühlt sich gekränkt, wenn man ihn rufen läßt. Wer seiner bedarf, soll zu ihm kommen. Endlich hat sich ein Barbier gefunden. Er ist ein Cigarrenmacher und wohnt in Keitum, eine halbe Stunde von hier. Außerdem ist er Kellner in der Dünenhalle. Wenn sein großes, grelles Augenpaar über mir ruht, glaube ich in ein Paar Feuerräder oder ein Paar Katzenaugen, die im Dunkeln leuchten, zu sehen; und sein gelber struppiger Bart erinnert mich an die Moosbüschel einer alten Austernschale. Er heißt Breller, aber so nennt ihn Niemand; Einige nennen ihn Leporello, Andere Rinaldo, und er hört auf beide Namen.

Ein Modebad ist Westerland nicht und wird es, nach den angedeuteten Uebelständen, die zu sehr in der Natur und Beschaffenheit der Insel und des Strandes liegen, auch schwerlich werden. Das dänische Gouvernement scheint nicht geneigt, das junge Bad zu protegiren, obwohl es auch seinem Emporkommen eben Nichts in den Weg legt; und nicht einmal sind alle Sylter sehr für dasselbe eingenommen. Viele von den Einsichtigen fürchten den demoralisirenden Einfluß, den die Leichtigkeit des neuen Gelderwerbs und die Nähe der verderbteren Stadtbewohner ausüben könne; von einem Capitain, der, reich und bejahrt nach vielfältigen Seereisen zurückgekehrt, sich das schönste von den jungen Mädchen der Heimathinsel zur Frau nahm, mit der jetzt in behaglicher Zurückgezogenheit in einem großen Steinhause an der Küste wohnt, sagt man, er habe sich der Einrichtung des Seebades ganz besonders widersetzt, weil er von den jungen Müssiggängern, die sich dort versammeln würden, Gefahr und Nachstellungen für seine Frau befürchtet habe. Das Gottesfürchtigste aber, was wir in dieser Hinsicht gehört haben, ist ein Wunsch, welchen C. J. Clement, der von seiner kleinen Heimathinsel aus so große und durch ihre Forschungen bedeutende Reisen nach Schottland und Irland gemacht, irgendwo in seinen Schriften allen Ernstes ausspricht: „Der Allmächtige braucht nur einen einzigen

Haifisch in die Binnengewässer der Friesen zu lassen (denn außen vor giebt es genug von diesen Fischen!) so wird bald kein Bad mehr bei den Inselfriesen sein"...

Der Besuch von Westerland wird von Jahr zu Jahr wachsen; aber ein Bad für die große und fashionable Welt wird es nicht werden. Es werden Leute hierherkommen, die wie wir, Sehnsucht haben nach der Stille, in der die erschütterten Saiten ihres Innern endlich einmal austönen können; Leute, die dem bunten, flüchtigen Tand entfliehen wollen, anstatt ihn aufzusuchen, die wieder einmal auf kurze Zeit — da ihnen längere nicht gegönnt ist — in die kunstlos einfachen, die natürlichen Bedingungen des Lebens zurückkehren möchten, aus denen sie hervorgegangen sind, die Einen mit, die Andern ohne Schuld.

Mein einziger Umgang unter den hiesigen Badegästen ist ein Müller aus Mecklenburg und ein Wattenfabrikant aus Westfalen. Die guten Leute wissen nicht wie sie hierhergekommen sind; ich weiß es auch nicht. Aber es thut mir wohl, von Mehl und Watten und Packeseln und Kleinstädtern sprechen zu hören; ich fühle mich in die Sphäre und die Räume meiner Kindheit zurückversetzt, und das vollendet das Glück und den Frieden, dessen ich hier vollauf genieße.

Unser Lebenslauf ist höchst einfach und ein Tagewerk gleicht dem andern. Wir stehen in früher Morgenstunde auf, und noch halbwarm vom Schlummer und Traum der Nacht, stürzen wir uns in den Schaum des Meeres und fühlen uns mit Eins gekühlt und gestärkt. Dann gehen wir den Strand entlang und sehen, was die letzte Fluth gebracht hat. Etwas Tuul, — jene schwarzen Torfreste der Wälder von Altsylt — pflegt jedesmal da zu sein. Auch an Quallen fehlt es nicht: blaue Mollusken mit schönen, bunten Rändern. Manche Fluth wirft Tausende zugleich aus; es ist schwer, diesen weichen Klumpen beim Gehen auszuweichen, oft sogar beim Baden schlägt eine Welle sie heran und man fühlt noch lange ein Brennen an dem Fleck, wo das giftige Halbthier gesessen. Bunte Muscheln, zarte Kiesel liegen vor uns ausgestreut. Einjährige Möven, an den grauen Flügeldecken zu erkennen, spazieren durch das stehengebliebene Wasser in den Strandrinnen; weiße Möven schweben in breitem Fluge aus den Dünennestern dem Meere zu und noch lange bleibt ihre Schaar wie eine Silberflocke über der blauen Tiefe sichtbar. Auch der Strandläufer stelzt zuweilen eilfertig an uns vorbei; aber der Sand, der unter unsern Tritten knirscht, scheucht ihn auf und seewärts fliegt er. Je nach dem Winde und der Richtung des Fluthstroms finden sich Pflanzen aus den verschiedenen Regionen und Distrikten des Meergrundes. Schwarze, traurige Gewächse, oder braune und zäh wie Leder, mit langen Fäden, harten Glocken und verworrenen Büscheln, an denen Sand klebt. Aufgeplatzte Rocheneier — lederartig und mit Spitzen versehen — hängen dazwischen. Die röthlichen Schalen der Hummer und des Seekrebses brechen unter unseren Sohlen. In einer vom Seewasser gewühlten Grube liegt ein todter Kabeljau, und die Möven und Wasserspinnen halten ihr Fest an ihm. Ein schwarzes Brett treibt auf dem Wasser; die eine Welle schleppt es heran, die andere schwemmt es zurück. Zuletzt liegt es schaumtriefend im Sande fest. Es ist eine Schiffsplanke. Wer sagt mir, woher sie kommt? Wie lange sie schon in dem Meere getrieben? Wer sagt mir, ob nicht ein Mensch an ihr bis zum Letzten gehängt, und sie fahren ließ und niederging? Das Brett schweigt. Es liegt im Sande fest. Einen Holznagel treibe ich aus der Fuge und trage ihn zum Andenken mit mir. Kein menschliches Wesen außer mir ist am Strande; ganz ferne in der blendenden Helligkeit des weißen Sandes und der Morgensonne wird ein schwarzer Punkt sichtbar, der sich zu bewegen scheint. Es ist der Strandvogt, der die Runde macht.

Nun ist es Frühstückszeit und über die Dünen gehe ich zurück. Mein Haus ist das erste unter den Dünen. Brigitte hat den Tisch mit einem sauberen Leinen bedeckt, der Kaffee ist fertig, Brod, Butter und Eier sind da, und die beste Milch. Eine Kerze steht zum Anzünden bereit; daneben liegt die frische Thonpfeife mit der Siegellackspitze und in einem bunten Schälchen holländischer Rauchtabak. Welch eine Lust, wenn die bläulichen Duftwolken emporkräuseln! Wenn das Meer von Ferne rauscht; durch das eine, halboffene Fensterchen die Morgensonne, die Morgenluft strömt; wenn der Blick auf die ruhige Haide geht, mit einigen Schafen, hier und da,

mit weidenden Kühen und einem oder zwei sylter Mäd=
chen, die fern auf den Fußsteigen durch die Wiesen gehen.
Alles ist lautlos, Alles ist still; auf dem weichen Rasen=
boden ist kein Tritt zu hören. Nur Meeresrauschen,
Windesrauschen, das Blöken des Schafes, der Ruf der
Kuh, das Gackern der Hühner — Nichts vernehmbar,
als die Haushaltsstimmen der Natur. So ist auch der
Wandel meiner Jungfer Brigitte. Ich höre sie nicht,
ich sehe sie selten; entweder ist sie bei den Kühen oder
bei den Schafen, oder sie sitzt in ihrem Kämmerchen —
dabei aber habe ich das Walten gütiger und unermüd=
licher Sorgfalt nie näher und wohlthuender empfunden.
— Wenn der Rest des holländischen Tabaks verdampft
worden, begeben wir uns wiederum an den Strand; im
leichten Leinenrock mit flatterndem Halstuch, mit bequemen
Schuhen. Wir könnten hier im Schlafrock und in Pan=
toffeln gehen und thun es ab und an. Wir setzen uns
auf die Bank am Strande zu Paulsen, dem Badewärter.

Paulsen ist sechsundzwanzig Jahre in der Fremde
gewesen; er hat amerikanische Schiffe zehn Jahre als
Kapitän geführt. Bevor er im sechsten Jahre seiner
Reise Sylt verließ, verheirathete er sich. Er sah seine
Frau darauf zwanzig Jahre nicht wieder. Er kam nach
Newyork, wurde krank, in's Lazareth gebracht und war
dem Tode nahe. In solchen Lagen glaubt der Seemann
an ein Mittel, das entweder rasch zum Ende oder zur
Genesung führt: er muß auf's Schiff und auf See. Paul=
sen entfloh mit Hilfe eines Kameraden und kam auf einen

Westindienfahrer. Der Kapitän entdeckte den Kranken, als es zu spät war ihn auszusetzen. Paulsen verstand keinen Menschen an Bord. Paulsen ward von Keinem verstanden. Sie sprachen Portugiesisch. Aber er genas und kam glücklich in der Havanna an. Vier Jahre später sprach er Portugiesisch und Englisch und hatte ein eigenes Schiff, das er zehn Jahre lang führte. Die letzten sechs Jahre seines abenteuerlichen Lebens war er Goldgräber in Kalifornien. Hier sammelte er ungeheure Reichthümer, baute Häuser, ließ Dampfmaschinen errichten und trieb die Goldgräberei ins Große. Hier traf er auch den täppischen Mommsen, einen armen Schlucker von Landsmann, dem es in der Fremde gar nicht recht gelingen wollte und der es zuletzt nach mancherlei Fahrten im Goldlande zum — Nachtwächter von Sacramento=Stadt gebracht hatte. Diesen nahm Paulsen in seine Dienste und als Beide endlich, jeder nach seiner Meinung, Geld genug hatten, da machten sie sich auf ein Schiff, das nach Liverpool abging, litten an der irischen Küste Schiffbruch, verloren all' ihr Geld und retteten kaum das nackte Leben. Und als sie bettelarm auf Sylt ankamen, da fand Paulsen seine Frau wieder und einen Jungen obendrein von 19, 20 Jahren, der sein Sohn war und den er noch nie gesehen. Und als vor drei Jahren das Seebad zu Westerland eingerichtet wurde, da machte man Paulsen, den Schiffskapitän von New=York und Goldgräber, zum Badewärter, und Mommsen, den Nachtwächter von Sacramento, zu seinem Gehilfen. Und so sitzen wir hier auf der Bank am Strande zwischen Beiden. Paulsen mit seiner blaugestreiften Jacke, seiner weiten Hose, seinem breiten Strohhut sieht aus wie ein Yankee und singt, wenn er sich unbelauscht meint: „Yankee Doodle went to town to buy a pair of trowsers"... und mit einem schwermüthigen Blicke über das weite Wasser gen Westen sagt er, daß er gerne wieder nach Amerika ginge, wenn sein Weib nur wollte. Aber sein Weib sei wie alle Sylterinnen und könne sich von dieser armseligen Insel nicht trennen. Mommsen, der Gehilfe jedoch mag nichts mehr von Amerika hören; mit seinem Friesrock und der Mütze, tief über den Hinterkopf gezogen, sitzt er da und wundert sich über Alles, was er sieht; über den Rock den ein fremder Herr trägt, über einen Regenschirm, über die Babekarren, am meisten über seine eignen Stiefel, die er oft stundenlang ansieht.

Gegen Mittag verlassen die Beiden den Strand, und es ist Zeit, daß auch wir uns auf den Weg zur Dünenhalle und zu Meister Steffens begeben. Meister Steffens ist kein geborner Sylter, aber sein Beruf hat ihn naturalisirt. Er ist der Wirth von Westerland und die „Dünenhalle" ist sein Herrschaftsgebiet. Meister Steffens ist ein kurzer, dicker Mann, der sich jetzt, in seinem sechszigsten Jahre, zum erstenmale den Schnurrbart stehen läßt. Er ist vermählt, hat aber keine Kinder; er arbeitet, wie er sagt, für die Menschheit. Sein Stolz ist ein dreieckiges Holzgerüst von eigener Erfindung, in welchem er Fleischkeulen aufhängt. Er kann stundenlang darunter stehen und die Schwenkungen beobachten, die sie machen, wenn der Wind sie hin- und hertreibt. Die vertrautesten seiner Gäste führt er manchmal in weihevollen Stunden zu diesem Verschlag und fordert sie auf, an dem Anblick Theil zu nehmen. Seine Freude ist der Ochsenbraten, den er Mittags auf den Tisch setzt, und den Werth desselben bemißt er nach dem Schweiße, den er vergießt, wenn er ihn zerschneidet. Sein einziger Verdruß auf Sylt und Erden ist der „Mann im Strandhotel", der sich als zweiter Wirth seit Anfang dieses Jahres besetzt hat. Steffens verachtet diesen Mann, wie Moses, der Prophet vom Sinai, die Priester des Baals verachtet hat; er haßt ihn, wie Brutus den Cäsar gehaßt, und fürchtet ihn, wie Robespierre den Danton gefürchtet hat. Seine Waffen sind die Tranchirgabel und das Vorlegemesser, das er schwingt, wie ein Hüne das Schlachtschwert schwingen würde, wenn er aus einem der Gräber auferstehen könnte, die wir durch die Fenster unseres Speisesaales fern am Haiderand täglich erblicken. „Laßt ihn nur kommen, den Mann im Strandhotel", sagt er dann knirschend und triumphirend zugleich, indem er mit der Gabel in den Braten sticht, „von ihm heißt es in der Bibel: sein Geist ist willig, aber sein Fleisch ist schwach." — Den Abend, als ich ankam, nahm er mich am Wagen in Empfang und behauptete, er kenne mich schon recht gut, könne sich aber nicht sogleich besinnen wo er mich gesehn. Ich konnte mich auch nicht besinnen und verlangte — hungrig wie ich von der langwierigen Fahrt durch's Wattenmeer war — nach der Speisekarte.

„Willens in Hamburg und Steffens auf Sylt führen keine Speisekarte; verlangen Sie, mein Herr!" — Ich verlangte ein Beefsteak.

„Das Beefsteak, mein Herr", sagte Meister Steffens, „ist gerade alle geworden, damit kann ich für heut nicht dienen!"

„Nun dann etwas Braten." —

„Vielleicht Kalbsbraten? Oder Hammelbraten — Ochsenbraten?..." —

„Einerlei, wenn es nur Braten ist", erwiderte ich, „und recht bald."

Meister Steffens stand eine Weile vor mir, dem Anschein nach in tiefe Gedanken versunken; dann nahm er eine Prise und sagte: „Ja, mein Herr, Braten ist auch nicht da; ich werde aber sogleich gehen und ihnen das Beste bringen, was Küche und Keller sonst noch vermag." Meister Steffens ging und nach einer halben Stunde stand ein Souper, bestehend aus Brodt, Butter, Eiern und Käse vor mir.

Dieser Tage kamen ein paar Creolen aus der dänischen Colonie St. Thomas hier an. „Wissen Sie, was diese Creolen zu mir gesagt haben?" raunte mir Meister Steffens in's Ohr, nachdem er mich geheimnißvoll in das dunkle Billardzimmer geführt hatte. „Sie haben gesagt: Steffens, Euer Name ist in ganz Europa berühmt, wir haben von Euch schon in St. Thomas reden gehört. Nun legt eine Probe ab und zeigt uns, daß Ihr's doch besser versteht, als da drüben der Mann im Strandhotel.

Da habe ich gesagt, das will ich thun, meine Herren, und habe sie in den Verschlag geführt und ihnen die Braten gezeigt, die dort hingen, und zuletzt habe ich die Creolen auf die Schulter geschlagen und gesagt: solche Ochsen, meine Herren, giebt es da drüben im Strand-hotel doch wahrlich nicht! Da haben die Herren gesagt, das wäre richtig, und sie wollten mir ein schriftliches Attest darüber ausfertigen."...

Das ist Meister Steffens, und bei ihm verbringen wir unsere Mittage und unsere Abende. Hier sitzen wir an einem langen Tische bei drei oder vier Lichtern und trinken Thee oder Grog; die alten Schiffskapitäne kommen und erzählen von ihren Fahrten und Abenteuern, der Küster von Westerland kommt und bringt einen Collegen aus Schleswig mit, der vom Regiment des Dänen daselbst erzählt. Ich spiele Sechsundsechszig mit dem Müller, und der Watten-Fabrikant liest die neueste Nummer der hamburger „Reform" — acht Tage alt, ehe sie zu uns kommt — und macht darauf in hoher Politik. Andere sprechen von den Hasen in den hörnumer Dünen oder von dem eisernen Hause, das man im nächsten Jahre auf Spekulation dicht am Meere bauen will.

Hier ist es auch, wo wir die Bekanntschaft von Wulff Manne Decker machen. Wulff Manne Decker ist unser Faktotum. Sein Bruder ist Strandinspektor, sein Vetter ist Strandvogt; seine Familie gehört zu den ältesten der seefahrenden Patricier von Sylt. Wulff Manne hat es auf See nicht weit gebracht; seine Talente sind von festländischer Beschaffenheit und die Natur hat ihn dazu bestimmt, Gottes Wege auf dem Trocknen zu wandeln. Es ist nicht leicht, eine Beschreibung dieses Mannes zu machen, da er ohne bestimmten Charakter Alles ist, ohne bestimmendes Gewerbe Alles thut, und ohne bestimmbares Interesse — Alles weiß. Auch allgegenwärtig scheint er zu sein. Die Suppe und den Braten ißt er bei Steffens, den Pudding nimmt er bei dem „Mann im Strandhotel" ein, und zwischen beiden verspricht er einem Bootsmann aus Föhr, daß er ihm zur Heimfahrt Passagiere verschaffen wolle. Die frühesten Badegäste sehen ihn am Strande, und die spätesten behaupten, ihn auch da gesehen zu haben. Nicht lange darauf aber sitzt er schon beim ersten Frühstück in Keitum, während er bei Gelegenheit des zweiten die Stelle am nösser Ufer in Augenschein nimmt, wo man ein Häuschen zum Empfang der landenden Ankömmlinge errichten will. Die Hasenjäger von Hörnum sind ihm zur Zeit des Sonnenunterganges begegnet, und die Vergnügungs-Partie, die von Wenningstädt heimkehrt, erzählt, daß er auf der Rampe des Leuchtthurms gestanden habe. Und wenn er des Abends an dem langen Tische in der Dünenhalle sitzt, so ist man nicht sicher, daß er im nächsten Augenblick im Strandhotel erscheint; und daß im folgenden ein Mann aus dem Strandhotel kommt, um sich zu erkundigen, ob man Wulff Manne Detler nicht gesehen habe? Er ist der leibhaftige Ueberall und Nirgends, und es geschieht Nichts auf Sylt, bei dem er nicht zu Gevatter gestanden. Er ist der Weltmann, der den Verkehr vermittelt; er ist

Eisenbahn und Telegraph zugleich. Sein Haus ist das einzige zu Westerland, welches ein Ziegeldach hat. Er versteht es, die gerühmte Biederkeit der Insulaner mit den continentalen Tugenden zu vereinen, die namentlich zur Zeit der Badesaison nicht unnützlich sind. Er hat das Seebad gegründet, und es fehlt nicht viel, so verspricht er dem Badegast Sturm und hohe Wellen für morgen, und günstige Witterung mit klarem Sonnenuntergang für übermorgen. Die Post bleibt aus, weil conträrer Wind das Fährschiff von Hoyer zurückhält; er verspricht, sich um die Sache zu bekümmern, und siehe da — am andern Morgen sind die Briefe da. Man beklagt sich über den sauren Wein und das dünne Bier in den Gasthäusern; acht Tage darauf hat Wulff Manne Sherry und Porter von Hamburg im Keller und seine Preiscourante bedecken die Tische aller Badegäste. In der linken Brusttasche trägt er ein Buch mit Gummilitze, auf dessen Deckel in Goldbuchstaben zu lesen ist: „Baden-Notizen." In diesem Buche befinden sich die Fahrpläne der Eisenbahnen und Dampfschiffe der ganzen Welt; die Fluthkalender des Außenmeeres und des Binnenmeeres, die Akten über die Entstehung des hiesigen Seebades, die Reden, welche Wulff Manne bei verschiedenen Gelegenheiten gehalten hat, der Speisezettel aus dem Strandhotel, die Tanzordnung vom nicht zu Stande gekommenen Ball in der Dünenhalle, — dieses Buch gleicht dem Sack eines Professors der Magie. Alle Wünsche, die man nicht hat, werden befriedigt.

Außerdem hat Wulff Manne eine bemerkenswerthe Leidenschaft für das Anfertigen von Schriftstücken, und in der Geschwindigkeit mit der er eines dem andern folgen läßt, übertrifft er die kühnsten Vorstellungen. Die Tische beider Wirthshäuser liegen voll von seinen Manifesten; und da er gefunden hat, daß man an beiden Orten denselben nicht immer die gebührende Achtung erweist, so hat er zwei schwarze Tafeln verfertigen lassen, an die er sie befestigt. Es erscheint ein gedrucktes Verzeichniß der hier weilenden Fremden. Wulff Manne kann jedoch nicht umhin, es zweimal abzuschreiben und so an die schwarze Tafel zu nageln. In jeder Badekammer hängt ein gedrucktes Register über Ebbe und Fluth. Wulff Manne händigt es seinen Freunden noch einmal geschrieben ein. Es kommt kein Dampfschiff, es geht keines ab, ohne daß Wulff Manne es nicht schriftlich verkündigte, obgleich Alle es auf den Fahrplänen schon vorher gedruckt gelesen haben. Seine Erlasse, Bekanntmachungen und Aufforderungen vermischten Inhalts haben weder Zahl, noch Ziel, noch Grenze. Eine noch größere Leidenschaft womöglich als für die Schrift, hat Wulff Manne jedoch für den Druck. In diesem Punkt ist er Fanatiker. Die Rede, die Jungfer Jaken Eschels sprach, als sie bei Errichtung der Dünenhalle dem Zimmermann den Kranz überreichte, läßt er drucken; und die Rede, mit der Boy Boysen, der Zimmermann, dankte, läßt er gleichfalls drucken.

Daß er seine eigenen, bei dieser Gelegenheit gehal-

lenen Reben drucken läßt, versteht sich. Es wird ein
Plan von Westerland gezeichnet und er läßt ihn drucken.
Ein Buch über Sylt erscheint bei Weber in Leipzig;
Wulff Manne läßt es in Tondern noch einmal drucken.
Auf eine Karte der friesischen Inselgruppen schreibt er
mit Bleifeder unter die Brockhaus'sche Firma seine eigene;
und in einem Exemplare Gerstäckerschen Reisen lesen wir:
„Stuttgart und Tübingen, J. G. Cottascher Verlag.
Sylt und Westerland, W. M. Decker'scher Verlag." Ganz
kürzlich hat er seine Preiscourante auch gedruckt erschei-
nen lassen. Sie lauten folgendermaßen:

„Verlag von Wulff Manne Decker in Westerland.

Der Fremdenführer auf Sylt . . . 4 Mark.
Plan von Westerland . . . . . . 2 Mark.
Rothwein . . . . von 5 Mark an.
Porter (die halbe Flasche) . . . . 3 Mark.
Briefbogen mit Ansichten von Westerland ¼ Mark.
NB. Sobald Krickenten zu haben sind, werde ich es be-
kannt machen."

In dieses Mannes Gesellschaft, so viel uns davon
gegönnt ist, sitzen wir die schon länger werdenden Herbst-
abende dahin. Gegen zehn Uhr brechen wir auf. Ueber
die finstere Haide gehen wir nach Haus. Im Norden
leuchtet durch das schauerliche Dunkel der Feuerthurm;
sobald wir über die Gräben hinaus sind, wandern wir in
vollständiger Einsamkeit und Nichts mehr stört uns, als
das Husten eines aus dem Schlafe auffahrenden Schafes,
das gespenstisch mit dem Heulen des Nachtwindes dahin-

wandert. So erreichen wir zuletzt den Hafen, welcher dem Menschen in der Fremde vergessen macht, daß er eine Heimat gehabt und verloren hat: das Bett, in welchem die Leiden und Freuden des Tages für eine Weile ihr Ende finden; und begleitet von dem Rauschen des Meeres gehen wir in jenes stille, selige Reich ein, dessen Grenzen von Abend bis Morgen reichen, und in dem wir alle Menschen und Plätze, die uns je lieb gewesen, noch einmal wieder sehen und besuchen dürfen.

IV.

Am 18. August.

In der heißen Mittagstunde lieb' ich es, zu den Bramhügeln zu gehn. Sie liegen seitab von meinem Häuschen, fern in der Haide, unter den Dünen. Ich sehe ihre sanften Wellen, wie sie sich mit dem spärlichen Grün ihrer Moosbekleidung gegen das matte Blau des Augusthimmels erheben. Mein Weg geht zuerst über Stoppelfelder, in welchem ein Weib arbeitend an der Erde kniet, oder ein Schaaf weidet. Dann kommt der weiche Haideboden, mit seinem Geruch, wie der des Kirchhofs meiner Heimath; mit jenen gelb-röthlichen, kleinen Blumen, unter denen ich, in meiner ersten Jugend, auf den Hügeln, so gerne träumte. Die schönen, lächelnden Geister der Kinderzeit kommen und begleiten mich, hier an dem letzten Küstenrande der einsamen See, zu den gespenstischen Bramhügeln.

Ich ersteige die mäßige Höhe, und sehe nun, durch eine Senkung in den Dünen, einen Streifen blauen Ge-

wässers, das vom Mittagsglanze schillert; ich sehe nord-
wärts im heißen Dufte, der sich von dem Aushauch der
Blüthen voll, berauschend ausdehnt, eine gestaltenreiche
Niederung — Haidegräber, Dünenhügel, und neblige
Thäler dazwischen und ein Dorf, dessen zerstreuten Hütten auf dem traumhaft blauen Hintergrunde zu verdämmern scheinen. Kein lebendes Wesen, kein Wandersmann
ist zu sehen, nur das Rauschen des Meeres wandert
leise von Düne zu Düne, und sein kühler Athem, der
sich flüsternd im Kraute verliert, streift zuweilen die
Stirne des Ruhenden.

Solch' ein tiefer Frieden waltet hier oben! Das
Herz ruht am Herzen der Natur, und über dem Haupte
geben sich stille Blumen die Hände, und nehmen,
schon jetzt, in ihren sanften Bund den Erdenpilgrim auf.
Zwar mahnt noch Manches an Umkehr in's stürmische
Leben. Wie ein Schatten wandelt die Feindschaft vorüber; wie ein Rosengewölk gegen Abend gaukelt
Freundschaft und Liebe dahin und manch' ein blonder
Engelskopf in ihrem Gefolge. Aber die Seele lächelt,
indem sie die Erscheinungen sieht, und sie empfindet es,
wie sanft sich's bereinst unter Blumen ruhen wird! —

Die Bramhügel sind mir darum lieb geworden, und
die Mittagsstille wird mir hier nie gestört. Denn die
Leute fürchten sich vor der Nähe derselben, weil diese
Anhöhen ehedem von den Hexen als Zusammenkunftsorte
benutzt worden, und ihre Geister noch immerdar um die
Moosfläche rundfahren. Ich aber, in der Einsamkeit

der tiefstillen Insel suche die andere Einsamkeit der Gespensterhügel und freue mich der Visionen, die von der brütenden Mittagssonne und dem aufsteigenden Moderduft der Haide geboren, meine Träume besuchen.

Halbwach erhebe ich mich zuletzt und wandle — mir selber vorkommend wie ein Schatten, der über die breite, weite Haide schwankt — den Häusern von Westerland entgegen. Einzeln, hier und da, von der Windmühle herauf — deren Flügel sich matt drehen — bis zu den weißen Dünen liegen sie unter der Gleichmäßigkeit der hohen Sonne, wie ausgestorben und von allem Leben verlassen, eines wie das andere; und verwirrt von dem Lichtglanz der Fläche, dem melancholischen Stillstand der Landschaft, dem betäubenden Dufte des warmen Windes und dem schlaftrunknen Rauschen der See würde ich das meine nicht finden, wäre es nicht um meinen ehrlichen Schlafrock, welchen zu dieser Zeit Brigitte vor die Thür zu hängen pflegt, und welcher mir alsdann mit dem Roth seines Unterfutters ganz in schwere Sonnengluth getaucht, als ein Signalfeuer der Heimkehr leuchtet.

V.

Am 19. August.

Gestern, in meinem Friesrock und meinem Filzhut, die beide vor einem Jahre um diese Zeit den Sturm und Regen der Westhaide von Irland und den Salzschaum des Atlantischen Ozeans versucht haben, ging ich in die Dämmerung der Insel hinaus. Es hatte lange geregnet und das Moos und Riedgras war noch schwer und feucht. Auch der Himmel war noch grau und dumpf, aber gegen Westen schien er sich zu öffnen und ein matter Abschiedsglanz kam von daher und fiel für einige Augenblicke schräg über die Dünenabhänge und das ferne Haideland. Ich blieb hinter den Dünen und sah das Meer nicht; aber ich hörte, wie es an- und abrollte, und der Wind blies mir entgegen, schwellend, sinkend; bald, als brause er aus dem ziehenden Gewölk — dem sich der westliche Schimmer leise mitzutheilen schien — bald, als verliere er sich im Gestrüpp unter meinen Füßen. Wie ein Gesang, zu dem ich die Worte suchte; wie eine Musik aus anderen Sphären.

Schwebend, schwebend ... o, wer auch so leicht wäre! Und wer singt diese wundersamen Lieder, die unser Herz mit namenloser Sehnsucht füllen? Sind es die Geister der Geschiedenen, die uns grüßen, die uns rufen? Wenn wir nach unserem Einschlafen Luftgeister würden — welch ein Gedanke! Wenn wir so über die Fläche schwebten, über Land, über Meer, wie einst der Geist Gottes — durch alle Welten, höher, immer höher, in ewiger Wanderwonne. Wir sehnen uns nach der Ferne; aber wir erreichen sie nicht. Wir ersteigen den Hügel, und um einen Horizont weiter ist sie uns gerückt. Wir machen eine neue Reise nach der Gegend hin, wo der Himmel die Erde berührte; aber sie liegt noch vor uns. Wir kommen zuletzt an's Meer und stehen dem Sonnenuntergang gegenüber; aber die Ferne ist noch da, weiter, endloser als je. Wir fahren über das Meer und gewinnen das jenseitige Land; aber die Ferne ist aufs Neue da, und sie führt uns immer, immer, von Tag zu Tag, bis wir vielleicht, am Abend unseres Lebens, an dem Punkte wieder angelangt sind, von dem wir ausgingen.

Hier, in der Hütte, die uns geboren, unter dem Hügel, welcher unsere ersten Träume, unser erstes Glück, unsere erste Liebe gesehen, schlafen wir ein. Wir erwachen nicht mehr; aber wir sind in die Luft zurückgekehrt, in unsere ewige Heimath, in das wahre Element unseres Lebens. Nun empfinden wir, daß unser Erdenwallen Nichts war, als eine Sehnsucht nach dem Unendlichen, dem wir nachgingen, ohne es erreichen zu können;

und dessen wir nun, gelöst von der Schwere des Körpers,
vollauf genießen, athment, schwebend, stürmend, jauch­
zend! Wir selber oft, in wehmüthigem Rückerinnern,
flüstern durch die Blumen, die auf unserem Grabe stehen.

Auf einmal stand ich vor einem Mauerviereck aus
schwarzen Steinen, an welchen ein Schimmer des Abend­
lichts hing. Es war so einsam und so still ringsum; es
war kein Mensch zu sehen. Ueber der schwarzen Thüre
war eine schwarze Tafel mit Goldbuchstaben:

Heimathstätte für Heimathlose.
Offenbarung Johannis 14, 13.

Ich öffnete die Thüre und trat ein. Unter der west­
lichen Mauer waren neun Gräber, ohne Kreuz, ohne Ge­
denkschrift — kein Name, keine Jahreszahl. Neun Hügel,
stumm, dunkel, mit etwas Moos bekleidet. Ich stand eine
Weile; dann ging ich und schloß die schwarze Thüre hinter
mir, wie ich sie gefunden hatte. Noch immer kein Mensch;
ich erstieg die nächste Düne. Je höher ich kam, je offener
schien der Himmel zu werden, je breiter der Glanz um
mich. Nun war ich oben, und ein goldschillerndes Meer
lag vor mir und flammendes Purpurgewölk, so weit der
Blick reichte, und schwimmend darin die sterbende Sonne.
An dem gelben, breiten Strande gingen noch ein paar
Menschen; und auf der Dünenkuppe zu meiner Rechten
stand ein Mädchen, und in der Glorie, die sie umgab,
flatterten ihre dunklen Röcke.

Da ich nach Haus gekommen war, in der vollstän­
digen Dunkelheit des Abends, schlug ich die Bibel auf

und las, beim einsamen Schimmer meiner Kerze, Offen=
barung Johannis 14, 13:

> „Und ich hörete eine Stimme vom Himmel zu mir
> sagen: Schreibe: Selig sind die Todten, die in dem Herrn
> sterben, von nun an...
>
> „Und ich sahe, und siehe, eine weiße Wolke..."

Heute morgen nun war der Himmel blau, und heiter in seiner Höhe stand die östliche Sonne. Das Meer war frisch und bewegt, und eine Lust war es, darin zu baden. Nach dem Bade trat ich meine Wanderung an, den Sand hinunter, dicht am Meere; die wenigen Bade=karren und die paar Menschen darin oder daneben blieben weit zurück, und lange war ich allein. Ich traf zuletzt auf einen Mann, welcher Tuul grub. Dieser Mann hatte ein Gesicht, von Wind und Wetter ganz roth geworden; klare, blaue Augen und langes, gelbes Haar. Er mochte wol einige vierzig Jahr alt sein, und wie ich ihn so dastehen sah, in der vollen Helligkeit der Sonne, dem offenen, einsamen Meer gegenüber, über seinen Spaten gebeugt, trat ich zu ihm. Nach Mancherlei, was wir zuerst sprachen, fragte ich ihn über den kleinen Kirchhof mit der schwarzen Mauer, welchen ich gestern Abend unter der Düne gesehen.

„Auf diesen Kirchhof," sagte der Mann, „bringen wir Diejenigen, welche von der See hier an's Land ge=waschen werden."

„Schiffbrüchige?" fragte ich.

„Schiffbrüchige und Andere. Nicht selten fällt ein

Matros, wenn er in der Takelage einen Fehltritt thut, ins Wasser und ist, wenn Wind und Strömung scharf gehen, im nächsten Augenblick weg."

„Und nicht mehr als neun Gräber in dieser langen Zeit?"

„Der Kirchhof ist noch nicht alt. Früher wurden die Leichen, die wir auf unserem Sande fanden, in den Dünen verscharrt. Es war eine alte Sage, daß man diejenigen, welche das Meer von sich wirft, auch nicht ehrlich, wie andere Christen, begraben dürfe. Da machte man denn ein Loch unter der Düne und legte den fremden Todten hinein, ohne Sarg, wie man ihn gefunden. Der nächste Wind thürmte häuserhohen Flugsand über dem Grab und manch ein vergessen Christenkind liegt dort in den Dünen. In neuerer Zeit hat man sich nun viele Mühe gegeben, diesen unmenschlichen Gebrauch abzustellen; aber die Alten wollten lange Nichts davon hören, und erst seit dem Tode des letzten Strandvogtes, vor ein paar Jahren ist es anders geworden. Da ward der Kirchhof, den Ihr gestern gesehen habt, angelegt; und wenn nun eine Leiche auf dem Sande gefunden wird, so kömmt sie zuerst in die Strandvogts-Scheuer, wird gewaschen und eine genaue Beschreibung derselben, unter dem Datum, an welchem sie gefunden worden, in das Tagebuch gesetzt. Wenn später nun vielleicht ein Freund und Angehöriger nach dem Grabe fragen sollte, so kann man es nach der Beschreibung finden. Denn wir wissen ja nicht, wen wir begraben, — weß Namens und aus welchem Lande er ift. Wir geben ihm einen schwarzen Sarg, eine geschützte Stelle, wo er nicht vom Sand verschüttet wird, und einen Rasenfleck über dem Hügel. Wir tragen ihn hinaus, wie wir unsere eigenen Leute hinaustragen, wir singen ein Lied an seinem Grabe und unser Pfarrer spricht den Segen darüber. Das ist unser Brauch."

„Und ist der jetzige Strandvogt der neuen Einrichtung zugethan?"

„Ja, ja ... o, ja ..." erwiederte der Mann mit dem rothen Gesicht, das um diese Zeit noch etwas röther geworden, und mit den klaren, blauen Augen, die mich verlegen ansahen. „Eigentlich, um die Wahrheit zu sagen, hat er sie erst durchgesetzt, und nach vielem Verdruß mit Gemeinde und Obrigkeit jenen Kirchhof zu Stande gebracht."

„Und wie heißt er?"

„Delker."

„Ich möchte ihn kennen lernen. Wo treff' ich ihn?"

Ein wenig stotternd sagte der Mann, indem er sich an seinem Spaten aufrichtete: „Hier."

Da gab ich ihm, dem Strandvogt Delker von Westerland, der die Todten des Meeres begräbt, meine Hand und schloß Freundschaft mit ihm; und zurück über die Düne, um sie noch einmal zu besuchen, gingen wir mit einander zu der „Heimathstätte für Heimathlose".

VI.

Am 20. August.

Das Westende von Sylt zieht sich lang und öde in die Einsamkeit des Meeres hinaus; links liegt das unbewegte, flache Watt, bei Ebbezeit einer Sandebene mit Wasserstreifen ähnlicher, als einem Meer, und von rechts heran stürmt die wilde Nordsee, welche die Insel zerstört, und diesen Theil derselben nahezu schon zerstört hat. Er ist so dünn, so lang; man fürchtet, die Strömung könne eines Tages durchbrechen und Alles, was noch übrig ist, begraben. Die Insel soll in 190 Jahren bereits gegen zwei Fünftel ihres Areals verloren haben; an der Westseite aber und ihrem langgestreckten Ende ist diese Abnahme am Bemerkbarsten. Man sieht hier Jahr für Jahr ein Stück nach dem andern hingehen; der Name eines Dorfes, welches vor Zeiten hier gelegen, Alt-Eidum, findet sich auf der Karte, weit ab von dem äußersten Küstenrande, mitten in der tiefen See, wo sie schon seit mehr als einem Jahrhundert frei an- und abläuft. — Die traurigste Geschichte aber, weil sie sich zum Theil noch vor unseren eigenen Augen zuträgt, hat das Dorf, welches am Eingang zu dieser, der Zerstörung verfallenen Welt, halb verschüttet im Sande, halb versunken in der See liegt. Das Dorf heißt Rantum, und es ist die letzte menschliche Wohnstätte, bevor man sich in die Wüstenei der Dünen und des Meeres zu beiden Seiten verliert. Die Sylter sprechen mit Wehmuth von diesem Dorfe; sie sehen in ihm das Schicksal ihrer ganzen Insel. Sie nennen es das „ehemalige" Dorf und erzählen von den alten Häusern, in denen sie manche fröhliche Stunde verlebt, und den alten Leuten, die einst darin gewohnt, und deren Gräber jetzt weit hinaus in der Nordsee liegen. Vor etwa 100 Jahren stand noch die alte Kirche. Darauf aber, nachdem das Dorf von dem westlichsten Theil der daneben belegenen Aderländereien bis auf den östlichsten Theil derselben verlegt worden war, mußte endlich auch die Kirche versetzt werden. Vor 80 Jahren standen noch gegen 40 Häuser um diese neue Kirche herum und jetzt ist keine Spur mehr vorhanden, weder von dem Dorfe noch von der Kirche. „Sowol die Stelle", heißt es in Boohsen's „Beschreibung der Insel Sylt" aus dem Jahre 1828*), „wo die Kirche stand, als wo die Häuser standen, ist schon unter den Wellen der Nordsee verschwunden; blos dreizehn, zum Theil sehr elende, von den Einwohnern des vorigen Rantum erbauete Hütten,

---

*) Sie erschien in Schleswig; der Verfasser war, wie er im Vorwort sagt, ein „ehemaliger Seemann."

ein wenig süd-ostwärts vom ehemaligen Rantum, dienen noch als Beweis, daß in der Gegend ehedem ein Dorf dieses Namens gewesen ist und führen noch diesen Namen; diese werden von sechzig Einwohnern bewohnt." So vor dreißig Jahren. Heut hat Rantum nur noch fünf von Sand und See bedrängte Hütten mit 30 Einwohnern, die — von aller Steuer frei — seit Anfang dieses Jahrhunderts, wo ihre Ländereien ins Wasser gingen, von ihren Schafen, ihren Fischen und dem kümmerlichen Erlös des Dünengrases, aus dem sie Stricke drehen, leben.

Dieses versunkene Dorf habe ich heut Nachmittag besucht. Ueber eine breite, grüne, von zahlreichen Meeresrillen durchrissene Niederung am blauen Watt wanderte ich stundenlang dahin. Kein Mensch begegnete mir mehr, als ich die Häuser von Westerland hinter mir hatte; und die Sonnabendnachmittagsstille, so frisch, so kühl vom Anhauch beider Meere, von denen ich das eine sah und das andere hörte, ward durch Nichts unterbrochen. Die fünf Häuser von Rantum lagen von Anfang an vor mir; erst wie schwache Zeichnungen auf dem Dufte des Hintergrundes, dann bestimmter und lange klar mit ihren Giebeln und Umrissen, ehe ich sie erreichte. Nun war ich unter ihnen. Sie stehen, jedes einzelne, auf einem Hügel für sich; dicht über dem Watt, und den Dünenschluchten zugekehrt, die sich gen West ziehen, ihr letzter Damm gegen die Nordsee, deren Brausen hier stark widerhallt. Auch ein kleines Schulhaus ist auf einem dieser Hügel zu sehen. Aber es giebt keine Kinder in Rantum, die es besuchen könnten; die der letzten Generation sind schon über die Zeit hinaus, und von der jetzigen sind noch keine so weit. So steht die Schule von Rantum auf ihrem Hügel, verschlossen seit manchem Tag. Das erste Haus, an das ich ging, war eines Zimmermanns. Ein Mann und ein Junge waren darin; ich fragte sie nach dem Wirthshaus, und sie zeigten mir das andere Haus gegenüber. Ich erstieg den Hügel, auf welchem es liegt. Es war verschlossen, und durch die Fenster sah ich in leere Stuben. Auf dem Hofe davor lag ein zerschelltes Boot mit englischen Porterflaschen darin, die das Meer angetrieben haben mochte; mit zerbrochenen Segelstangen, mit Kasten, in denen Schiffszwieback gewesen, und an dessen Brettern noch die Firma der Londoner Fabrik zu lesen war, mit Namenbrettern, deren Inschriften meistens englische waren, mit mehreren Schiffsfiguren. Während ich noch so zwischen diesen Trümmern zur See verunglückter Schiffe weilte, kam eine Frau, die mich wahrgenommen hatte, aus den Dünenschluchten und aus weiterer Entfernung folgte ihr ein Mädchen. Die Frau begrüßte mich und schloß das Haus auf, in welches wir demnächst eintraten. Sie sagte, es sei das Haus des alten Strandvogtes von Hörnum, welcher jüngsthin verstorben, und ihr Mann habe es angekauft. Sie wollten es aber erst zum Winter beziehen, und jetzt stehe es leer. Hierauf machte sie ein Feuer und stellte Wasser zum Kaffee daran. Indem trat auch das Mädchen herein. Es war bildhübsch und trug sich reizend, anders als ich bis jetzt auf dieser Insel wahrgenommen. Sie hatte einen kurzen, bunten Rock, mit einem Brustlatz vom schwarzem Sammet, daran silberne Glöckchen zierlich geordnet hingen; eine mit Gold und Silber reich gestickte Haube und lange seidene Bänder daran. Sie war schlank gebaut und ihre Glieder hatten eine ebenmäßige Fülle; ihr Auge war blau, ihr Gesicht ernst aber freundlich. Sie sagte mir, sie sei von der Insel Amrum auf Besuch hierhergekommen und wolle am andern Montag wieder dahin zurück. Dort trügen sich die Mädchen und Frauen alle so. Sie hieß Merret — das ist unser Marie — und sprach das Hochdeutsche mit Mühe; wir konnten uns nicht gut verstehen, und die Frau war unsere Dollmetscherin. Als der Kaffee fertig war, setzten wir uns in des alten Strandvogtes Stube, an den langen, rothen Tisch, und tranken ihn zusammen aus. Die Frau hatte etwas Kuchen im Schranke stehen, und holte ihn herbei, während Merret ruhig neben mir saß. Was sollte ich mit einem so fremden, so jungen und so hübschen Mädchen sprechen? Ich fragte, ob sie auch schon einen Schatz habe? Da sah sie mich lächelnd an und schüttelte den Kopf, denn sie verstand es nicht. Als ich aber das Wort auf „Halfjunkengänger" brachte, was hier für Schatz gesetzt wird, da erröthete sie mit Einemmal und schlug das Auge nieder. Denn das verstand sie.

Als wir mit unserem bescheidenen Freundschaftsmale

zu Ende waren, erhob ich mich zur Heimkehr. Es fing schon an dunkel zu werden. Beide Frauenzimmer gingen ein Stück Weges mit mir, und als wir uns verabschiedet hatten, blieben sie noch eine Weile stehen, und wenn ich mich umkehrte, sah ich lange noch in der Dämmerung ihre Tücher wehen, mit denen sie mir Lebewol winkten.

VII.

Am 21. August.

Heute ist Sonntag. Das Glöcklein der kleinen Kirche von Westerland läutet aus der Ferne, und der Morgen ist so rein, so klar und so still, daß ich es hier vernehme, in meinem kleinen Hause, dicht unter den Dünen. Die Sonne füllt mein Gemach; in der Küche, am beschatteten Fenster, sitzt Brigitte Marlo, und neben ihr auf dem Tische sitzt die Katze. Sie sehen der Kuh zu, die auf dem Rasenfleck weidet.

Ich verlasse das stille Haus an der Düne und wandere landein, dem Klange des Glöckleins nach. Ueber die sonnige Haide sehe ich hier und dort Menschen wandeln. Der Horizont ist weit und frei, und zu meiner Linken, in der Entfernung des sommerlichen Duftes steht die Kirche von Keitum. Sie steht einsam auf einer Erhebung des Bodens, zwischen dem Grün der Haide und dem Blau des Himmels, und ihr Läuten mischt sich zuweilen, wenn der Wind es trägt, mit dem des Westerland-Kirchleins. Dieses ist so klein; ihr Dach von Schilf und Rohr, ihr Thürmlein von Holz. Sie steht an dieser Stelle nun etwas über zweihundert Jahre, aber die Bausteine ihrer Mauern und ihre Geräthschaften sind viele hundert Jahre älter. Darin stimmen alle Chronisten und Alles, was ich von den Leuten habe sagen hören, überein, daß diese Kirche aus den Ueberresten der alten Eidumkirche sei errichtet worden. Seit dem Jahre 1436 begann der Untergang der Ortschaften längs der Westküste. Heidnische und christliche Erinnerungen vereinen sich in den Sagen von ihrem Untergange. Da war nämlich der Meermann Ekke — der Aigir oder Aegir der nordischen Mythe — der sich in eine Sylter Jungfrau verliebte. Der Umgang mit dem finsteren Gotte des stürmenden Elementes ward aber dem Menschenkinde, welchem er unter einer fremden Gestalt erschienen war, unheimlich und es bat um seine Freiheit. Aber wir kennen ja das wehmüthige Band, welches die Ueberirdischen, die sich nach Liebe sehen, an die Sterblichen fesselt; jenen düsteren Zug, zu genießen und zu verderben, der schon die heitere Mythe des Griechenhimmels trübt. Ekke gab sein Opfer nicht frei; aber sie solle frei sein, sagte er, wenn sie ihm seinen vollen Namen zu sagen wisse. Lange wanderte sie nun allein am Meer hin und durch die Dünen, bis sie in einer Nacht, die sie geängstet durchschritt, einen Gesang vernahm, der aus der Tiefe eines Sandhügels zu kommen schien und mit dem Winde westwärts zum Wasser wanderte:

> Heute will ich brauen,
> Morgen will ich backen,
> Uebermorgen will ich Hochzeit machen.
> Ich heiße Ekke Nekkepenn;
> Meine Braut ist Inge von Rantum,
> Und das weiß Niemand als ich allein.

Das Mädchen war erlöst, und als der Meermann wieder kam, da sagte sie: „Du heißest Ekke Nekkepenn, und ich bleibe Inge von Rantum." Da kehrte der Meergott zu Ran, seiner Gemahlin, der er lange ungetreu gewesen zurück, und sie — die Mutter der Wellen und Stürme, der Ueberschwemmungen und Schiffbrüche, rächte sich an Sylt, und zerstörte Rantum und Eidum, und nagt an den Dünen von Hörnum in jeder stürmischen Frühlingsnacht, bis Alles dahin sein wird.

So ungefähr berichtet mein Freund C. P. Hansen, der Schulmeister von Keitum, in seinen „Friesischen Sagen und Erzählungen"; und Hans Kielholt, der alte Chronist, der den Untergang jener Ortschaften mit angesehen, da sein Vater Pastor in denselben gewesen, schildert ihn also: „Die schöne Kirche, die mein sel. Vater hatte, steht nun täglich zwei Fuß mit Wasser an den Mauern. Die Bauern sagen, daß die fremden Schiffsleute das Dach, auch das Blei und drei schöne Glocken davon abgenommen haben. Ach und auch Wehe! und jämmerlich zu beklagen, daß das Allerbeste von diesem Land so sehr ist vernichtet, verwüstet und ins Wasser versunken." Das war um 1436, bei der großen Sturmfluth. Die Eidumer wanderten aus und gründeten Westerland, aber die Kirche

blieb, wie sie war, noch zweihundert Jahre stehen. Erst
im Jahre 1634 brach man sie ab, nud baute aus ihren
Materialien die kleine Kirche auf, vor der ich jetzt stehe.
Viele der geweihten Gefäße und Utensilien stammen aus
jener Zeit und sind uralt; namentlich das Altarblatt,
an das sich auch eine sagenhafte Ueberlieferung knüpft.
Sie beginnt — wie alle Geschichten auf Sylt — mit
einer großen Ueberschwemmung. Alle Dörfer der Nordwestspitze List, die seitdem durch die Dänen in Besitz genommen
ist, gingen darin unter, und nur ein Mann mit seiner
Frau, Jens Lüngg, blieb übrig. Da nahm er den Altar
der Kirche und floh vor den Dänen in die Wildniß von
Hörnum und hielt daselbst seinen Gottesdienst. In jener
Sturmfluth waren nun aber auch alle Geistlichen auf
Sylt ertrunken und große Gottlosigkeit nahm überhand,
so daß in den Kirchen getanzt und aus den Weihgefäßen
Bier getrunken ward. Da vernahm der Pabst von diesem
erbärmlichen Zustand und Hans Kielholt vermerkt: „daß
der Pabst durch seine Gevollmächtigten gewesen ist bei
der Königlichen Majestät (von Dänemark) mit freund-
licher Bitte, daß er das geistliche Regiment über alle
Kirchen möchte in eine rechte Ordnung bringen und die
Kirchen einweihen lassen, welche Bitte ist dem Pabste
geurlaubt worden." Darauf kamen andere Prediger nach
Sylt, die Kirchen wurden aufs Neue geweiht und Jens
Lüngs schenkte seinen Altar der von Eidum. Als er nun
eines Sonntags dahin kam, um Theil an Gebet und
Predigt zu nehmen, da erkannte er seinen Altar nicht

wieder. Neben der Mutter Gottes, die ihm traurig, wie aus alter Zeit, entgegenlächelte, sah er zwei grobe dänische Heilige gemalt, vor denen die Gemeinde niederkniete. Er aber wollte seine Knie nicht vor gemalten Götzen beugen, wie er sagte; und als man ihn zwingen wollte, da zog er sein Messer, und fiel vor ihnen nieder, wie es die Anderen wollten, — aber todt! „Da ist ein alter Mann", sagt unser Predigersohn aus dem 15. Jahrhundert, Hans Kielholt, „der ist ein Heide gewesen, der hat in der Kirche gestanden und zugesehen, da hat er sein eigen Messer genommen und sich selber die Kehle ausgestochen, darum daß er sich nicht wollte mit dem neuen Glauben beladen." —

Das Altarblatt ist noch heut da mit den beiden Dänenheiligen, welche vor vier Jahren frisch vergoldet worden, und nach einem derselben ist die Kirche St. Niels genannt, bis auf diesen Tag.

In diese Kirche trete ich ein, nachdem ich lange draußen unter den eingesunkenen Grabsteinen verweilt habe. Der Gottesdienst ist hochdeutsch und ein Sylter Mann, der neben mir sitzt, läßt mich in sein Gebetbuch einsehen. Rings an den Wänden des kleinen, dürftigen Innenraums hängen die Bildnisse der alten Pastore von Westerland; mit Allongeperrücken die ersten aus dem siebzehnten Jahrhundert, und so weiter, bis auf diese Zeit, viele treuherzige, starke, verwitterte Gesichter. Darunter sitzt in den Betstühlen die kleine Gemeinde von Westerland und Rantum. Auch Merret seh ich, das schöne

Mädchen von Amrum in ihrem Sammetmieder mit den Silberglöckchen daran. Aber sie sieht nicht auf von ihrem Gesangbuch und ihre Lippen rühren sich leise. Eine Orgel haben wir nicht; der Küster giebt mit seiner andächtigen, aber unmelodischen Stimme den Ton an, und die Anderen folgen. Dann besteigt der Pfarrer, ein ernster, vielgeprüfter Mann, die niedrige Kanzel, und am Ende seiner Predigt, mit fester Stimme, spricht er, der lang Verfolgte und schwer Gedrückte, das Gebet für Seine Majestät Christian VII., König von Dänemark, und Herzog zu Schleswig-Holstein und Lauenburg …

Dann geht die Kirche aus und unter den Heimkehrenden seh ich Merret noch einmal. An ihrer Seite, über die sonnige Haide, geht der Sohn der Wirthin von Wenningstedt, ein schmucker Frieslandsohn, der eben von einer Reise nach Java zurückgekommen ist. Diesmal sieht sie mich; aber sie erröthet und mein Gruß bringt sie in Verlegenheit. Sie erinnert sich gewiß an das, was ich gestern mit ihr von den „Halbjunkengängern" gesprochen habe. —

VIII.

Am 25. August.

In der Frühe dieses Tages brach ich auf, um das wilde, von Menschen nicht mehr bewohnte Westende der Insel die Dünen von Hörnum zu besuchen. Ich hatte einen kleinen Wagen mit zwei Pferden und einen jungen Burschen, der sie führte. Die Luft war frisch und klar, die Sonne schien über Land und Meer. Zur Linken lag das Watt, so blau, so lautlos still, und am Rande des Horizontes erschien der „feste Wall" mit den sanften Umrissen seiner Dorfschaften und Kirchenthürme; zur Rechten standen die Dünen und ihr dunkelblauer Schatten zeichnete große, schöne Formen in den Sonnenschein der Haide. In Rantum machten wir Station; der Junge hielt an dem langen Hause, wo ich vorgestern den Zimmermann gesprochen. Gegenüber auf dem Hügel das Haus des todten Strandvogts war wieder verschlossen, und Merret von Amrum war früh am Morgen über das Wasser heimgekehrt. Des Zimmermanns Mutter ist eine ganz alte

Frau. Sie saß in der sonnigen Stube auf einem hölzernen Lehnstuhl. Zahllose Fliegen summten an der Decke und den Fenstern. Hand und Stimme, da sie mich willkommen hieß, zitterten ein wenig vor Alter, aber ihr ehrwürdig Gesicht unter der breiten Haube war heiter, wie die Herbstsonne, an der sie sich wärmte. Diese Frau, wie sie nun dasitzt, am Ende ihrer Tage, in dem verfallenen Dorfe, in dem Hause ihrer heimgegangenen Väter, hat eine schöne und reiche Lebensgeschichte. Am Anfange unseres Jahrhunderts, da sie ein junges, frisches Inselkind war, zu der Zeit, wo England und Dänemark im Kriege lagen, landete ein Kaperschiff unfern dieses Strandes. Da war ein Matros, aus Norwegen gebürtig, hieß Lassen und verliebte sich in die schöne Merret Peter Claassen von Rantum. Das waren noch Zeiten für Seeräuber und verwegene Liebschaften; aber auch für Treue und Zuverlässigkeit. Und als der Krieg ein Ende hatte, da kam Lassen nach Rantum und heirathete die schöne Merret Peter Claassen und zeugte mit ihr 21 Kinder, von denen die Söhne als Schiffscapitaine das Meer befahren und die Töchter sich gut und glücklich nach Westerland verheirathet haben, bis auf Eine, die nicht von der Mutter wollte, und heute noch bei ihr ist. Einer von ihren Söhnen, der Capitain Lassen, der sich in Westerland zur Ruhe gesetzt hat, ist mein guter Freund und manch' ein Glas Grog haben wir zusammen bei Meister Steffen getrunken. Alt Merret's Mann und fünf ihrer Söhne sind gestorben, zur See die Einen, in fernen kauben die Anderen; aber die Bilder Aller, in kunstlosen Zeichnungen und halbverlöschten Daguerreotypen bedecken die südliche Wand ihres Zimmers. Die Mutter sitzt unter ihnen, und die Sonne, welche hereinscheint, umgiebt sie Alle. —

Dieses sind die letzten Häuser und die letzten Menschen; von hier bis an's Ende des Landes, wo die weite See beginnt, die ununterbrochen zwischen dem Sand von Hörnum und den Kalkfelsen von Kent rollt, ist Alles todtenstill, nur die Stimmen der Natur und das Brüten der Einsamkeit ist zu vernehmen. Strandläufer stehen im flachen Wasser des Walls und mit ihren langen zierlichen Füßen verlieren sie sich pfeilschnell weit hinaus, sobald sie unsere Räder hören, die sich im schimmernden Sande knisternd umdrehen. Im harten Riedgras der Dünen weiden die Schafe, und ihre zarten Fußtapfen, die sich im feuchten Sande abgedrückt haben, reichen bis an's Wasser. Eine Möve fliegt vom Westen heran, und das Weiß ihrer Flügel schimmert wie Silber im durchsichtigen Blau des Aethers. Eine zweite folgt ihrem Fluge, und kurze, traurige Töne stößt sie aus, als klage sie, daß die andere ihr entfliehe. Ob es so Etwas wie Untreue auch im Reich der Lüfte und in der unbegrenzten Region zwischen Himmel und Wasser giebt? ... Nun verlieren sich auch die Schafe und das letzte, spärliche Grün verschwindet. Weißer Sand zur Linken verdeckt uns den ferneren Anblick des sanften, blauen Wassers;

11*

und weißer Sand zur Linken, hoch aufgethürmt und in strahlende Sonne getaucht, dämpft das Rauschen des Meeres. Weißer Sand liegt vor uns, brennend in der Sonne, blendendes Licht und dumpfe Hitze ausstrahlend. Immer schwerer wälzen sich die Räder in der weichenden Masse, über Hügel, durch Thäler, durch eine einsame, untergehende Welt, welche uns blendet und berauscht. Ein wirres, unheimliches Getöse empfängt uns, je näher wir dem Herzen der Einsamkeit kommen, als wäre es der ängstliche Pulsschlag desselben. Was ist es? Es kann das Rauschen des Meeres nicht sein. Es klingt so traurig, wie ein tiefer, schwerer Seufzer. Ist es der Wind, der klagend durch die Dünen zieht? Nein, es sind die Möven, die hier im Sande nisten, und die — von unserem Wagen aufgejagt — besorgt für ihre Nester und ihre Jungen, jammernd um die Dünen rundfliegen. Es ist der unbeschreiblich herzerschütternde Ton, welcher Anlaß gegeben hat zur Entstehung der Sage vom Stadem= wüsste, welche die Stätte bewacht, „wo fromme, freie Menschen gewohnt."

Denn einst hatte Hörnum auch seine lustige Zeit, in den guten, alten Tagen, wo Pidder Lüng, der Enkel jenes Mannes, der sich vor dem Altar der Eidum-Kirche den Tod gegeben, hier lebte und kämpfte. Er kämpfte gegen das Meer und gegen die Dänen für Friesland und die Friesen und sein Lied, einer der wenigen Reste aus der Zeit, wo Friesland noch sang, war:

Frei ist der Fischfang,
Frei ist die Jagd,
Frei ist der Strandgang,
Frei ist die Nacht.
Frei ist die See, frei von Lande zu Land,
Frei ist die See und der Hörnumer Sand!

Hurrah für den Büh! (Jungen, das engl. boy.)
Hat er kein Laub,
Hat er tagelang Müh
Beim Fischen am Strand;
Hat er die See doch von Lande zu Land,
Hat er die See und den Hörnumer Sand!

Priester sind störrig —
Doch wir, nicht faul,
Wenn sie zu kurrig,
Schlagen sie auf's Maul.
Uns bleibt die See ja, von Lande zu Land,
Uns bleibt die See und der Hörnumer Sand!

Und so lebten sie, frech und froh, und liebten und küßten, und lachten und sangen, bis eines Tages Pidder Lüng am Galgen über der Höhe von Munkmarsch baumelte. Seitdem liegt Hörnum öd' und verlassen, und Sturm, Sonne, Möve und Hasen sind seine Bewohner. Das Rüssethal und das Kressen-Jakobsthal, in welchem ihre „Festung" stand, hört nur noch den Angstruf der aufgejagten Vögel und das Branden der fernen See.

Hier verließ ich meinen Wagen und wanderte allein weiter durch den heißen, tiefen Sand. Zerbrochene Eierschalen und die flüchtigen Fußspuren eines Hasen waren die einzigen Zeichen des Lebens. Sonst war Nichts da als weißer, wüster Sand, der todtenstumm unter der

Sonne lag, und in der ungeheuren Monotonie schien der Wandel der Zeit seine Merkmale, die Ausdehnung des Raumes ihre Grenzen zu verlieren. Ein großer Sand=
hügel lag vor mir, mit einer schwarzen Baake, welche — wie ein riesiges Knochengerippe — aus dem weißen Boden in die sonnezitternde Mittagsluft ragte. Ich wanderte und wanderte, aber die Entfernung wollte nicht enden, und wie eine wunderliche Kette lief, wenn ich zurücksah, die Reihe meiner Fußtritte über die weite Sandebene. Endlich, müde genug, stand ich am Fuße des Hügels; endlich war ich oben. Mein Auge, vom ewigen Weiß verwirrt, ward nun von Blau umgeben, so weit es sah — vom Blau des Meeres unten, vom Blau des Him=
mels oben, und meine heiße Stirne fühlte die frische, weiche Kühle des Windes. Eine kleine, schwarze Bretter=
hütte, von Innen und Außen geteert, liegt hier im Schutze eines Vorhügels. Sie ist für Schiffbrüchige, die an diese ungastliche Küste geworfen werden. Es ist eine Art von Koje darin und Stroh zum Lager; in einem eingemauerten Fasse Trinkwasser, in einem Blechkasten Schiffszwieback, in einer Blechbüchse Schwefelhölzer. Eine schwüle Luft, von den Ausdünstungen des Theers genährt, füllte den engen, dunklen Raum, welcher wol schon das Dankgebet manch eines den Schrecken des stürmenden Meeres Entronnenen gehört haben mag. — Als ich wieder ins Freie hinaustrat, hatte ich das allerschönste Panorama. Hinter mir die Grabesstille der Sandwelt, ihre Berge, ihre Schluchten — ein wehmüthig fesselndes Bild; vor

mir die weite, blaue, träumende Fläche der sommerlichen
Nordsee und des Watts, die sich hier an der Hörnumodde
vereinen. Zur Linken, aus dem feinen Dufte, den Sonne
und Wasser webten, dämmerte Amrum, an dessen Nordküste Merret um diese Zeit wol gelandet sein mochte.
Aber ich fühlte kein Verlangen dahin; mein Auge war
gen Westen gewandt, und meine Seele wünschte sich
Flügel, um — gleich den Möven — hinüber zu fliegen.

IX.

Am 31. August.

Auf dem Wege, welchen ich von meiner Wohnung in die Mitte des Dorfes gehe, liegt ein freundliches Häuschen, einstöckig und flach, wie die anderen, aber schmucker und behäbiger. Ein grünes Spalier friedet den kleinen Garten vor demselben ein, und mancherlei Gebüsch und Blumenwerk, wie es dem Boden und der späten Jahreszeit angemessen, hält sich hier im geschützten Raume. Die Fenster sind gleichfalls grün gestrichen und Blumentöpfe stehen hinter den Scheiben, und zwischen den Blumen erscheinen oft zwei Mädchenköpfe, der eine braun, der andere blond. In diesem lieben Hause wohnt mein Freund, der Schiffscapitain Dircksen Meinertz Hahn, und in seiner Stube sitz' ich oft am Nachmittag, wo mir dann der braune Mädchenkopf eine gute Tasse Kaffe mit prächtiger Sahne, die man nirgends besser hat, als auf Sylt, und der blonde Cigarre und Feuer dazu bringt. Diese Insel, mit der Abgeschiedenheit, in der sie ihre Bewohner

hält, ist reich an Originalen; das beste derselben aber
ist mein Freund Dirchsen Meinertz Hahn. Eine seefah-
rende Familie, wie keine zweite, ist es, aus der er ab=
stammt. Seine Reisen sind weit und lang gewesen, und
zahllos und höchst merkwürdig die Abenteuer und Schicksale, die er auf ihnen erlebte. Jetzt ist er ein kleines,
munteres Männlein von sechzig Jahren etwa, und sein
Gesicht ist braun von allem Wind, Wetter und Sonnenschein, dem es die lange Zeit getrotzt hat; jetzt hat er
sich zur Ruhe gesetzt und leidlich hat er sich in die Ruhe,
die ihn umgiebt, gefunden. Aber wenn er von seinen
Fahrten spricht, da fängt das alte Seemannsherz zu
klopfen an, und die kleinen, braunen, freundlichen Augen
werden gar lebendig; dann schiebt er wol die Mütze vom
Ohr, die er sonst schwerlich vom Kopfe läßt, und seine
hartgewordene Hand schlägt auf den Tisch und er lacht
dazwischen, als wollte er hier, in seiner stillen, grünen
Behausung den Sturm noch einmal verlachen. Seine
Frau Hedwig ist längst gestorben, aber sie nimmt den
ersten Platz in seiner Erinnerung ein, und er spricht von
ihr jeden Tag. Seine älteste Tochter Christine hat sich
mit dem Capitain Bohsen vor drei Monaten verheirathet;
Grete, der braune Mädchenkopf, ist mit dem Steuermann
Petersen, der seit April auf der Reise nach Valparaiso
ist, verlobt, und sie trägt einen dicken Ring von Gold
an ihrem Finger. Das jüngste Mädchen, das blonde,
heißt nach der Mutter und ist jetzt siebzehn Jahr alt,
ein schlankes, frisches Kind, welches immer lacht, wie der

Vater und Schwester Grete. Hahn's einziger Sohn ist Kaufmann. Der Alte hat sich's, in einer dunklen Sturm= nacht, wo sein Schiff mastenlos auf dem gefährlichen Sande vor Hollands Küsten herumtrieb, verschworen, daß, wenn er je Söhne bekommen sollte, keiner von ihnen Seemann werden sollte. Aber das Sylter Blut steckte in dem Jungen; er ward Kaufmann, wie es sein Vater wollte, und lernte auf einem Hamburger Comptoir. Als er aber mit der Lehre fertig war, setzte er sich auf das nächste Schiff und ging nach Valparaiso, wo er jetzt seit mehreren Jahren in einem Exportgeschäft arbeitet. Dies ist die Familie meines Freundes, und glücklich, in der Sicherheit des Vergangenen die Einen, in dem festen Vertrauen auf das Kommende und Gottes Vatergüte, welche Beides lenkt, die Anderen, leben sie in ihrem Hause. Sie hören das Meer rauschen, leiser, lauter, wie es Fluth und Ebbe, Wind und Jahreszeit mit sich bringt; sie athmen die reine, süße Luft, welche breit über die Hügel und Blumen der Haide heraufweht. Die Bild= nisse der Schiffe, die der Vater geführt, zieren die Wände der kleinen Stube; vornan der „Zebra", auf welchem er eine der ersten deutschen Kolonien nach Australien führte, die seitdem im fernen Lande bestens prosperirte und ihrem heldenmüthigen Capitain zu Ehren eines ihrer Dörfer „Hahndorf" genannt hat. In der Stube gegenüber hat unser Freund einen Bücherschrank mit einer kleinen hüb= schen Bibliothek, welche zu mustern mir oft schon Ver= gnügen gemacht hat. Da haben wir Walter Scott's

Novellen, Marryat's und Cooper's Seeromane; da haben wir Mügge's „Voigt von Sylt", und Heinrich Smidt's — des einstigen Gefährten unseres Freundes — „Zu Wasser und Land". — Gerstäcker's Weltreisen und Kohl's Beschreibungen fremder Länder sind da. Alles in dieser kleinen Bücherwelt bezieht sich auf das Meer und die Ferne, und zwar in der Weise, wie es sich dem Aug' und Herzen des deutschen Wanderers und seines Stammverwandten, des englischen, dargestellt hat. Denn das Meer und die Ferne, mit dem unwiderstehlichen Reiz, den sie auf unser Gemüth üben — mit dem wehmüthigen Zauber, den sie um die Stunde des Abschiedes verbreiten, mit dem Heimweh, das sie bergen und das oft für die Ziehenden ihr einziger Preis und Gewinn ist — das kennt doch kein romanisch Kind! Das ist unser Eigenthum, und das Zeichen, an dem sich Engländer und Deutsche wiedererkennen... Auch „David Copperfield" von Dickens fehlt nicht; und, als ob das Buch an dieser Stelle zumeist geöffnet worden: jedesmal beim Aufschlagen habe ich die Schilderung des Schiffbruchs an der Yarmouth-Küste in der Hand, jenes Meisterstück der Malerei, welche die Stimmung der Natur und die der Menschenseele in ihrer düsteren, fast dämonischen Harmonie darstellt. —

Das merkwürdigste Werk dieser Sylter Seemannsbibliothek aber ist ein Werk, welches aus zwei geschriebenen Quartbänden besteht. Es enthält die Lebensgeschichte Dirckjen Meinertz Hahn's und seiner sämmt-

lichen Seefahrten Beschreibung, und ist — nachdem er
sich zur Ruhe gesetzt — in seine Mußestunden, theils aus
seiner Erinnerung, theils nach seinen Schiffsjournalen
von ihm selbst verfaßt. Er gab es mir mit und ich kann
gar nicht sagen, wie diese Blätter — aus denen das
Meer und der Sturm selbst zu mir redeten — hier, in
dieser verwandten Umgebung, meine ganze Seele gefesselt,
erschüttert, zum Nachdenken angeregt — wie sie meine
Phantasie erfüllt haben. In den einleitenden Worten
sagt der Schreiber, daß er sein Werk zum Andenken für
seine Kinder begonnen habe und demnächst mit Gottes
Hülfe zu beenden hoffe; und ich kann mir vorstellen, wie
es in den Händen derselben lebt, wenn er selbst lange
nicht mehr ist, und wie es als ein heiliges Vermächtniß
vom Vater auf den Sohn geht, durch viele Generationen;
und wie vielleicht in vierhundert Jahren der Forscher
auf Sylt dieses Buch citirt, wie ich heute das auf ähn=
liche Weise entstandene des ehrenfesten Haus Kielholt,
des Predigersohnes von Alt-Eidum, citirt habe. Dies
ist die Genesis unserer Geschichtsquellen.

Es ist späte Nacht. Das eine der beiden Bücher
liegt offen vor mir — trotz der dicht geschlossenen Fenster
wehen auf meinem Tische die Lichter ängstlich hin und her,
und die Rahmen klappern. Es ist eine Unruhe in der
Natur, die sich auch der Seele schon mitgetheilt hat.
Große Wolken jagen bei mattem Mondenlicht über die
Haide, und ihre grotesken, unheimlichen Formen deuten
mir die Entstehung der nordischen Sage von fürchterlichen

Thieren, die durch die Luft stürmen und den Mond zu verschlingen trachten. Der Wind saust nur in Zwischenräumen durch die Ebene; es ist, als ob er noch irgendwo gefesselt sei und an seinen Ketten rüttele. Aber dumpf und so, daß er mich nicht schlafen läßt, ist der Schlag des Meeres gegen die Dünenwand; und unter dem Eindruck des nahenden Sturmes schreibe sich mir folgende Stelle aus dem Tagebuch Dircksen Meinertz Hahn's in das meine.

„1836, in meinem 32. Lebensjahr: ... Bis zu den Azorischen Inseln setzten wir ohne besondere Ereignisse unsere Reise fort, wo uns ein so schwerer Sturm überfiel, wie ich noch früher nie erlebt habe. So wie der Wind zunahm, ließ ich zuerst das Vorluck dicht machen. Dies erkannten die Passagiere schon für eine mißliche Behandlung. Gegen Abend wehete es schon so schwer, daß es nicht zu ändern war, das Hinterluck länger offen zu halten. Ich ging in den Raum nieder und stellte den Menschen vor, wie gefährlich es wäre, mit den offenen Luken unter diesen Umständen zu fahren und sagte, sie müßten zugeben, wenn ich auch das Hinterluck dicht machte. Dieß war aber weit gefehlt, aus allen Ecken überschrien sie meine Stimme — Luft — Luft wollen wir haben! Gut, erwiderte ich, Ihr sollt Euren Willen haben; erschreckt aber nicht, wenn Gott Euren Ungehorsam bestraft. Mir soll es recht sein, mein Leben hat mir nicht mehr Werth, als Euch das Eurige. Kaum war ich wieder auf Deck gekommen, brach eine furchtbare See jämmerlich über das ganze Schiff. Es war mir mit Hülfe des zweiten Steuermannes nicht möglich, das Luck so geschwind überzulegen, daß nicht eine ungeheure Masse Wasser in Raum zu den Menschen hinunterstürzte. Wir legten jedoch so schleunig wie möglich das Luck über. Nachdem ich mich wieder erholt hatte, ließ ich den zweiten Steuermann das Luck wieder so weit aufheben, daß ich zu dieser muthwilligen Gesellschaft hinunterkam, jedoch ohne daß sie meine Gegenwart bemerkten. Jetzt tönte Heulen und Wehklagen, Geschrei aus allen Ecken — wir sind verloren. Einige beteten, Andere weinten; Einige sangen, wieder Andere schrieen. Ich machte mich nach Vorne, wo die, so katholischer Religion waren, von den Lutheranern abgesondert ihr Lager hatten, zu untersuchen, wie viel Wasser eigentlich im Zwischendeck war und fand zu meiner größten Bestürzung die Betten im Lee alle treibend. Die Eigner saßen auf dem Verschlag ihrer Kojen und überließen ruhig ihr Bettzeug dem Spiel des Seewassers.

In diesem Augenblick, da die Menschen meine Gegenwart nicht (wegen Dunkelheit) bemerkten, ließ ich mir Zeit, meine Neugierde zu befriedigen, ein Gespräch zwischen zwei Katholiken anzuhören, dem ich später nachgedacht habe, und das ich hier ebenfalls mit anführen werde.

Erster (der in der oberen Koy saß). Wie soll es wol werden, Bruder?

Zweiter (aus der unteren Koy). Wie soll es

werden — so wie es beinah schon ist. Der Tod, der Tod ist da und nicht mehr auszuweichen.

Erster. O, wir haben ja doch noch Hoffnung zu unserem Leben, denn wenigstens schien der Capitain noch unverzagt zu sein, wie ich ihn zuletzt sahe.

Zweiter. Ja, der ist so, wie andere Lutheraner und Schiffer. Die Menschen werden erst bange, wenn sie den Tod fühlen. Von uns hängt dieses Unglück ab, als eine Strafe von Gott.

Erster. Wie meinst Du das?

Zweiter. Weil wir einem Lutheraner unser Leben anvertraut haben.

Erster. Dieserwegen trag' ich nun gar kein Bedenken, denn der Mann versteht wol sein Schiff zu kommandiren.

Zweiter. Das wol, aber der Mann kann in diesem unseligen lutheranischen Glauben nicht glücklich fahren, und wenn ich das früher gewußt hätte, würde ich mein Leben nicht auf ein Schiff gewagt haben, wo der Capitain nicht einmal katholischen Glauben hat. — Du sollst sehen, das Schiff geht diese Nacht zu Grunde und wir sind verloren, dabei bleib' ich. Du siehst ja, es ist bereits über halb voll Wasser. (Sie glaubten, weil das Wasser nicht vom Zwischendeck lief, das Schiff sei so weit voll.)

Ich entfernte mich, unbemerkt wieder auf Deck zu kommen. Neben der Treppe, an Backbord-Seite, lag ein bejahrter, aber bemittelter, ehrlicher und religiöser Bauer,

Namens Brick, lutherischer Religion. Ich liebte diesen alten Mann sehr, hatte ihm erlaubt, jeden Abend zu mir in die Kajüte zu kommen, wo er dann gern bis Mitternacht bei mir saß und mir die Langeweile durch seine Erzählungen vertrieb. Dieser hatte eine Familie bei sich von 11 Personen. Ich ließ mir wiederum einen Augenblick Zeit, unbemerkt vor des Alten Bett zu vernehmen, wie er sich bei diesem Umstand hatte. Es ließ sich aber Keiner verlauten, so daß ich mich schon entfernen wollte; fing endlich die jüngste Tochter an, die nur erst fünf Jahre alt war, und in der Mutter Arm zu liegen schien.

Liebe Mutter, warum sind wir doch nicht zu Hause geblieben, wenn wir hier alle sterben sollen. Du hast immer gesagt, in Amerika wäre es besser, zu Hause hat uns aber doch noch nicht so was gedroht?

Ja, mein gutes Kind, erwiderte die Mutter, das wußten wir auch nicht, daß uns Todesnoth begegnen würde auf unserem Wege dahin. Sonst wären wir auch da geblieben — und fing bitterlich an zu weinen.

Wenn wir denn nun sterben, fing das Kind wieder an, willst Du mich dann wol fest in Deinem Arm behalten, Mutter, daß wir nicht von einander kommen?

Hierauf brachen alle übrigen Kinder in Weinen aus, die bereits mehrstens erwachsen waren.

Wiewol mir keine Angst angekommen war, und ich als Seemann diesen Umstand von einer ganz anderen Seite erkannte, wie diese Elenden, und sie gerne getröstet hätte, mußte ich doch in dem Augenblick meiner Feigheit

mich schämen, indem ich durch die Sprache dieses Mädchens selbst meine Stimme nicht verlauten lassen mochte.
Hielt mich deshalb unbemerkt.

Endlich brach der Alte aus in einem gefaßten und
ernsthaften Tone: Kinder, wir könnt Ihr nun weinen,
und besonders Du Mutter — Du weißt, wir haben
unser Eigenthum in Deutschland verkauft, wo wir unser
gutes Auskommen hatten, blos deswegen, daß wir unsere
Kinder (weil ihrer so viele waren) nicht unversorgt nach
unserem Tode in der Welt zurücklassen wollten. Kämen
wir nun auch wirklich nach Amerika hin, so ist es noch
eine große Frage, ob wir uns da mehr erübrigen und
in dieser Hinsicht unseren Zweck erreichen? Wie kann
Gott wol unseren Wunsch besser befriedigen, als wenn er
uns nun alle auf Einmal zu sich nimmt? Dann sterben
wir überzeugt, daß Keiner von uns später Noth leidet,
Keiner braucht dem Andern nachzutrauern, und was noch
mehr, Grete, sagte er zu seiner Frau, noch sind unsere
Kinder rein und unverdorben, wie ich und Du, wir werden daher ganz gewiß in jenem Leben alle wieder zusammen kommen, daher betet nur Alle mit mir um ein
seliges Ende.

Ich stand während dieses Gespräches neben dem
alten Manne, der vor seiner Welte auf einer Kiste saß;
ließ mich bemerken, legte meine Hand auf seinen sammet-
nen Calletin, den er gewöhnlich auf seinem Haupte trug
und sagte: Verzaget nicht, alter, braver Mann, ich werde
Euch mit Gottes Hülfe wol nach Amerika bringen. —

O, erwiderte er freundlich, seid Ihr da, Capitain? Ich verlasse mich auf Sie und Gott.

Ich wollte mich jetzt die Treppe hinauf verfügen, bemerkte aber quer über Steuerbord-Seite ein neues Gespräch, das meine Aufmerksamkeit rege machte.

Es lagen nämlich da zwei Personen bei einander, Einer ein Löffelmacher, der Zweite ein Gerber. Diese hatten einen Krug Branntwein bei sich, gaben einander wechselseitig die Hände und tranken sich fleißig zu, jedesmal sagend: Nun Adje, Bruder, im Himmel sehen wir uns wieder.

Ich lernte aus Vorgehendem erkennen, auf wie viel verschiedenerlei Art die Menschen ihren Trost herleiten — verfügte mich wieder auf Deck, nahm die Lampe mit einigen Matrosen mit mir wieder hinunter, das Wasser im Zwischendeck auszuschöpfen. Wie die Menschen meine persönliche Gegenwart in dem Lampenschein gewahrten, schrien sie alle vereint, besonders die Katholiken: Ach, Capitain, retten Sie uns, retten Sie uns!

Ich tröstete und beruhigte sie wieder, stellte ihnen vor, wenn sie meiner Ordre nicht widerlebt hätten, würden sie dieser Angst überhoben gewesen sein und schilderte ihnen das als Strafe von Gott für ihren Ungehorsam. Von allen Ecken erwiderten sie: Wir wollen uns von nun Alles gefallen lassen, nur retten Sie unser Leben.

Nachdem wir das Wasser ausgeschöpft hatten, wünscht' ich ihnen eine gute Nacht, ging auf Deck und machte die Luke dicht.

Es war in der Nacht zwischen dem 28. und 29. September. Der Sturm nahm derart zu, daß es um 10 Uhr Abends schon orkanmäßig wehete; wir lagen bei der dem Achterstagsegel und stumpf vom Groß-Marssegel. Um eilf Uhr flog ersteres total weg; wir banden ein Vormarssegel statt dessen unter, das ebenfalls im Beisetzen wegflog. Zu 12 Uhr wehete es einen förmlichen Orkan. Der große Mast bog sich furchtbar, daß er ganz abzubrechen drohte, welches mich bewog, einen Versuch zu machen, das Marssegel zu bergen, das jedoch während des Aufgaiens ebenfalls wegflog. Die zerrissenen Stücke von diesem Segel, das noch neu war, klatschten eben so schwer bei jedem Schlag, den es nahm, als wenn ein Kanonenschuß fiele, wodurch die Menschen im Raum bemerkten, daß was Außerordentliches vorgehe. Fingen daher an, mit Brandholz unter die Luken zu schlagen.

Ich hob eine Luke oben auf und rief zu ihnen hinunter: Könnt Ihr es denn nicht mehr im Trocknen aushalten, wollt Ihr Euer Gelübde schon wieder brechen? Eine Stimme erwiderte: wenn Sie nur da sind, dann machen Sie nur wieder dicht.

Zuvor habe ich bemerkt, daß zwei Personen unter der Gesellschaft bei einem Kruge Branntwein Abschied tranken. Wie das Segel zu klatschen anfing, hatte einer von diesen den Uebrigen zugerufen: jetzt ist's vorbei, nun ist der Capitain mit allen Leuten schon über Bord und wir segeln hier allein — welches sie zu neuer Unruhe bewegen hatte. Wie sie nun erfuhren, daß ich noch da sei, beruhigten sie sich wieder.

Vermittelst meiner Hängematte, die wir in Besan-Wand ausspannten, lag das Schiff übrigens für Top und Takel ziemlich gut an dem Wind; zu fünf Uhr Morgens sprang der Wind auf Nordost und wurde etwas handsamer, zu sechs Uhr ließ ich wieder eine Lule aufmachen; ich erstaunte über den fürchterlichen Dampf, der bei dieser Oeffnung herauskam. Mit großem Spektakel kam nun Alles nach der Treppe hin, was sich noch bewegen konnte. Der Eine führte mehr Klagen beim Aufsteigen, als der Andere. Wie sie aber die fürchterlich hohe und brechende See gewahrten, hatte Keiner ein Wort weiter zu sagen.

Wie hierauf das Wetter besser wurde, war kein Einziger bange gewesen, vielweniger daß er den Tod gefürchtet hätte, außer dem vorbenannten Bauer Brick. Dieser gestand mir offenherzig, wie ihm zu Muthe gewesen war und was er von den Uebrigen gesehen und gehört hatte."

X.

Am 1. September.

Der Sturm ist losgebrochen. In wahren Fieberträumen habe ich die Nacht verbracht. Das Haus schien zu zittern, der Regen schlug unaufhörlich rasselnd gegen die Fenster und die See brauste, als wolle sie die Dünen noch in dieser Stunde durchbrechen. Ich stand früh auf. Das Haideland, mit seinen düstern, zerstreuten Hütten lag unter schwerem Regen vor mir. Alles sah grau und finster aus, und der Horizont war düster, trostlos und eng. Das erste menschliche Wesen, das ich sah, war der Strandvogt, der vorüberging. Er trug einen Friesrock, bis über die Ohren zu, einen Theerhut, hohe Stiefeln und einen mächtigen Stock. So ging er dahin, um an der Küste zu sehen, ob ein Unglück geschehen, ob ein Schiff in Gefahr. Ich hielt es nicht lange mehr im traurigen Stübchen aus; auch ich nahm Filz und Friesrock und folgte ihm. Ueber die Haide hin, den Dünen zu ging es, bis an die Knöchel im Wasser. Der Sturm sauste mir voll entgegen und hemmte zuweilen Athem und Schritt. Dann weiter bis an den nassen Sand; dann auf zu den Dünen, dann nieder und nun die See im rasenden Sturme vor mir. Die Luft war voll Salzschaum, der Strand bis dicht unter die Hügel voll vom Donner der Brandung. Die Möven, die sonst ruhig dem Meere zuschwebten, waren alle zurückgejagt; und im ängstlichen Fluge, mit Wehgeschrei umflatterten sie die Sandberge. Und Regen und Wogen und Aufruhr erfüllten den Westen, und Himmel und Wasser brauten in unheilvollem Durcheinander. Woge auf Woge — die eine wälzte sich heran, weit und langsam, nun, am Lande, hob sie sich und brach und stürzte mit schaurigem Gepolter, weißzischend, über die Fläche. Die andere, dicht dahinter, fing das rückkehrende Wasser auf, und jagte es mit erneuter Wuth gegen den zitternden Strand. Und eine neue Woge kam — hier, und dort und überall, so weit das Auge reichte, und die Seele bebte, von der Urgewalt der Zerstörungsmusik berauscht. Und ewig, aus ihrem Untergang neu geboren, kehrte Welle auf Welle wieder, und es war, als ob dies grausige Getümmel, meilenweit, aus den Fesseln des Abgrundes losgelassen, nicht eher wieder ruhen werde, als bis es Alles verzehrt und verschlungen, den Sand, die Dünen, uns selber.

Weiter ging ich. Der Schaum der Brandung spritzte gegen meine Kleider. Fern, in der stürmischen Dämmerung des Regens, des Sturmes und des nahen Meeres kämpfte der Strandvogt. Kein Schiff war zu sehen, kein

Segel. Ich dankte Gott, daß er den Kurs der an diesen
Küsten irrenden Fahrzeuge nicht hierher in den vernich-
tenden Strudel gelenkt. Die Badekarren waren hoch in
die Dünen hinaufgeschoben; Paulsen, der Bademeister, saß
in einer derselben, und Mommsen, sein Gehilfe, saß in
seinem Boote, das er gleichfalls vor dem Wasser hinauf-
geflüchtet. Sonst war Niemand auf der Einöde des
Strandes. Paulsen saß stille da und sein Auge ging aufs
Meer und seine Seele folgte dem Sturm und den Wellen.
Ich setzte mich zu ihm. Lange saßen wir stumm neben
einander; dann begann er zu reden, und ich lauschte —
beim Donner des Elementes — seinen Worten. Solch
ein Wetter sei es gewesen, sagte er, das ihm vor Jahren
und um diese Herbstzeit sein ganzes Glück und den sauern
Erwerb eines Lebens zerschmettert habe. Er könnte jetzt
ein reicher Mann sein, sagte er, und das schönste Haus
auf Sylt haben, oder auch in einem eigenen Schiffe zur
See fahren, anstatt hier auf den Badekarren zu sitzen
und den Leuten die Badetücher zu trocknen. Ach, ach —
er habe das schon lange verwunden; aber wenn er solch
ein Wetter sehe, dann komme es wieder über ihn und er
könne sich tagelang nicht vom Aufruhr des Meeres trennen.
Damals, nach zwanzigjähriger Abwesenheit von der Insel,
habe ihn zuletzt doch die Sehnsucht ergriffen und er habe
auf Einmal Hab und Gut und Eigenthum, welches er in
Sacramento-Stadt besessen, verkauft. Warum habe er
es auch gethan? Tausendmal stehe er jetzt hier, am
Rande des Meeres, und blicke hinüber gen Westen und

frage sich, warum er das gethan habe? Er könnte jetzt einen Palast in Sacramento-Stadt oder auch in San Franzisco haben. Er habe so viel Geld gehabt; er wisse gar nicht, wie viel und wolle es auch gar nicht wissen, drei, vier Säcke voll. Mommsen, sein Gehilfe, habe auch einen Beutel voll gehabt. „Ist es wahr oder nicht, Mommsen?" fragte Paulsen. Mommsen richtete sich in seinem Boot auf, und mit einer täppischen Miene, zwischen Lachen und Weinen, sagte er: Ja, es sei wahr. „Wir bestiegen in Monterey einen Dampfer und fuhren mit fünfhundert Passagieren und einer starken Ladung Gold Mitte August ab. Die Fahrt bis an die irische Küste ging gut, und wir sahen schon die „zwölf Nadeln" über Galway. Da aber ging unser Unglück an. Gottes Fluch auf die irische Küste! Der Wind sprang nach Südost um, dann kam der Sturm und dann, noch ehe die Nacht da war, der Orkan. Wir konnten den Kurs nicht mehr halten, und statt gegen die Südküste, liefen wir gegen die Nordwestküste von Irland. Wir ließen Raketen steigen, um einen Lootsen zu bekommen. Aber die Raketen verpufften im Sturm und kein Lootse kam. Das Schiff lief mit Gewalt gegen die Küste und uns Allen ward ängstlich zu Muth; der Capitain ließ zwei Anker fallen, um es zum Stehen zu zwingen. Aber die Ankerketten rissen wie Garn, und die Maschine arbeitete aus allen Kräften gegen den Sturm, aber umsonst. Ich dachte, aus so vielen Stürmen bist Du nun so glücklich herangekommen, da Du noch Nichts zu verlieren hattest, als höchstens

das Leben, und hier sollst Du verderben, mit Deinen
Säcken voll Geld, die Du Dir mühsam erworben? Da
setzte ich mich in meine Koy und meine Säcke um mich
her und sagte: mit diesen oder gar nicht! Hab' ich das
gesagt, Mommsen?" Ja, sagte Mommsen, das hat er
gesagt; und er habe dasselbe gesagt, und seinen Beutel
gleichfalls vor sich ans Knie genommen. „So saßen wir
zusammen in unsrer Koy und das Heulen des Sturmes
war schrecklich, und die Maschine keuchte, wie wenn ihr
der Athem wollte ausgehen, und das Schiff zitterte in
allen Rippen. Mit diesen oder gar nicht, Mommsen!
sagte ich, und wir waren fest zum Aeußersten entschlossen.
Aber Du lieber, grundgütiger Gott, was wird aus dem
Menschen, wenn's nun wirklich an's Leben geht? Als
ich gegen Mitternacht dicht neben unserer Koy einen Capitain, der kurz vorher erst selbst sein Schiff verloren
hatte, sagen hörte: „Macht schnell, wir sind alle verloren!" da merkte ich, daß die Gefahr groß sein mußte;
aber ich suchte meinem Gehilfen Mommsen die Furcht
auszureden und befahl ihm, bei den Säcken zu bleiben,
ich wollte einmal oben nachsehen. Was sah ich da?
Die Masten waren schon über Bord gegangen, und das
Land — so viel man erkennen konnte — mit einem Tau
zu erreichen. Ein Mann mit seiner Frau und seinen
beiden Kindern im Arm, schrie: „wir wollen zusammen
sterben!" Ein Matrose mit einem Ankertau stürzte sich
ins Meer, um ans Land zu schwimmen; aber weg war
er, ehe sich noch eine Hand um ihn bekümmern konnte.

Und krach, krach ging es — das waren die ersten Stöße, und wir fühlten nun wol, daß wir uns in Felsengrund befanden. Alles dräugte sich in der großen Cajüte zusammen, todtenbleich und frostzitternd, weinend und schreiend; und ein Geistlicher fing an zu beten und beim Jammern der Frauen und Kinder beteten Einige mit ihm. Die Stöße aber wurden gegen Morgen immer furchtbarer, und gegen drei Uhr Morgens war's zu Ende. Der Orkan warf das Schiff auf die Felsen der Küste. Da lag es in vier Faden Wasser, wenn's viel war, auf Leeseite und jede Welle gab uns einen neuen Stoß, so daß unser letzter Muth verschwand. Länger hatte es Mommsen auch nicht im Raume ausgehalten, und in der grauen Sturmdämmerung stand er auf einmal mit seinem Beutel vor mir. Wo hast Du meine Säcke, Unglückskind? fragte ich. Er sagte, sie stünden noch im Raume. Darauf lief ich mit ihm hinunter, um sie heraufzuschleppen. Ich hatte eben wieder das Verdeck erreicht und hielt mich knapp im Gleichgewicht, als plötzlich eine brausend daherkommende Welle die Breitseite faßte. Mit diesen oder gar nicht! rief ich Mommsen zu — da kam ein heftiger Schlag, der das Schiff an den Felsen drückte, es drehte sich noch einmal halb um sich selbst, dann kam ein dumpfes Getöse, zu meinen Füßen theilte sich der Boden und das Erste was ich sinken sah, waren meine Säcke mit Gold. In dem Wahnsinn meines Schmerzes sprang ich ihnen nach — ich sah und hörte Nichts von dem Untergang der Anderen, wie im Augenblick alle Räume unter Wasser

waren, und Alles, was nicht sank, von den zusammen-
brechenden Trümmern des Vortheils erschlagen ward.
Mein Wahnsinn rettete mein Leben. Oft schon habe ich
gewünscht, es wäre da geblieben, wo die Anderen liegen.
Ich schwamm nicht, denn ich hätte auch gegen die Wellen
nicht schwimmen können; ich hielt mich nur eben, halb
bewußtlos, über Wasser, und mehrere Male an den Strand
und mehrere Male zurückgeworfen, blieb ich zuletzt halb
todt auf dem Sande liegen. Wären hier Klippen gewesen, so hätte dieser letzte Stoß meinem Leben ein Ende
gemacht. Als ich aus meinem Taumel erwachte, war es
breiter Tag geworden; auf dem Wasser trieben die letzten
Planken des Schiffes, und über die Felsen kam das irische
Gesindel aus dem nächsten Küstendorfe, um Strandgut
zu bergen. Dafür hatte aber der Sturm gesorgt, daß
sie Nichts fanden, als mich und noch etwa vierzig, die
von der ganzen Schiffsmannschaft übrig geblieben, und
die Bettler waren, wie ich. Zuletzt fand sich auch Mommsen
ein, der über seinen Beutel mit Geld heulte, und sich
nicht einmal beruhigen wollte, als ich ihm sagte, ich hätte
meine vier Säcke auch verloren. — So kamen wir denn,
nach vierzehn Tagen, ärmer als wir gegangen, auf dieser
Insel an, und sitzen allhier auf dem Sande von Westerland und denken an unser Geld, welches an der irischen
Küste versunken und begraben liegt."

Paulsen schwieg und Mommsen, sein Gehülfe, desgleichen; und noch lange, nachdem ich schon gegangen,
blieben sie sitzen, wie ich sie gefunden, Mommsen in seinem

Boote, und Paulsen in seiner Karre, das Auge aufs Meer gerichtet und die Seele folgend dem Sturm und den Wellen.

Nach dem Frühstück, als der Tag vorgeschritten war und der Himmel sich ein wenig geklärt hatte, begab ich mich in die Wohnung des Strandvogtes. Er war nicht lange von seiner Wanderung zurückgekommen. Sein Gesicht war noch ganz geröthet vom scharfen Strich des Windes und des Salzwassers, seine Kleider hingen zum Trocknen am Feuer, und er saß vor einem Journal, um Aufzeichnungen über Richtung und Stärke des Windes zu machen, und ging darauf an's Fenster, um nach einem Instrument zu sehen „für einen gewissen Professor in Berlin, Namens Dove", wie er sagte. Hierauf führte er mich durch sein geräumiges Haus, zeigte mir Stuben und Verschläge, Viehstall, Heuschober — Alles unter einem Dach und dicht gegen das Wetter gemacht. Zuletzt kamen wir in die Scheune, in welcher das Strandgut bis zur Reklamation, oder wo diese nicht erfolgt, bis zur Versteigerung geborgen wird. Da lagen Haufen von Stangen und Gebälk aller Art, zersplittert und vom Salzwasser, in welchem es lange getrieben, ganz schwarz und zerfressen. Da lagen Schiffseimer und Porterkrüge und kleine Fässer und sonstiges Geräthe. Da lag ein Namensbrett von einem Schooner, mit Namen: Magnet, der mit Mann und Maus an der Küste von Norwegen gesunken ist, und die Kajütenthür einer Brigg, von der man weder Namen noch Schicksal bis jetzt erfahren hat. Sie trieb im Frühjahr an und liegt nun in des Strandvogts Scheuer. Sie ist noch gut erhalten, die Farben sind noch erkennbar und folgender Spruch in englischer Sprache steht mit klaren Lettern darauf geschrieben:

> Winds may raise and seas may roar,
> We on his love our spirits stay,
> Him with quiet joy adore,
> Whom winds and seas obey.

Das heißt zu deutsch:

> Mag auch stürmen Wind und Meer,
> Still in Seiner Lieb' wir sind —
> Freudig geben wir Ihm die Ehr,
> Dem Meer gehorcht und Wind!

Als ich dem Strandvogt diesen Vers übersetzt hatte, da nickte er traurig mit dem Kopfe und sagte: Amen!

———

XII.

Am 8. September.

Zum letzten Male sitze ich im Morgensonnenschein auf dem Rasen und sehe mir das Häuschen mit seiner grünen Bogenthür, seinen vier Fensterchen, seinem Strohdach an, unter welchem ich so viel Tage der Einsamkeit, des Friedens, und der Rückkehr zu mir selber gefeiert habe. Dort an den Dünen weiden ein paar Schafe, dort über die Haide — das weiße Kopftuch fest umschlungen, eine hohe starke Figur, eine wahre Lady Macbeth=Gestalt, geht Jungfrau Brigitte Marle. Dankbar und gerührt nahm ich Abschied von dem Einen und dem Anderen; von dem Meer, von den Hügeln, von der Haide, von den Menschen, welche ihre stillen und ernsten Bewohner sind. Ich habe viel von ihnen gelernt; aus ihrem Leben, das ohne Leidenschaft und Verbrechen, aber voll großer Sorgen und immerwährender Gefahr, aus ihrer Geschichte, die ohne Bedeutung ist für die heutige Welt, aber ihr ein Muster sein könnte in der Standhaftigkeit ihrer Kämpfe, nehme ich einen Schatz der Erinnerung mit mir.

Gestern zum Abschied hat Wulff Manne Teller in der Dünenhalle einen Ball der Westerländer veranstaltet, der all' meine Freunde und Freundinnen noch einmal um mich versammelte. Grete Hahn erschien dabei im alten Nationalkostüm der Sylterinnen, welches seit Anfang dieses Jahrhunderts abgekommen, aber noch in einzelnen Exemplaren von mehreren Familien zum Andenken aufbewahrt wird. Es ist das Kostüm, von welchem uns Jahr 1650 der Bürgermeister von Husum schrieb: „Die Einwohner dieser Insul haben auch noch ihren besonderen Habit oder Tracht an Kleidung, insonderheit tragen die Weiber kurze Röcke, so nicht viel über die Knie herunter reichen, wie vormahls die Spartanischen Weiber auch sollen getragen, denen sie an Muth und Herze sich auch vergleichen." — Meine kleine braunäugige Spartanerin sah reizend in diesem kurzen weißen Rocke aus. Sie trug dazu hohe, rothe Strümpfe, ein weißes Tuch, das ihren Kopf vestalisch verhüllte, und den berühmten Smak — das altfriesische Hemd mit unzähligen Falten, „wozu einige dreißig Ellen Leinen gingen," und das, wie Clement behauptet, von den Streifzügen der Friesen und Dänen her sich in Irland lange erhalten hat. Gewiß ist, daß das Hemd in England — freilich um ein Beträchtliches gegen sein friesisches Original verkleinert — noch „smock" heißt; sowie auch, daß es mit den „dreißig Ellen Leinen" dieses Smak's auch Nichts war. Denn da man kein passendes Exemplar aufzutreiben wußte, nahm man eins von — meinen Hemden; und es stand dem Mädchen vortrefflich und gewann über ihrer Brust einen Reiz, den ich bisher nicht an ihm gekannt hatte. — Grete's Partner in Alt-Sylter Tracht war Kruse, der Tanzdeputirte im Bratenrock. Früher war dieser Mann Schiffskoch, und jetzt ist er Vergnügungscommissair von Westerland. Sein eigentliches Geschäft zwar ist das Fuhrwesen; allein damit will es nicht recht vorwärts, sintemal sein eines Pferd todt ist und sein anderes am Rande des Grabes geht. Das Musikchor, welches sich eine Weile in Mißtönen der schreiendsten Natur erging, bestand aus vier Personen. Muck, der Schiffszimmermann, spielte die erste Violine, und Boysen, der Handelsmann, die zweite; die Clarinette blies Nickels, der Tausendkünstler, der sonst auch Daguerreotypen verfertigt, und den Baß strich der lahme Jens, der an Krücken geht. Aber nicht lange, so kam eine andere Musik auf's Tapet. Es schnarrte, dröhnte, gellte und pfiff, daß ich glaubte, es sei wol ein halb Dutzend neuer Musikanten angekommen. Dem war aber nicht so; es hatte sich ein Junge vom Land herübergemacht mit einem wunderseltsamen Instrumente, das er zur Lust und Freude der Tanzenden, die noch einmal so rasch durch den Saal flogen, im reichlichen Schweiße seines Angesichtes bearbeitete. Der Körper dieses Instrumentes war eine Handharmonika, die er aber mit den Knieen spielte, und während seine Rechte über das Tastenwerk hin- und herfingerte, schlug er mit der Linken ein an's Bein ge-

schnalltes Becken und stieß mit dem Mund in eine am
Instrument befestigte Trompete, außer bei den zarteren
Stellen, zu welchen er pfiff, so daß dieser Mensch mit
jedem Glied, das er rühren konnte, Musik machte, und
zwar so lange, bis er von allem Arbeiten, Pfeifen, Blasen
und Beckenschlagen schweißgebadet und halb lahm war.
Dann bekam er eine Tasse Kaffee und ein Stück Kuchen,
und auch die Uebrigen setzten sich zu diesem Lieblingsmahl
der Sylter nieder, bis der neu gekräftigte Orpheus zu
neuen Freuden rief.

Doch sieh, was ist das? Dort über das Grün kommt
Grete, und vor sich breit im Sonnenschein trägt sie den
„Smak", der nach diesem nächtlichen Streifzug in die
Mythe des Frauenreichs, als gewöhnliches Hemd in das
Alltagsleben zurückkehren muß!

Am Abend desselben Tages.
(An Bord der „Ida".)

Wie bunt, bei Sonnenuntergang, war das Ufer von
Rösse, woselbst wir uns einschifften! Es sah wie ein
Lagerbild aus oder wie eine Auswandererscene. Da
brannten kleine Feuer, über denen Wasserkessel hingen,
und ihr bläulicher Rauch wirbelte in die Scheibegluth des
Westens empor. Da standen Karren und Pferde und
friesische Jungen dazwischen mit langen, falben Haaren
— solche, wie mich am Tage der Ankunft empfangen
hatten. Da waren Gesellschaften von Herren und Damen,
welche an die Küste nach Schleswig oder nach Hamburg

zurückfahren wollten — da waren Frauen und Mädchen und Knaben, welche mit Kieseln nach den Seevögeln warfen, daß sie erschreckt auffuhren und sich im Glanze des Abends verloren. Da war halb Westerland versammelt, um Abschied zu nehmen, und da war ein Händeschütteln und ein Bitten, Sylt nicht zu vergessen, und ein Versprechen, im anderen Jahr wiederzukommen — und endlich, als die „Ida", von Föhr herandampfend, Anker warf, ein Stürzen nach den Böten und ein Schieben der Männer, die nackt bis über's Knie im schwarzen Schlick standen. Und dann kam noch einmal Wulff Manne Detler an Bord, um jedem Einzelnen die Hand zu drücken, und wie er nun die Schiffsleiter hinabstieg in das letzte Boot, welches zurückging, und dann langsam in der Dämmerung des Abends und dem Nebel des Meeres verschwand, war er das Letzte, was wir von Sylt sahen.

Die Insel Thanet.

(1858.)

Insula rotunda
Tanatus, quam circuit unda,
Fertilis et munda
Nulli est in orbe secunda.
                Mönchslatein.

Da, wo die Nordküste von Kent sich keilförmig in's
Nordmeer streckt, lag in alten Tagen eine alte Insel,
stolz — wie sie auf ihren Kalkfelsen sich erhob — von
den ewig grünen, ewig kalten Wogen umgürtet; ... die
Wonne und die Lust unserer sächsischen Vorfahren. Einer
ihrer Mönche schrieb zum Preise dieses glückseligen Eilandes, der „Insula Tanatus" folgende Verse:

>Die Insel Thanet ist rund —
>Hat Wasser auf jeder Seite;
>So schön und so gesund
>Ist auf der Welt keine zweite.

Der gute Mönch schrieb sein lateinisches Distichon
auf eine Mauer der Klosterkirche von Monkton. Denkt
Euch nur diese Poetenseele — wie sie im härenen Mantel,
mit nackten Füßen auf den kalten Steinplatten steht —
wie sie durch das bunte Kirchenfenster hinausblickt auf
die blühende Flur und den Wald und das bläuliche Meer,
das im Sonnenschein flimmerte ... ach, sie möchte wol
da hinausflattern und sich auch einmal in dieser üppigen

Fülle wiegen, aber sie darf nicht, und mit einem weh=
müthigen Lächeln malt sie ihren Seufzer auf den weißen
Kalk der Kirchenwand. Ich kann an den armen Pater
nicht denken, ohne ihn zu bedauern. Das war ein Ma=
nuscript aus Stein, das er uns hinterließ. Die Ge=
schlechter eines ganzen Jahrtausend lasen es und lobten
den Mönch von Monkton, der es geschrieben. Da kam
im vorigen Jahrhundert ein Anstreicher über die Kirche —
und man weiß es ja lange schon, daß die Anstreicher und
Buchbinder immer die größten Widersacher solch alter
Scripturen waren. Sie übertünchen Euch eine pompeja=
nische Aphrobite und machen aus dem Wessobrunner Gebet
Pappendeckel für die bischöfliche Bibliothek in Fulda. Auch
die Inschrift des Mönches von Monkton ist verschwun=
den. Die Frau mit dem Schlüsselbunde, die Euch auf
den Thurm von Monkton=Church führt, zeigt Euch noch
die Stelle, wo sie einst gestanden; und Knight ist so gut
gewesen, ihr in seinem „Tourist's Companion" eine
Stelle zu gewähren, die ihr für die nächsten zehn oder
zwanzig Jahre Unsterblichkeit und alsdann einen sanften
Tod in den Antiquarläden von Fleetstreet und High=
Holborn garantirt.

Früher aber, viel früher schon, als der Vers, der
sie besang, ist die Insel selbst verschwunden! Noch zur
Zeit Beda's, den die Ehrfurcht und Dankbarkeit der Nach=
welt den „Ehrwürdigen" genannt hat, des angelsächsischen
Kirchengeschichtschreibers, der im Jahre 735 — ein an=

gelsächsisches Lied auf der Lippe — starb: rauschte der Meeresarm breit zwischen der Insel Thanet und dem Festland von Kent. „Da ist," sagt der ehrwürdige Mann, der in seinen Ferien die Klosterluft von Wearmouth mit der frischeren und freieren der Wanderschaft vertauscht zu haben scheint, „da ist auf der Ostseite von Kent die Insel Thanet, eine ziemlich bevölkerte Insel, welche der Wantsum (so hieß jener Meeresarm) von dem Continent trennt, eine Strömung ungefähr ¾ Meilen breit und an zwei Stellen fahrbar; und sie geht in die See an ihren beiden Enden." Es scheint auch, als ob die Mönche sich wenigstens an einer von diesen beiden Stellen, nämlich dem altsächsischen Orte Sarre, der Fuhrgerechtsame und ihrer Einkünfte bemächtigt hätten. Es giebt eine ziemlich roh gemachte, alterthümliche Karte des Eilandes, welche ehedem dem Augustinerkloster in Canterbury gehörte, und auf dem Rande dieser Karte befindet sich ein wunderliches Bildchen. Es stellt ein ziemlich großes Boot mit einem Manne dar, welcher im Hintertheil desselben sitzt, und einen Laienbruder, auf dem rechten Arme ein Kreuz und in der rechten Hand einen Stab, welcher auf seinem Rücken einen Mönch zu dem Boote trägt. Der Name des Platzes ist auf der Karte „Sarre" bezeichnet. —

Aber Zeiten gingen und andere kamen und sie brachten Flugsand und Erdstürze mit — und was ursprünglich ein Arm des Meeres war, ward ein Strom, der aber schon unter der Regierung Heinrichs VIII. aufhörte, schiffbar zu sein; und aus dem Strome ward in unseren Tagen ein Flüßchen, das in den Dünensand von Sandwich verrinnt, und ein anderes, das bei Herne-Bay in's Meer fällt. Das Bett des Seekanals ist eine fruchtbare Niederung geworden, aus dessen Korn- und Hopfenfeldern der Pflüger oft im Frühling halbvermoderte Ruder und Ruderstücke zu Tage wirft, unter dessen fetten Rasenflächen der Hirtenjunge zuweilen noch rostige Ketten und morsch gewordene Kabel der alten Seefahrer findet. Die Insel Thanet ist keine Insel mehr, aber der Engländer nennt sie noch so zum Andenken an die fernen Tage, wo die römischen Eroberer unter Julius Cäsar hier landeten, wo die Männer aus Sachsen, deren Nachkommen wir noch heute an den schönen Haaren und dem blauen Auge erkennen, hier in Cantwara-Land saßen und die Normannen hier ihre Häfen und ihre Ueberfahrtsplätze, den heimischen Küsten gegenüber, hatten. Wunderbar genug, wie viel Nationen, wie viel Wechselfälle des Schicksals diese kleine Insel gesehen! Als die Dänen kamen, welche so tiefe Spuren in der Sprache und in dem öffentlichen Leben des englischen Volkes zurückgelassen, da (um das Jahr 864) schlugen sie ihre ersten Winterquartiere gleichfalls in Thanet auf. Derselbe Fleck, auf welchem sich die Jüten zuerst gegen die Britten festsetzten, war ausersehen, der Lagerplatz derer zu werden, die sie unterjochen sollten, wie sie früher jene unterjocht hatten. — Die Insel Thanet ist heute, nachdem der sächsische Kriegsruf verhallt und das „Haro! Haro!" der

Normannen verklungen ist, nachdem die Mönche gestorben und die Klöster zerfallen sind, ein stilles, beschauliches Plätzchen geworden. Nur die Krämer, die Käsehändler und Shopkeepers von London senden im Monat Juli ihre Frauen und ihre Kinder hierher und holen sie im Monat September wieder zurück.

Dorthin beschloß ich einst, während meines Aufenthaltes in London, zu pilgern. Ein Freund gab mir das Geleite. Es war an einem Samstag im Juli. Der Tag war trüb und feucht; die Menschen auf der Straße und die Omnibuspferde liefen verdrießlich durcheinander und bespritzten sich mit Koth. Ach, es war ein Tag zum Verzweifeln! Der Himmel lag platt auf den Dächern und an jeder Straßenecke stand der Nebel und die Polizei. Unser Weg führte uns in keine sonnigeren Regionen. Wir geriethen an die Themseniederungen, unter die Bögen von Londonbridge, und nachdem wir uns durch verschiedene dunkle Höfe und Gänge durchgefragt hatten, mußten wir wieder Fenchurchstreet hinaufrennen. Ich wollte um Alles in der Welt nicht, daß eine meiner schönen Leserinnen uns hätte so rennen sehen. Es sah gar nicht vortheilhaft aus — „in der Linken die Bagage, in der Rechten einen Schirm"... und nun immer bergan, eine Straße, die immer voll Frachtwagen ist, und immer schmutzig und eng und schlüpfrig. Aber wir erreichten unser Ziel, die Station, und auf dem Hofe derselben dampfte die Locomotive. Das war just der Zug, den wir brauchten — der „husband train," der am Sonnabend Nachmittag die gefühlvollen Käsehändler in die Arme der schöneren Hälfte ihres Daseins führt — und sie am Montag Morgen aus ihrem Liebestraum erweckt und zurück nach Poultry und Cheapside escamotirt. Der ganze Zug wimmelte von Ehemännern und kleinen Bündeln, in denen sie ihr Nachthemd und ihre Pantoffeln hatten. Wir waren, wie der Dichter sagt, unter Larven die einzig fühlende Brust und unterhielten uns mit unserm Wagennachbar über die Freuden des Ehestandes.

„Well," sagte dieser, „man empfindet diese Freuden hauptsächlich dann, wenn die Frauen vom Hause fern sind."

Der gute Mann wollte, auf Ehre! das grade Gegentheil von Dem sagen, was er wirklich gesagt hatte. Aber er dachte nicht daran, daß sich Jemand im Wagen befände, der ihm seine Meinungen so aus der harmlosen Seele wand, um sie bei Gelegenheit unter die Leute zu bringen. Er hatte, müde von der Wochenarbeit, das Comtoir geschlossen — er war für die 36 folgenden Stunden ein freier Mann und ein glücklicher Mann ... verzeiht einem fahrenden „husband" seine Dummheit, ihr lieben Frauen!

Sausend fuhr der Zug durch den kühlen, wolkenschweren Juli-Nachmittag. Zu beiden Seiten ragten über den schwarzen Dächern die krummen, seltsam verbogenen Schornsteine. Wenn man die Londoner Straßen im Nebel und aus einiger Ferne betrachtet, so sehen die Dächer wie Bergrücken aus und die Schornsteine darauf wie verkrüppeltes Unterholz. Unter uns flogen die letzten

Straßen von London dahin, immer entlegener, immer
ärmlicher; Höfe, in die wir von oben sahen, und schmutzige
Kinder, die darin spielten. Dann tauchten rechts die
Docks herauf und das Masten- und Stangengewirr der
Schiffe, die auf der Themse ruhten oder fuhren. Und
links die Landschaft. O wie wehte ihr Athem so wohlig
an dies Herz heran! Endlich einmal wieder der Frieden
der stillen, unberührten Natur — endlich wieder Bäume
Felder mit der reifenden Ernte, Wiesen mit ruhig weidenden Heerden. Warum mußte ich immer an Göthe
denken? Warum konnt' ich nicht aufhören, mir still zu
wiederholen: „O wie fühl' ich in Rom mich so wohl!" —
Es war ja nur ein kleiner Wechsel der Landschaft, des
Himmels, der Luft — aber mit dürstender Seele sog ich
Alles in mich! — Und dann kam der breite Wasserspie-
gel, und es war, als ob er sich nahe. In gleicher Höhe
mit uns glättete sich die Fläche — ich hätte die Schiffe,
die sie gelassen dahintrug, auf meine Hand nehmen mögen.
Und endlich kam die scharfe, salzige Meerluft selber, der
Zug hielt an und wir bestiegen in Thameshaven den
Schraubendampfer „Ruby," der nun rasch dem Meere
zuschoß. Thalatta! Thalatta! Sei mir gegrüßt, du
ewiges Meer —

> Wie einst dich begrüßten
> Zehntausend Griechenherzen,
> Unglücksbekämpfende, heimathverlangende,
> Weltberühmte Griechenherzen. (Heine.)

Bald schaukelten uns die Wellen, dabei tiefgehendes
Gewölk und Möven mit breiten Flügeln — das Wasser

röthlichgrün, mit spritzenden Schaumstreifen. Die halbe Gesellschaft war krank, ehe wir über den Punkt hinaus waren,

> Ove nel salsi flutti
> Il bel Tamigi amareggiando intoppa,

„wo," wie Ariost singt, „in die salzigen Gewässer die schöne Themse fällt, mit verbitterndem Strom." Wir hatten, was der englische Seemann „a rough sea" nennt; und da wir zur Rechten immer das Land in Sicht behalten mußten, so fuhren wir auf dem wildbewegten Küstenmeer. Die Wellen schlugen alle zehn Minuten über Deck und netzten uns bis auf die Haut. Da hättet Ihr unsere lieben Ehemänner sehen sollen! Ich habe in meinem ganzen Leben noch nicht so viele seekranke Ehemänner gesehen. Welche Opfer brachten sie ihrer Liebe! Aber da half nun Alles nichts — der Wind bekümmerte sich nicht darum und der Schiffsarzt nahm mit kundiger Hand eine Sonderung vor: die kranken Schafe wurden zur größeren Sicherheit für sie und Andere auf die windstille Seite gebracht, die wetterfesten Böcke blieben auf der anderen. Und so ging's lustig unter dem Kreuzbanner des heiligen Georg von England weiter. O, wie die Wolken so golvig, so verlockend über dieser schweren See standen! Ein mattes Abendroth öffnete den Himmel — und man sah hinein wie in eine Götterdämmerung. Und das Auge ruhte schwermüthig auf der schönen Täuschung, und die Seele jammerte und verlangte hinein, und das Schiff flog vorbei. Wir gingen immer dichter

Die Insel Thanet.

an die Küste heran. Die Fahrstraße wird hier sehr schwierig. Es kommen flache Stellen und dann Sandbänke und schwarze Klippengürtel, die Anfänge der gefährlichen Godwin-Sands, um die das Wasser strudelt und zuckt und mit weißem Gischt hoch aufspritzt. Die weißen Kalkfelsen stehen wie Festungsmauern, glatt und senkrecht, unersteiglich hoch, unten von dem wilden Meere umspült, — und oben leuchtet die grüne Rasenfläche, hier mit einem zerfallenen Thurm, mit den Trümmern der Arx Ruochim,*) eines alten Römercastells, mit einem Leuchthaus. Dabei muß sich das Schiff hier um eine ankerfeste Tonne und dort um eine in den Wellen hüpfende Bake winden —

    Dies England lag noch nicht, und wird auch nie
    Zu eines Feindes stolzen Füßen liegen,
    Wenn es zuerst nicht half, sich selbst verwunden.
                    (König Johann V.)

Wie eine Festung steht es da. Die Felsen seine Mauern, die grünen Dünenhügel seine Wälle und Bastionen, und das ewige Meer selbst sein brückenloser Graben.

Nachdem wir um die letzte Bank gesteuert waren, ging der Curs direct auf's Land. Die Hafenstädte der Insel Thanet erschienen. Broadstairs auf seinen weißen Klippen; Margate, amphitheatralisch um seine Bucht

---
*) „Thanet" war der sächsische Name der Insel; bei den Briten hieß sie „Ruoichin" (Ruith-in, Stromeseiland, weil ein Strom in der Thatei, der Wantsum, es erst dazu machte). Die Römer kannten natürlich nur den celtischen Namen.

gruppirt, in der Mitte der viereckige Kirchthurm, wie der Thurm eines alten Ritterschlosses. Wir konnten bei Margate nicht anlegen. Das Meer war zu bewegt und die Dämmerung machte jeden unsicheren Weg noch unsicherer. Wir gingen wieder ins Meer hinaus und erst nach einer halben Stunde waren wir in Ramsgate, das sich mit seinen Hafenbauten und seinen Häuserterrassen herrlich präsentirte und unser Schiff und uns in seinem breiten Bassin freundlich aufnahm. An das Eisenstaket der Hafenbrücke gelehnt, standen die Penelopen und Andromachen der seekranken Ehemänner; wie auf den Zinnen eines Seeschlosses standen sie da, ihre Kleider flatterten im Sturme, ihre Taschentücher wehten den Aussteigenden Grüße entgegen... Aber Seekrankheit und Romantik, was sind das für heterogene Dinge! Sie schwankten noch sehr und sahen blaß und demüthig auf das Glück am Ufer; aber man darf sich wol dem schönen Gedanken hingeben, daß die Liebe der Ihrigen und der aufwirbelnde Dampf des Theekessels sie bald zu einem besseren Leben erweckt habe.

Wir indessen suchten Herberge und fanden sie in einem Hotel, das sich mit stolzer Front dem Hafendamm, dem Bassin, dem Weltmeere zukehrt: die Frische des Meeres, die Sturmluft wehte kräftig von unten herauf durch unser Zimmer. Es dämmerte; das Toben der See klang gedämpft an unser Ohr. Als es dunkel geworden war, wandelten wir durch die Straßen der vom Sonnabendmarkt belebten, munter erleuchteten Hafenstadt.

In der Lage und ganzen Erscheinung erinnerte mich Ramsgate auffallend an Helgoland. Am Meere und auf dem Strande ist so eine Art von „Unterland," und an den Steinfelsen, die hier weiß, steil und schroff aus dem Meere steigen, zuckt wie der „steinerne Blitz von Helgoland" an zwei Stellen eine ähnlich kühne Treppe, die „Jakobsleiter" (Jacobs ladder) in's Oberland empor. — Die Hauptstraße von Ramsgate ist die High-Street, die Hochstraße, die vom Meere in die Stadt und weiter in's Land hinaufführt. Sie ist die Straße der Passage, des Handels und Verkehrs, und sie findet sich in der gleichen Bauart und mit demselben Namen in fast allen englischen und walisischen See- und Küstenstädten. Ich erinnere mich noch sehr wohl der hübschen Waliserin, mit der ich von Corwen nach Llangollen in der Stage-Coach fuhr. Sie war kurz vorher bei Verwandten in London gewesen und konnte nun nicht müde werden, von den Herrlichkeiten dieser Stadt zu erzählen. „Und eine Hochstraße haben sie da — ich sage Euch eine Hochstraße, die ist wohl vier Meilen oder fünf lang und eine viertel breit." Sie meinte Oxford-Street; essenbar waren ihr die Begriffe von Hauptstraße und Hochstraße identisch und sie sind es in der That allen Bewohnern der englischen Küste. Die Hochstraße von Ramsgate erschien sehr freundlich; alle Läden waren hell, das Geschäft blieb lebhaft, bis in den späten Abend, in den Markthallen flackerten die Gaslichter und in ihrem Scheine bespiegelten sich die frischen Früchte und die allerliebst gruppirten Blumensträuße, und es waren frische und allerliebste Märchen, die sie zum Verkauf feilboten. Und dazu Musik und der ganze Trubel und Jubel eines Badeortes; vom Meere her aufewig der starke, belebende Hauch und das Säuseln der Bäume vor den dunklen Kirchenpforten. Wir fühlten uns wie die Kinder; wir lachten, wie alle Anderen, und scherzten wie sie, und blieben vor den leuchtenden Fenstern stehen und kauften uns Früchte und Blumen. Und dann verließen wir die Straßen und stiegen zu den Klippen empor und zu dem einsamen Meere, welches dicht unter uns und vor uns dumpfrollend über scharfes, schwarzes Urgestein heraufschäumte. Hinter uns funkelten die Lichter der Stadt, und das Hafenbassin strahlte sie aus seiner Fläche wider sammt den dunklen Masten und Seilen und Stangen der ruhenden Schiffe. Und dann die Leuchtthürme im Hafenthor und auf den fernen Felsen, ach, diese bunten Hoffnungslichter, an denen jetzt vielleicht das Auge manches sturmgeschaukelten Seefahrers hing!

Aber friedvoll uns zur Seite, am Berg hinauf, standen die steinernen Häuser und die Villas — die Fenster halb verhängt — und es waren süße Claviermelodien und Guitarrenklänge und Gesang, die in die Nachtluft hinausschaukelten. So lagen wir auf der Felsenspitze, bezaubert von all dem Wunderbaren, von der Nacht und den Lichtern, von dem Sturm und der Musik . . . aber unser Herz lauschte auf den Gesang der rollenden Wogen, der weltumwandelnden, uranfänglichen — ach, diesen Sirenengesang, der schon Tausende verlockt und schon

Tausende verdorben hat. Es ist das Wiegenlied, das der Seemann hört, wenn er sich Nachts in seine Koje streckt, das Ohr an die Planken gelehnt; es ist der Freudenchor, der sich in den Jubel der Matrosen mischt, wenn hoch vom Mastkorb das selige Wort: „Land!" erschallt — und es ist der Grabgesang, der dumpf heranbraust, wenn der Sturm das Fahrzeug zerbrochen, wenn seine Bewohner versunken, wenn hier noch eine Stange auf- und niedertaucht und dort noch eine Planke, und da an den treibenden Mast ein Mensch sich geklammert hat — ein Mensch mit blauen Lippen und verworrenem Haar voll Schaum und Wasser... allein, allein... über sich den grauen, feuchten Himmel und um sich und unter sich und ringsum tausend Meilen weit Nichts als brausende Wogen...

Da standen wir auf und gingen zu den Wohnsitzen der Menschen zurück. Vor uns wandelten in der Dunkelheit einige Gestalten, die wir wol auch für Menschen halten mußten, obwol wir ihre Sprache nicht verstanden. Es war kein Französisch, es war kein Italiänisch, und Englisch konnte es doch auch nicht sein, obwol es bald so klang. Endlich faßten wir uns ein Herz und redeten sie deutsch an; und siehe da — sie antworteten uns als Landsleute.

„Aber was habt Ihr denn da unter Euch für eine Sprache geredet?" fragten wir.

„Ei, mir hab'n gesprochen, wie mer bei uns zu Haus, in Limburg, im Nassau'schen, sprech'n."

Also Nassauer in Ramsgate! Es waren die Musikanten von Ramsgate; und weit waren sie schon gewesen, diese nassau'schen Spielleute. Der eine war in Petersburg gewesen, der Andere in Pesth und Ofen; sie kannten die halbe Welt.

Nachdem wir nun wußten, wer sie seien, wollten sie das auch von uns wissen. Das war ganz natürlich. Sagte der Eine von ihnen: „Ihr seid wol mit Eurer Herrschaft hier?" Ist das nicht ächt national, jeden Teutschen zunächst für einen Bedienten zu halten?... „Ja," sagten wir, „wir sind mit unsrer Herrschaft hier, und unsere Herrschaft hat uns ausgeschickt, ein paar Flaschen voll Seeluft zu holen." — „Seewasser, wollt Ihr sagen," corrigirte einer von den Nassauern. — „Nein, Seeluft — Seeluft will ich sagen." — „Eine wunderliche Herrschaft!" murmelten die klugen Nassauer. „Wollt Ihr uns Eurer Herrschaft empfehlen und uns wissen lassen, wo sie Quartier nimmt? Es ist nur von wegen des Ständchens, wißt Ihr!"

Als wir in die Stadt zurückgekehrt waren, leuchteten am Strande noch die Public-Houses und lustige Musik schallte aus jedem von ihnen. Wir traten in eins derselben und befanden uns plötzlich in einer sehr wunderberlichen Gesellschaft. In einem langen schmalen Saale saßen an drei Tischen, eng nebeneinander junge und alte Männer, Matrosen, Handwerker, Schreiber, Ladendiener, und rauchten aus Thonpfeifchen mit rothen Siegellackspitzen und tranken Grog und Porter und sangen dazu aus vollen Kehlen. Der Flügel, welcher ihren Gesang begleitete, stand an der obern Seite des Saales und im Präsidentenstuhle saß, wie das Programm besagte, Mr. Summers, „der machtvolle Baritonist der Londoner Concerte," und es ging ganz parlamentarisch her. Mr. Summers rief zur Ordnung und hatte immerdar ein sehr ernstes und würdevolles Gesicht, mehr fast als der Sprecher im Unterhause, und er schlug mit seinem hölzernen Hammer auf den Tisch, daß die Gläser klingelten. Jeder von der Gesellschaft mußte ein Lied singen und beim Refrain stimmten alle Uebrigen laut ein. Es waren viele gute und kräftige Stimmen dabei, und es war ein Vergnügen, ihnen zuzuhören. Besonders gefiel mir folgendes Lied, welches ein junger Mann in blauer Jacke und buntem Halstuch — wie ich hörte, Steuermann eines heut eingelaufenen Dreimasters von Newcastle — sang:

> Das Leinen feucht und hoch die See,
> Ein Wind, der scharf uns faßt,
> Das weiße Segel rauschend füllt
> Und bengt den schlanken Mast.
> Und beugt den schlanken Mast, hurrah!
> Und freudig vor ihm her
> Fliegt wie ein Aar das Schiff und läßt
> Altengland tief im Meer.
>
> „O sanft und freundlich sei der Wind!"
> Rief manche Schöne leis —
> Ich aber will ihn scharf und kühl,
> Und Wogen, hoch und weiß.
> Und Wogen, hoch und weiß, hurrah!
> Und leicht darüber her
> Tanzt unser Schiff und wir darin,
> Und uns gehört das Meer.

> Dort in dem Horn des Mondes sitzt
> Der Sturm — das Wetter braut;
> In jener Wolke lauert Blitz,
> Der Wind stöhnt dumpf und laut.
> Der Wind stöhnt dumpf und laut, hurrah! —
> Wie funkelt's um uns her!
> Die hohle Eich' ist unser Schloß,
> Und unser Reich das Meer!

Lauter Jubel folgte dem Gesang —

> Die hohle Eich' ist unser Schloß,
> Und unser Reich das Meer!

so klang es aus Aller Mund und Herzen. — Der Hammer des Chairmanns dröhnte auf der Tischplatte, die Gläser klingelten, der Steuermann aus Newcastle, der während seines Gesanges gestanden hatte, setzte sich — und der Ruf nach Taback, nach Grog und Porter, und Lachen und munteres Gespräch begann auf's Neue. — Unser Nachbar war ein ehrsamer Bürger aus London, der zwei schöne Töchter und ein allerliebstes Großtöchterchen bei sich hatte. Der gute Mann hatte schon viel mehr getrunken, als ihm recht und verträglich war, hielt uns in der Freude seines Herzens für Franzosen vom Leicester-Square und wollte uns absolut mit Gin und heißem Wasser tractiren. Seine beiden schönen, schwarzgekleideten Töchter, besonders die eine mit den dunklen großen Augen und den langen Wimpern sah ihn ein über's andere Mal bittend an, und das Großtöchterchen hing sich an seinen Arm, aber er ließ sich gar nicht irre machen. Er rühmte „unsern" Kaiser und sagte, daß ihm derselbe noch Geld schuldig sei. Da er noch als Prinz in Picadilly gewohnt habe, da sei er sein Schuster gewesen; und er habe noch eine unbezahlte Rechnung aus jener Zeit liegen. Aber diese Rechnung wolle er um keinen Preis weggeben; er denke noch selbst einmal nach Paris zu kommen und dann solle ihm die Rechnung, meinte er, gut zu Statten kommen. — Mit dem Schlage Mitternacht — der ersten Stunde des anbrechenden Sonntags — wurde die Versammlung aufgehoben, der Wirth entließ seine Gäste und bat sie, am nächsten Montag Abend doch ja wiederzukommen.

Von meinem Bette sah ich noch lange auf's Meer hinaus, wo die Leuchtthürme schienen, und als ich am andern Morgen erwachte, da war mein erster Blick wieder das klare Hafenbassin mit den geankerten Schiffen, und die See von Böten belebt — und in der Ferne die letzten Küstenstriche von Kent mit Wald, Wiese und Dörfern, und darüber das matte Blau des Himmels und die großen Wolken. Es war eine duftige Frühe mit halbsonnigem Wolkenhimmel, dieser Sonntagsmorgen. Dann ist das Meer doppelt schön — der leichte Nebel beschränkt den Blick, und die Seele träumt in diese Dämmerung so viel Liebes hinein, so viel Schönes! — Auf dem Badestrande sah es noch ziemlich leblos aus, die meisten Badekarren standen noch unbenutzt. Die Saison war kaum angegangen, und die armen „Bathers" hatten gar nichts zu thun. Dafür hatten sie denn auch hinlänglich Zeit, uns mit ihren Einladungen und Zetteln zu verfolgen. In der That sind hier die Badeeinrichtungen sehr bequem und comfortabel und dabei viel billiger, als in den belgischen und französischen, und mindestens ebenso billig als in den deutschen Seebädern. Das Bad für die einzelne Person kostet etwa 5 Sgr., und es kostet verhältnißmäßig noch weniger, wenn zwei zusammen in derselben Karre baden. Wir aber wollten gar nicht baden, und wir sagten ihnen das auch deutlich genug. Aber sie ließen nicht nach, uns zu verfolgen. „Sir, a most comfortable machine," rief der ganze Schwarm, dem sich bei jeder folgenden Karre ein neues Glied anschloß. „Ennuyirt uns nicht länger!" riefen wir endlich unmuthig. „Sir," erwiderte Einer von den Burschen, „Ihr werdet Euch gewiß nicht länger ennuyiren, wenn Ihr in meiner ausgezeichneten Maschine baden wollt!" Man sieht, daß die freie Concurrenz die Bathers von Ramsgate nicht blos dienstfertig, sondern auch witzig gemacht hat, während die monopolisirten Baigneurs von Ostende weder das eine noch das andere sind. — Endlich waren wir der Zudringlichen ledig und standen nun allein auf dem weißen Kalkgeröll, über welchem das Seemoos wie ein Teppich hängt. Der Strand ist hier meistens sehr steinig, und auf dem Sande zwischen den Steinen lagert reichlich Seegewächs von der zartesten röthlichen Alge bis zu dem laubartigen faulenden Seetang. Muscheln liegen nur hier und da unter dem Sande, und auch das spärlich. An einigen Stellen ist weicher feuchter Sand, auf welchem sich die schönlinige Wellenbewegung genau und fein abzudrücken pflegt. Längs des Strandes hochauf stehen die weißen glänzenden Felsen, und von oben nicken die Bäume und winken die freundlichen Häuser, die in ihrem Schatten gebaut sind. — Weiter östlich auf dem Strande steht ein Obelisk zum Andenken daran, daß König Georg IV. sich hier „am 25. September 1821 eingeschifft hat, um sein Königreich Hannover zu besuchen, und daß er am 4. November desselben Jahres glücklich hierher zurückgekehrt ist."

Uebrigens liegen fast alle Seestädte der Insel Thanet, in ähnlicher Weise wie Ramsgate, in jenen natürlichen Einbuchten im Kalkfelsen, welche — an dieser Küste „gates" oder „stairs" genannt — sich nach dem Meere zu öffnen. Daher der Name dieser Städte, wie sie der Reihe nach an der Küste hinunterliegen: Westgate, Swinforts-gate, Margate, Kingsgate, Broadstairs, Ramsgate. — Wir besuchten zunächst Margate. Die Landstraße dahin führt über die Küstenhügel und sie ist auf beiden Seiten von blühenden Gärten und fruchtbarem Ackerland eingefaßt. Zwischen dunklen säuselnden Bäumen liegt hier und da eine freundliche Cottage — Landhäuser, um deren weiße Steinwände sich Epheu und Immergrün schlingt. Einige sind ganz mit Rosen umwunden. Wie lieblich muß sich die Welt aus solch einem Rosenfenster betrachten lassen! Wie der Weg steigt, hat man über's wallende Kornfeld fort einen Blick auf die See, der sich erweitert, je höher man kommt, bis zuletzt die Bläue in ihrer ganzen Weite mit weißen Segeln und ziehenden Masten heraufdämmert. Zur Linken läuft die Eisenbahn, die London mit Dover und Folkstone und der ganzen Küste von Kent verbindet — die große Fahrstraße zwischen England und dem Continent. Wir, auf dem Dache einer Stage-Coach, erfreuten uns der schönen Sonntagsfrühe von ganzem Herzen und wir grüßten all' die muntern Landmädchen, die des Weges gingen und jeden vergnügten Menschen, soviel ihrer in den leichten Korbwägelchen an uns vorüberrollten.

Nach einer Fahrt von kaum einer Stunde stiegen wir die High-Street von Margate hinan, zum Pier und zum Hafen. Auf der Landungsbrücke sah es sehr lebendig aus, man erwartete den Dampfer von London und das Meer war so blau, so still, so sonntagsschön! Sonntäglich gekleidete Männer und Frauen saßen auf den Bänken oder lehnten sich über die Brückengeländer und horchten auf das Rauschen der Wogen. Das Meer hatte seinen Sonntag; es lächelte und küßte die Säume des Himmels. — Immer freilich sieht es nicht so friedselig aus auf dem Hafendamm von Margate. Gegenüber liegen die Godwin-Sands, und schon manches Schiff sah man da scheitern und sinken und kein menschlicher Arm konnte mehr helfen. Die Godwin-Sands ziehen sich in einer Länge von ungefähr zehn Seemeilen längs der Ostküste von Kent bis nach Dover hinunter, an manchen Stellen vier, an anderen eine Meile breit. Ihre Entfernung von der Küste variirt zwischen drei und sieben Meilen, doch kann man sie zur Zeit der Ebbe deutlich erkennen.

Es giebt eine alte Sage, daß hier einst die Besitzungen des verrätherischen Godwin, Earls von Kent,

gewesen, und daß sie zur Strafe für seinen Verrath an
König und Vaterland von der See verschlungen wurden,
nachdem die Schlacht von Hastings geschlagen. Wie sitt=
lich=tief, wie poetisch=erhaben ist der Gehalt dieser Sage!
Den Untergang des Landstrichs, auf welchen die Sachsen
bei ihrer Landung den ersten Fuß setzten, und den Tod
des letzten Sachsenkönigs, welcher ein Sohn Godwin's
gewesen, verbindet sie in ihrer tiefsinnigen Weise; und im
Geiste des Germanenthums, welches Nichts so sehr brand=
markte, als den Verrath, stellt sie als letzte Folge des=
selben den Fall der Sachsen vor den erobernden Nor=
mannen dar. Die Godwin=Sands aber sind bis auf
diesen Tag der Schrecken der Seefahrer geblieben; nicht
blos, daß die Schiffe auf ihnen scheitern: sie verschlingen
sie auch. Das Schiff, das hier auf den Grund geräth,
ist unrettbar verloren; die nächste Fluth wühlt es in den
Sand, und die zweite und dritte rauscht schon über seine
Mastspitze dahin, die — ein trauriges Leichenmonument! —
noch einige Zeit bei Ebbe sichtbar zu sein pflegt. Nach
schweren, stürmischen Wettern soll man in früheren Zeiten
oft zehn, zwölf dieser Mastspitzen längs der Küste von
Kent gezählt haben. Und im Winter, wenn das Wetter
stürmte und drohte, dann lagen auf diesem Brückenkopf
die festen, gehärteteten Gestalten, die hundertfach ge=
prüften Männer in ihren Lederhosen und ihren Theer=
hüten — und auf dem Fort sagen sie und jeder Fels=
spitze — die ganze weite Wasserwüste, wie sie da, Grau
in Grau, vor ihnen wallte, ward von Fernröhren unauf=

hörlich bestrichen. Nachtwachen und Signalfeuer wurden unterhalten — und bei dem ersten Anblick eines bedrohten Schiffes, bei dem ersten vom Sturme gedämpften Nothruf, wurden die Rettungsböte ausgesetzt und fort ging's auf See, wie sie auch toben, wie rasend der Sturm auch sein und aus welchem Viertel er sausen mochte. Kein Winter verging, wo diese braven Kerle nicht Menschenleben genug gerettet hätten. Aber seltsam ist es, daß sie für das Bergen von Strandgütern, nicht aber für die Rettung von Seeleuten und Passagieren eine Belohnung beanspruchen konnten. Oder sollte in diesem alten Herkommen die schöne Meinung ausgedrückt sein, daß — wer mit Gefahr seines eigenen Lebens — ein anderes rette, eine That vollbringe, die man mit irdischem Lohne nicht bezahlen könne? —

Jetzt freilich ist das Geschäft der Bootsleute von Kent aus; denn dies Geschäft bestand in der Hülfleistung gegen Gefahren, die nun längst verschwunden sind. In vergangenen Zeiten mußte die ganze unermeßliche Schifffahrt des Londoner Hafens immer einmal zu einer Zeit oder der anderen und unter mehr oder weniger schwierigen Umständen bei diesen Dünen vor Anker gehen. Schiffe, die nach auswärts gingen, fanden ihre Vorräthe nicht ausreichend und ihre Ausrüstung mangelhaft; heimkehrende Fahrzeuge hatten zufällige Schäden zu verbessern und verlorene Matrosen zu ersetzen; und beide zugleich wünschten mit den Küsten bis zum letzten Moment die

Verbindung aufrecht zu erhalten. Alles dies gewährten
die Bootsleute von Kent. In ihrem kräftigen und wol=
geübten Handwerk begegneten sie dem rauhesten Wetter;
schifften Güter und Passagiere hin und her, sorgten für
Vorräthe aller Art und durchsuchten die Fahrstraße nicht
selten nach Ankern, die ihre Kunden daselbst zurückgelassen.
Für solche Dienstleistungen ernteten sie Belohnungen, die
natürlich nicht karg gemessen waren und sie hatten in der
That ein gutes Leben bei so einträglichem Verdienst.
Aber der Fortschritt der Nation hat ihr Gewerbe zerstört.
Die Frachtfuhrleute und die Schiffer von Kent hat das
gleiche Schicksal getroffen. Die Dampfer machen die
Schifffahrt unabhängig von Wind und Wogen, und die
Fahrzeuge, die aus dem Londoner Hafen kommen oder
dahin gehen, werfen nicht mehr Anker an diesen Dünen,
sondern schwimmen den Kanal hinunter oder hinauf, wie
die Reise eben geht. Wenn unvorhergesehene Umstände
sie auf der Fahrt aufhalten, so sind sie nicht mehr schlecht
gebaut und schlecht ausgerüstet, und die verbesserten Ma=
schinen unserer Tage sorgen dafür, daß die Anker nicht
mehr verloren gehen. Passagiere und Güter (zu einer Zeit
bezahlte das Londoner Postamt allein den Bootsleuten etwas
wie 2000 Pfd. Sterling das Jahr) haben andere und
bequemere Punkte zum Ein= und Ausschiffen gefunden,
und Plymouth und Southampton haben den Dünen von
Kent allen Zoll und alles Einkommen entführt.

In vorigen Tagen waren die Männer von Margate

auch die kühnsten Schmuggler im ganzen großbrittanischen Reiche. Aber auch die Zeit liegt schon ziemlich weit zurück; aus den kühnen Seefahrern, Schmugglern und Contrebandisten sind ruhige Bürger geworden, welche Badekarren in's Wasser schieben und Badehäuser halten. Namentlich ist High-Street reich an diesen Badehäusern, die sich mit einem luftigen Salon und Altan mit Leinendach gegen das Meer öffnen. Aus diesen Salons führt eine Treppe nach dem Strand und den Badekarren hinunter, und wie sie den Kurgästen vor dem Bade einen erfrischenden Anblick gewähren, so bieten sie ihm nach demselben Erfrischungen anderer Art: Thee, Kaffee, ein verstimmtes Pianino und die Margater Zeitung. Außerdem liegen in diesen Salons auch die Werke des pp. Peter Theophilus Turner, Schulmeister und Poeta Laurentus von Margate, auf. Die Leute von Margate sind sehr stolz auf ihren Dichter, und mit Recht, wie folgende Stelle aus einem seiner Gedichte, in welchem er den Begriff eines Margater Badehauses definirt, beweisen mag:

> Am Rande des Weststrandes in High-Street
> Steh'n viele Badehäuser, wie man sieht.
> Sie heißen so; doch sind sie nicht zum Baden:
> Denn dies geschieht vielmehr an den Gestaden,
> Und zwar zu größerer Anständigkeit,
> In Bademänteln lang und ziemlich weit.

Seht, da habt Ihr einen Wasserdichter ersten Ranges! Die Nähe des Wassers ist gefährlich!

Die Insel Thanet.

Wir nahmen in glühender Mittagshitze unseren Weg wieder landein. Auf eine Weile vertauschten wir das Rauschen der See mit dem Rauschen des Kornfeldes. Ueber uns, im wolkenlosen Sonnenhimmel, flog die Lerche; und Bohnenblüthe und Thymian schickten ihre berauschenden Mittagsdüfte aus. Zuweilen kam ein erfrischendes Wehen vom Meere, das unter den Küsten schlief, herauf und kühlte unsere glühenden Stirnen. O, es war eine selige Wanderung voll süßer Träume und stiller Erinnerungen. Einmal machten wir Halt in einem kühlen Hofe, den kleine friedvolle Steinhäuschen, ganz von Rasen bedeckt, umfaßten. In dieser glücklichen Abgeschiedenheit leben zwölf unverheirathete Frauen, denen ein eigenes kleines Vermögen und die Milde des Stifters dieses Sitzes ein sorgenloses Leben gewährt. Sorgenlos ist es — aber wie viel süße Sorgen giebt es, nach denen das Menschenherz verlangt, und die diesen Zwölfen versagt sind, ewig versagt bleiben? ... Auf dem Rasen in der Mitte des Hofes unter einer blühenden Linde spielte das Kind der Haushälterin dieser Anstalt. — Ein andermal lagerten wir uns in den Buchenschatten eines stattlichen Parkes; dann passirten wir St. Peters, dessen ehrwürdige Dorfkirche sich eben zum Nachmittagsgottesdienst öffnete und die Seelen der beiden Wanderer mit vollem Orgelschall füllte. So gelangten wir nach Broadstairs, durch dessen alterthümliches Dorf-Thor wir die High-Street hinunter nach dem Meere gingen. Broadstairs ist der fashionableste von allen Badeplätzen auf Thanet; es ist der Lieblingsaufenthalt von Charles Dickens, nur der Sommerausflug Ferdinand Freiligrath's. Auf den Klippen, dicht über dem Wasser, steht eine Reihe prächtiger Häuser, und in einem derselben, dem renommirten Albion-Hotel, hielten wir unsern Mittag. Wir saßen am Fenster und unser Blick ging auf die See. Und mein Herz ging mit dem Auge, und ich konnte Nichts essen, wie sehr mich auch gehungert hatte. Neben mir setzte sich ein Schatten nieder — ach, der schöne Schatten, der herauftaucht, wo immer ich das Meer sehe. „Weißt Du noch", sagte der Schatten, „wie wir in Ostende zusammen am Meere saßen, Du und ich und noch viele andere Menschen, die glücklich waren und lachten und scherzten? O, sie lachen nicht mehr und sie scherzen nicht mehr ... und ich ... o sieh, o, ich bin ein Schatten geworden ... ich folge Dir noch und ich sehe Dich noch ... aber Du ... Du kannst mich ja niemals wiedersehen!" ... Ich war sehr betrübt, glaubt es mir, über das, was der Schatten gesagt hatte, und ich ging hinaus und blieb eine gute Zeit draußen. Mein lieber Freund war just mit dem gebratenen Hühnchen fertig geworden, als ich wieder hereintrat. „Nun wollen wir eine Cigarre rauchen und eine Tasse Kaffee trinken," sagte er. Und ich sagte: „Ja, das wollen wir!" Aber rauchen im Albion-Hotel? Welcher Gedanke! Wenn wir nicht im Saale rauchen dürften, so solle man uns das Rauchzimmer weisen. „Es giebt kein Rauchzimmer im Albion-Hotel — die Damen, die hier logiren, können Tabak absolut nicht riechen!" Dann bringt uns den Kaffee in den Garten hinaus, an's Meer, in die sausende Luft. „Ja, aber rauchen darf man da auch nicht; die Damen, die hier logiren, können Tabak nicht einmal sehen!" Gott segne die englischen Damen und das Albion-Hotel in Broadstairs!

Unser Heimweg nach Ramsgate führte am Küstensaume dahin. Wir verloren das Meer nicht mehr aus dem Gesicht. Rechts, auf einer Klippe, ragte ein allerliebstes Schlößchen, East Cliff Lodge, die Sommerresidenz Sir Moses Montefiore's, der hier in dem thurmgekrönten Bau mit seinen Zinnen und Bögen das ganze Jahr hindurch eine Synagoge, einen Schlachter und einen Vorsänger erhält. — Die Sonne ging indessen immer tiefer, sie sank in rothes Sturmgewölk, das mit dem Abend aus dem Meere gestiegen war, und ihr blendend heller Scheidestrahl zauberte mit einmal fern im Osten Land herauf. Wie ein goldener Streifen zeichnete es sich auf der dunkelnden Fläche des Horizontes ab — es waren die Gestade von Frankreich, die Küsten der Normandie!

Der Abend war rauh und stürmisch. Das Wasser sprang wild gegen den Hafendamm von Ramsgate und die Wellen schlugen herüber; und es regnete und stürmte noch immer, als wir am andern Tage Abschied vom Meere nahmen. Wir nahmen den Landweg und da war nicht viel Besonderes zu sehen. Das einzig bedeutende

Bild war die ehrwürdige Kathedrale von Canterbury, die mit ihren gewaltigen Thürmen, ihren gothischen Fenstern, ihren dunkeln Mauern und Strebebögen über die Häuser der alten, hochberühmten Bischofsstadt emporragte. Dann lehnte ich mich wieder in die Ecke des Wagens zurück und erst der Lärm von Londonbridge Station weckte mich aus meinen Träumen vom Meer und Allem, was es mir je gegeben und je genommen! —

Jersey und Guernsey.

(1860.)

Am weißen Zelten hier im Thale
Da schlug der Normann sein Gezelt;
Sein Becher ward beim ersten Mahle
Dort auf den Steinblock ihm gestellt.
Französisch Losungswort durchhallte
Auf Sachsengrund die Herbstesnacht,
Und über jenen Hügel wallte
Sein Banner morgens zu der Schlacht.

     Gottfried Kinkel.

Jersey.

1. St. Hélier.

Die Fahrt von den Häfen der englischen Südküste nach Jersey ist beschwerlich und durchaus nicht ohne Gefahr. Der Kanal ist ein wildes Gewässer, welches nie ganz ruhig wird, und die Felsen, welche die normannischen Inseln umgürten, haben eine traurige Berühmtheit erlangt. Es ist noch kein Jahr, da scheiterte das königliche Postdampfschiff „Expreß" auf einem dieser Felsen, nicht zwei Meilen weit von der Küste, am hellen Tage und im Sonnenschein, Morgens um acht Uhr.

Ich machte die Fahrt von Newhaven aus, einem kleinen Port zwischen Brighton und Hastings. In der Dämmerung jenes Tages sah ich die Ebene, auf welcher die Siegesfahnen Wilhelms des Eroberers geflattert haben; und gegen Mitternacht stand ich auf den Kalkfelsen, unter denen seine Fahrzeuge vor Anker gegangen sind. — In dem Präfekturgebäude zu Babenz in Frankreich zeigt man noch alte gewirkte Teppiche, deren Farben verblaßt, deren Figuren kaum noch zu erkennen sind. Da sind Schiffe und Segel — eins darunter, dessen Purpursegel im Winde schwellen, dessen goldene Gitter im Sonnenlicht blitzen — mit der Figur eines Kindes am Bugspriet, bewaffnet mit Bogen und Pfeil und bereit, seinen Schaft gegen das feindliche Land zu entsenden. Da sind Speermänner und Reiter, Pferde, Lagerscenen; seltsame Gestalten zuweilen, — Alle mit seelenvergnügtem Profil, einige mit Wappenschildern, einer stets mit der Krone. Die Pferde haben gelbe und blaue Beine, je nach der Verschiedenheit der Perspektive, welche durch Farben ausgedrückt werden soll; alle vier Beine sitzen unveränderlich auf derselben Seite. Dieses sind die berühmten „Tapeten von Bayeux" (the Bayeux Tapestry), auf welchen die Invasion der Normannen, von der ersten Botschaft, die Eduard der Bekenner an Wilhelm den Eroberer sandte, bis zum Tode Harolds, des letzten Sachsenkönigs, am Tage von Hastings in einer ganzen Reihe kleiner Bilder dargestellt ist. Sächsische Jungfrauen sollen sie im Thurme der Königin Matilde, zur Verherrlichung ihres Gemahls, des Eroberers, unter Thränen gewirkt haben. Im Jahre 1807, als Napoleon I. an eine Eroberung Englands dachte, wurden die Tapeten von Bayeux öffentlich ausgestellt; und auf einem der pariser Theater erschien ein Melodram, welches die Geschichte ihrer Entstehung zum Gegenstande hatte.

Es war Mitternacht, als bei hoher Fluth der „Alar",

unser Schiff, den Pier von Newhaven verließ. Der Alar ist ein kleiner, elender Dampfer, nicht viel größer, als jener, der zwischen Berlin und Saatwinkel die Spree befährt; ohne Bequemlichkeit im Raum, ohne Bänke, ohne Stühle an Deck. Er ist das elendeste Fahrzeug, auf dem ich mich je befunden. Aber ein tüchtiger Läufer; und er tanzte durch die Wellen so graziös, und wand sich durch das wild durch einander polternde Gewässer so geschickt, daß man es vergaß, in Nässe und Kälte auf dem nackten Deck, auf einem zusammengerollten Kabel sitzen zu müssen. Wir hatten das ungünstigste Wetter von der Welt; alle paar Stunden ein Regenschauer, der Wind war gegen uns und die Wellen kamen von der Seite, so daß unser Schiff vom ersten Augenblick, wo wir aussetzten, bis zur Landung, sechszehn Stunden lang, nicht aufhörte zu „rollen". Diese rollende Bewegung, verstärkt durch die andere, nach vorn gerichtete, ist für Leute, die nicht an die See gewöhnt sind, unerträglich. Ich habe in den sechszehn Stunden zwischen Newhaven und Jersey mehr hohle Augen und todtenbleiche Wangen gesehen, als auf all meinen Seereisen vorher.

Der Mond zog durchs Gewölk, als wir die ersten Stöße des offenen Meeres, gleich hinter Newhaven, empfanden. Die Küste von Brighton schimmerte wie ein magischer Silberstreifen weit in die Nacht und das Meer hinaus, als wir gingen. Und eine lange, kalte, traurige Nacht war es. Früh Morgens gegen neun Uhr hatten wir die französische Küste in Sicht — ein düsterer, dunkelblauer Nebelstreif auf dem treibenden Gewölfe des östlichen Himmels. Wir gingen näher, und das Land ward klarer; ein wüster Küstenstrich, ohne Spuren menschlichen Lebens. Zuletzt ein Feuerthurm auf einer weit ins Meer gestreckten Felsspitze, und hohe, grünlich schimmernde Dünenhügel ringsum. „Das Cap de la Hague und Cherbourg!" sagte der Capitän, als ich ihn fragte.

Cherbourg schräg gegenüber liegt Alberney, die erste der normannischen Inseln. Das Wasser wälzt sich hier heftiger hin und wieder, als da, wo die Küsten es nicht so gewaltsam einengen. Unser Cours lag ungefähr in der Linie, welche die englischen Schiffer „the race" nennen, d. h. wo die Bewegung der von beiden Küsten zurückgeworfenen Wellen sich mit brausendem Zusammenschlag trifft. Der kleine Alar rollte so gewaltig, daß selbst der Capitän, wenn er über Deck ging, sich an den Gittern festhielt.

Die Gruppe der normannischen Eilande — der Kanal-Inselchen, wie sie die Engländer vorzugsweise nennen — umfaßt Alberney, Guernsey, Sark und Jersey. Sie liegen den französischen Küsten um Vieles näher, als denen von England, und ihre Einwohner sind Franzosen. Nichtsdestoweniger waren sie das Bollwerk Englands gegen Frankreich im letzten großen Kriege, und werden es in jedem folgenden sein, vorausgesetzt, daß England fortfährt, diese von der Natur selbst gebauten Festungen stets im Vertheidigungszustande zu erhalten. Alberney ist klein, spärlich bewohnt, und nur durch seine großartigen Fortifikationen ausgezeichnet; nicht größer, aber bei weitem fruchtbarer und besser bevölkert ist Sark. Ein nur fünf oder sechs Meilen breiter Meeresarm trennt Sark von Guernsey, nächst Jersey die größte dieser Inseln, von Fremden weniger besucht, und darum auch noch alterthümlicher; aber nicht so reich an Naturschönheiten und den abwechselnden Reizen von Land und See. Guernsey war im Jahre 1809 die Zufluchtsstätte des Herzogs von Braunschweig und eines Theils seiner „schwarzen Jäger"; und noch kurz vor der Schlacht bei Waterloo, wo der tapfere Sohn des tapfern Vaters würdig fiel, soll er sich der Insel dankbar erinnert haben. Jetzt ist Guernsey Sitz der französischen Emigration, nachdem man die Flüchtlinge wegen einer unziemlichen Aeußerung Felix Pyats über die Königin von England aus Jersey vertrieben hat.

Nachmittags gegen drei Uhr hatten wir Jersey in Sicht. Es war ein schwerer Weg, den unser kleiner Alar wandelte — hart an Klippen hin, um welche häuserhoch der Strudel zischte, dann wieder eine scharfe Biegung um Vorgebirge, dabei beständig Gegenwind und von der Seite die zurückprallenden Wogen der Brandung. Aber unser Capitain war ein geschickter, munterer, kleiner Mann; muskulös und zutrauenerweckend, wie er in seiner Mütze mit den Messingknöpfen dastand, an den Schornstein gelehnt und mit demselben um die Wette rauchend. Jetzt führte er sein Fahrzeug dichter an Land, und wir sahen jenen ersten grünen Hoffnungsschimmer des dünnen Klippenmooses; wir sahen Haidflächen in der Höhe und eine

Windmühle. Windmühlen pflegen immer das Erste zu sein, was dem aus dem Meere Heimkehrenden das Gefühl giebt, daß er sich der Sicherheit des Landes und dem stetig von Tag zu Tag wirkenden Gewerbe, den Bedürfnissen und den Freuden der gewohnten Erde nähere.

Schon nach sechzehn Stunden sollten wir dieses Gefühl haben; denn die menschliche Seele ist von Natur sehr zaghaft, und die geringste Entbehrung giebt ihr Lehren, welche sie im Ueberfluß des täglichen Lebens nur leider wieder zu rasch vergißt.

In der geschützten Bucht, die wir erreichten, kam Alles sogleich auf die Beine. Aller Augen belebten sich am Anblicke des Festlandes, und manch' zarte Mädchenwange begann aufs Neue zu blühen. Häuser erschienen in der Ferne, am Abhange sanfter Hügel, und der Wald darüber leuchtete für eine Weile im schwachen Schimmer des Nachmittages. Bald öffnete sich eine neue Bai, und ein düsteres Felsencastell — Elisabeth-Castle genannt, zum Andenken an seine königliche Erbauerin — beherrscht die Einfahrt zur einen, eine stattliche Felsenveste, Fort Regent, hoch von den Vorbergen herab mit Wällen und Mauern, beherrscht sie von der andern Seite. In dem duftigen Wald- und Gartenbette der Hügeltiefe liegt eine liebliche Stadt, deren weiße Häuschen munter grüßen und winken.

Der Hafen dieser Stadt nahm uns um vier Uhr Nachmittags auf, und fröhlich bezogen wir eins von den weißen Häuschen derselben, die so munter gegrüßt und gewinkt halten. Der Name der Stadt ist St. Helier; sie ist die Hauptstadt von Jersey und zählt etwa 30,000 Einwohner. St. Helier sieht aus, wie eine englische Hafenstadt. Der Staatsausrufer in den Straßen ruft seine Bekanntmachungen zuerst in französischer und dann in englischer Sprache aus; die öffentlichen Maueranschläge des Magistrats sind auf der einen Seite französisch und auf der andern englisch. Aber man hört von den Leuten auf der Straße kaum ein anderes Wort als englisch; die Namen der Straßen und Plätze sind englische, einige sogar, wie Snow-hill, Cheapside, Charing-cross nach londoner Vorbildern genannt, und kaum, daß man unter den Ladenschildern hier und da eines mit französischer Inschrift bemerkt. Die Bauart der Häuser und ihre innere Einrichtung ist ganz englisch.

Trotz alledem hat das Straßenleben von St. Helier etwas Fremdartiges für Jeden, der von England kommt. Es ist munterer, bunter, farbenreicher. Die Leute haben die Spuren ihrer alten Abkunft bewahrt; der edle normännische Grundstoff, welcher der englischen Volksmischung Alles gegeben hat, was schön und adlig in ihr ist, tritt hier in seiner ganzen Reinheit auf. Nie sah ich üppigere Haare, glänzendere Augen, zierlich-vollere Gestalten, als bei den Mädchen von St. Helier. Es hat wahrlich etwas Berauschendes, des Abends nach acht, wenn das Tagewerk schließt und die Promenade beginnt, einen Blick in Kingstreet zu thun, und auf die bezaubernd schönen Gruppen, welche in dem vollen Gaslichte dieser engen Straße auf- und niederwandeln. Die Enge dieser Straße, welche die Hauptstraße von St. Helier ist und den Ort in seiner ganzen Länge hügelauf, hügelab durchschneidet, erhöht den Reichthum und die Fülle dieses schönen lebenden Bildes; und die dunklen prächtigen Augen, welche überall durch die kurzen Schleier blitzen, versetzen die Einbildungskraft des Fremden zu den Schauplätzen südlicher Schönheit. Nicht minder eigenthümlich mit ihren dunklen Gesichtern, starken Bärten und edelgeformten Nasen erscheinen die Männer, obgleich man sofort, und je tiefer man ins Land kommt, um so mehr bemerkt, daß es mehr Frauen als Männer auf Jersey giebt. Denn der Umfang dieses Eilandes ist für den Unternehmungsgeist, dieses unveräußerliche Erbtheil der Männer von normannischer Abkunft, jederzeit zu beschränkt gewesen, und sie befahren die fernsten Meere und wandern gern zu entlegenen Ländern aus. Ein großer Theil der Schellfischfängerei an den Küsten von Neufundland ist in ihren Händen; viele Männer, die Frau, Söhne und Töchter — und reizende Töchter sind es zumeist! — daheim haben, führen als Capitäne die Schiffe englischer Häuser. Einige holen Zimmerholz aus den Wäldern von Schweden und Norwegen, Andere Mahagony von Honduras oder Kaffee und Zucker von Brasilien. Man sagt, daß es überall auf der weiten Erde Männer von Jersey gebe, und daß einstmals ein Schiffbrüchiger, nachdem er sich auf eine verlassene Insel irgendwo in der Unendlichkeit des Meeres gerettet, ausgerufen habe: „Ist kein

Landsmann hier?" worauf sich sogleich eine Stimme vernehmen ließ: „Ja, Freund, hier ist ein Landsmann, wofern Du in Jersey geboren bist!"

Darum giebt es verhältnißmäßig so wenig Männer in Jersey; „fünf Frauen auf einen Mann," sagte mir die Haushälterin in meinem Hotel, eine Ausnahme beiläufig von der Jugend und Schönheit der anderen Insulanerinnen, die wahrscheinlich auch auf dem Continente und unter günstigeren Auspicien eben so wenig Aussichten auf einen Mann, aber nicht so gerechten Grund, sich zu trösten, hätte. Glücklich darum die alten Haushälterinnen, welche auf verschollenen Inseln leben!

Dasselbe Verhältniß zwischen der männlichen und weiblichen Bevölkerung habe ich früher schon auf Sylt bemerkt; und ebenso wie dort, fiel mir hier die große Menge von Frauen in Schwarz auf. Die Erscheinung hat auf beiden Inseln denselben Grund. Die eingeborenen Familien sind fast alle unter einander verwandt, und das bindende Gefühl dieser Verwandtschaft, unbekümmert um den näheren oder ferneren Grad, hat sich auf diesen abgeschlossenen Inseln stärker conservirt, als auf dem Festlande. Daher denn ein Todesfall immer von vielen Familien zugleich betrauert wird; und wie viele Opfer, von denen man auf dem Festlande nichts weiß, fordert das gefahrvolle Leben der See! Ich erinnere mich einer einzigen Woche, wo die Nachricht vom plötzlichen Tode zweier in Jersey verheiratheter Männer von Neufundland kam; wo zwei junge Leute, die von einer Vergnügungsfahrt auf dem Meere heimkehrten, Angesichts ihrer Häuser in Bouley-Bey umschlugen; und eine arme Familie in Gorey ihren Großvater und Vater verlor, welche auf offener See beim Fischfang verunglückten. Der Rückschlag auf die Frauen äußert sich darin, daß sie um so treuer und fester zu dem heimathlichen Herde stehen, und sich vor der See fürchten, auf welcher das Leben ihrer Männer, Väter und Brüder in beständiger Gefahr schwebt. Es giebt hier schöne und wolerzogene Frauen, welche ihr Lebtag nicht über ihr Kirchspiel hinausgekommen sind; nur wenige sind in Guernsey oder an der französischen Küste gewesen, und für Alle ist England ein fernes Land!

Die Bevölkerung von St. Helier in ihrer Gesammtheit ist jedoch weit davon entfernt, rein normannisch zu sein. Es giebt sehr viel englische Familien hier, die in Geschäften herübergekommen und sich dauernd niedergelassen haben; andere von englischen Kronbeamten und Offizieren auf halben Sold, die hier bei ihrem geschmälerten Einkommen billiger leben, als in der Heimath. Die Garnison von Fort Regent und Elisabeth Castle besteht aus Engländern und Irländern, viele Familien leiten ihre Abkunft aus Schottland her — so z. B. die der Messervy's, welche eigentlich Mac Servy's heißen, und deren holde Tochter mich jüngst, da ich in stürmischem Regenwetter an ihrer Villa vorbeirrte, zum Eintreten einlud, und während die Rosenbüsche des Geländes heftig gegen die Fenster schlugen, erzählte, daß ihr

Vater Schiffscapitain und nach Oporto gefahren sei. An Franzosen von den benachbarten Küsten Frankreichs fehlt es nicht, und auf einer meiner Straßenwanderungen durch St. Helier vernahm ich sogar deutsche Worte — gleichgültige Worte zwar, die sich auf Schuhe und einen Schuhladen bezogen — die mich aber dennoch angenehm berührten und überzeugten, daß das deutsche Volk, dieses wahre Wandervolk unter den Nationen der Erde, einige seiner Kinder auch zu den Felsen der Kanalinseln entsendet habe. Noch mehr; es lebt hier ein grauer, deutscher Flüchtling aus den Tagen von Hambach, Harro-Harring nämlich, welchem es im Jahre 1848 auf Helgoland so erging, wie später der französischen Emigration auf Jersey. Seitdem lebt er ungestört, aber auch unbekannt und fast vergessen, in der Nähe von St. Helier.

Wie schön diese kleine Stadt, in derem Innern sich ein so buntes Gemisch aus allen Nationen bewegt, theils an der blauen Bucht, theils am grünen Hügel, der ihren Rücken deckt, gelegen ist, überschaut man am Besten von den Wällen des Fort Regent. Hier steht man in der freien, klaren Höhe des Himmels, mitten im Winde, der von allen Seiten heraufwettert; hier sieht man die friedliche Einbuchten des Meeres zu beiden Seiten — St. Aubin's Bai und St. Clement's Bai — hier sieht man die Felsen, die offne Weite des Canals, die Schiffe, die auf seinen Wogen dahintreiben, und tief unten, von Rosen, von Weinlaub, von Lorbeer, von glänzend-grünen Wiesen, von schwerbeblätterten Wäldern umgeben dies lachende Städtlein, dies liebliche St. Helier — wie einen Diamanten, den man in den Kelch einer Blume versenkt hat. —

Allein den Charakter eines Landes lernt man nur unvollkommen in seinen Städten kennen. In den Städten sieht man das Volk in seinem Sonntagszeug; die eigenthümlichen Sorgen und Freuden, welche den mühsamen Gang seiner Wochen begleiten, seine hergebrachten Sitten, seine alten Gebräuche, seine überlieferten Sagen und seinen Aberglauben läßt es daheim in der geschützten Stille des Herdes; im Farmhaus, unter den dunklen Bäumen; auf den grünen Triften, wo seine Schaafe in der Nähe des zerfallenen Thurmes weiden; an dem Quai, wo seine Böte ankern.

Einen angenehmeren Wechsel, als zwischen Stadt und Land in Jersey giebt es kaum. Man wandelt die Küste entlang, und hat zur Rechten das blaue Meer mit seinen tiefdunklen Felsen, zur Linken Wald und Wiesen und Hügel, und zwischen dem üppigsten Grün kleine weiße freundliche Häuser. Eine solche Fruchtbarkeit des Bodens in der Nähe des Meeres, eine solche Fülle des Pflanzenwuchses und ein solcher Reichthum der Blumen und Bäume ist unerhört in nördlichen Breitegraden. Der Lorbeer wächst wild in Hecken; über jegliche Mauer leuchtet die dunkelrothe Fuchsiastaude mit den bläulichen Ringen in der Tiefe ihrer Kelche. Jeder Feldweg ist ein Waldweg, hochgewölbt von Baumzweigen und mit Portalen von Stämmen, die sich laubschwer zu einander

neigen. Ephen in reichen Guirlanden windet sich von
Ast zu Ast, von Fels zu Fels; Weingelände umspinnen
jedes im grünen Waldschatten begrabene Haus bis zum
Dach, und das Dach selber scheint eine blühende Moos-
fläche zu sein. Alles wuchert, Alles blüht, Alles duftet.
Man wandelt beständig in den Irrgängen eines lieblichen
Gartens, und mit der süßen Blumenluft mischt sich unaufhörlich das kräftige Salz, welches die See ausathmet.
Ja, selbst die Felsen und hohen Klippen mitten im offnen
Meere, wenn das Wasser zurücktritt und ihre zerrissenen
Kanten trocken legt, sind ganz mit den schweren, triefen-
den Massen des Seegewächses bedeckt, welches von den
Eingebornen Braic genannt, wegen seines Werthes für
den Haushalt hochgeschätzt und zu einer bestimmten Zeit
im Sommer in gesetzlich vorgeschriebener Weise einge-
sammelt wird. Auf allen Feldern längs der Seeküste
stehen dann Haufen desselben, gleich unsern Getreidehau-
fen, zum Trocknen in der Sonne, worauf das Kraut
zuerst als Brennmaterial und dann als Dünger benutzt wird.

Der Strand bietet bei niedrigem Wasser einen selt-
samen Anblick. Das Wasser tritt hier nämlich mit der
Ebbe so weit zurück, daß man fast glaubt, es drüben
suchen zu müssen, an den Küsten Frankreichs, die in einer
Entfernung von fünfzehn englischen Meilen am östlichen
Horizont klar und deutlich als eine blaue Hügellinie ge-
sehen werden. So weit der Blick reicht, ist alsdann Alles
Land, und an der Stelle, wo noch vor wenigen Stunden das

fluthende Waſſer ging, ſieht man jetzt einen rauhen Stein=
grund mit zerriſſenen Felſen, mit ſchwarzen Klippen-
ſchluchten, gleich ausgebrannten Kratern, die unheimlich
in der Sonne funkeln. Die alten Wachtthürme, die
von Meile zu Meile, wie eine graue Garde der Vorzeit,
dies Eiland umgeben, ſonſt mitten im wogenden Meere,
ſtehen dann auf dem Trocknen und mit ihren zerbrochenen
Zinnen und umhergepoltertem Trümmerwerk erhöhen ſie
den Eindruck, den das Ganze macht — als ſei es das
Stück einer untergegangenen Welt, welches zuweilen aus
dem Meere taucht.

Es iſt eine alte Sage — und mag ſein, mehr als
das — daß die Inſel ehedem viel größer geweſen, als
ſie jetzt iſt, auf beiden Seiten, auf der öſtlichen und auf
der weſtlichen. Man ſagt, daß ſie auf der öſtlichen bis
dicht an die Geſtade von Frankreich gereicht habe und
von denſelben nur durch einen ſchmalen Kanal getrennt
geweſen ſei, welcher ſich in ſpäteren Jahrhunderten durch
den Heranſturz der See erweitert habe. Ja, man findet
zur Beſtätigung dieſes Glaubens in dem alten Geſetzbuch
der Inſel einen Paragraphen, welcher anordnet, daß jedes
Pachthaus verpflichtet ſei, dem Grundherrn (Seigneur)
eine Planke zu liefern, wenn er „den Bach" (le ruisseau)
überſchreiten wollte, welcher Jerſey von Frankreich trennt.
(Siehe Le Quesne, A Constitutional History of
Jersey. London, 1858.)

Noch augenfälliger tritt dieſer Zerſtörungsprozeß an
der Weſtküſte der Inſel hervor. Hier, längs der Bai

von St. Owen, in welche sich die Woge des Atlantischen Ozeans stürzt, ungebrochen, wie sie von der Küste des amerikanischen Continentes heranrollt; — hier, wo das Eiland der ganzen Gewalt der westlichen Orkane ausgesetzt ist, liegt ein Strich Landes, Cainvais oder Quenvais genannt. Seit mehr als drei Jahrhunderten bietet er den Anblick der arabischen Sandwüste inmitten so viel ausgesuchter Scenen der Fruchtbarkeit und landschaftlichen Schönheit, wie sie die ihm benachbarten Buchten von St. Brelade und Grève-de-Lecq gewähren. Es ist eine Kette von Sandhügeln, welche sich an einigen Stellen zu der Höhe von vollen hundert Fuß über dem Meeresspiegel erheben, und Nichts ernähren als Steppenpflanzen und mageres Gras. Der Ueberlieferung zufolge — und der Augenschein spricht für ihre Wahrheit — war dieser ganze Küstenstrich, bis weit in die See hinaus, einst ein fruchtbares, reichbewaldetes und gut bewohntes Thal. Eichbaumstümpfe werden zuweilen noch bei Ebbe gesehen und Reste von Steingebäuden sind mehrfach entdeckt worden. Der Untergang dieses Theiles der Insel soll sich vor vierhundert Jahren zugetragen haben; und das Volk, welches in der Nachbarschaft wohnt, hat die Geschichte desselben bewahrt.

Ich habe auf all meinen Inselfahrten gefunden, daß die Bewohner der westlichen Küsten poetischer gestimmt sind, als die übrigen. Sie sehen den Untergang der Sonne und träumen liebliche Gebilde in die Scheidegluth des Abends. Sie alle haben den Glauben einer untergegangenen Insel oder einer versunkenen Stadt; und alle Westküsten von Indien bis Irland sind von den Visionen derselben bevölkert.

Unten die alte Herrlichkeit,
Oben ein Fischerlied.

Die Geschichte der Jersey-Westküste findet sich in einem lateinischen Manuscript des Ritters Philip de Carteret, Seigneur von St. Owen (abgedruckt in den „Chroniques de Jersey", dont l'auteur est inconnu, révues etc. avec une préface etc. par Abraham Mourant. St. Hélier, 1858.) Sie lautet: „Auf der Insel Jersey und in jener Gegend, welche man Cainvais nennt, im Kirchspiel von St. Brélade, war der Boden ehemals sehr fruchtbar. Keiner von den Einwohnern glaubte sich reich genug, wenn er nicht hundert Aecker besaß. Es ereignete sich um das Jahr 1495, daß fünf spanische Fahrzeuge mitten im Winter und am Feste der heiligen Catharina Schiffbruch litten. Vier davon gingen mit Mann und Maus unter; das fünfte, ans Land getrieben, rettete seine Mannschaft, mit Ausnahme eines Einzigen. Die Insulaner beraubten sie, bemächtigten sich ihrer Feigen, ihrer Weine, ihrer Waaren, ihres ganzen Cargos; und ohne ihrer Bitten oder Flüche zu achten, nahmen sie den Spaniern Alles und wollten ihnen Nichts wieder erstatten. Es ereignete sich endlich, durch göttliche Rache, daß ein ungestümer Wind ihre Gefilde verwüstete, sie ganz mit einer ungeheuern Masse Sandes, welchen er mit sich führte, bedeckte, und sie so in eine dürre und unfruchtbare Wüste verwandelte, die man seit jener Zeit Cainvais nennt"...

Auch unter den Küsten des lieblichen Normannenlandes singt das Meer, welchem der Schiffer noch heut eine strafende Gewalt zuschreibt, seinen alten traurigen Gesang; jenes Sirenenlied des Untergangs, den schon Homer uns geschildert.

Aber fern diesem westlichen Schauplatze desselben, so voll Sand, Monotonie und Einsamkeit, habe ich mich an der sonnigen Südküste, am Rande der schimmernden Grouville-Bai, angesiedelt. Eine lachend-freundliche Villa mit weißen Wänden und grüner Veranda, um welche sich Herbstrosen schlingen, ist meine Wohnstätte; ich theile sie mit Lord Edward Russel (dem Bruder Lord Johns), der hier von seinen Seefahrten ausruht, und einem neuvermählten Paare aus dem englischen Midland-Counties, das hier seine Flitterwochen feiert. Beide sind fast noch Kinder; er ist neunzehn, sie ist siebzehn Jahre alt. Es erinnert mich an das Liebeleben des Paradieses, wie es die Bibel schildert, wenn ich diese Beiden unter den Apfelbäumen des Gartens, welcher die Rückseite der Villa deckt, wandeln sehe. Es erinnert mich an die schönsten Stunden der eigenen Vergangenheit, wenn ich durch die Rosen des Altanes das Flimmern des bläulichen Meeres erblicke; wenn ich durch die duftigen Heckenwege zum Hügel schreite, und die heimathlichen Laute der Erndte aus sanftgedehnten Feldern, aus dichtumbuschten Wiesen vernehme. Dann in das Rauschen des

Grases, der Zweige und der Wellen mischen sich, wie von Geisterlippen gesungen, die Worte meines Lieblingsdichters, als ob es die Worte wären zu der wehmüthig getragenen Weise der Landschaft:

> Und wenn wir fern ein hold Gefild,
> Ein Eiland uns erwählet,
> Wo Alles blumig, süß und wild,
> Und Nichts als Liebe fehlet:
>
> Dann spricht's in uns, dann ruft's: o hier
> Zu sein und zu genießen,
> Mit Ein'gen Derer, welche wir
> Weit in der Heimath ließen!
>
> (Th. Moore.)

2. Pontac.

Die kleine Villa am Meeresstrande, von der ich gesprochen, liegt im Kirchspiel von St. Clement, auf halbem Wege zwischen der „Stadt" und Gorey, einem zierlichen Fischerdorfe mit Werft und Hafen und dem berühmten Castell „Mont Orgueil", dessen Wälle und Bastionen mehr als einem Angriff der Franzosen schon getrotzt haben.

Die ganze Insel Jersey wird in zwölf Kirchspiele getheilt, von denen die meisten bis an die See reichen; nur eines, das von St. Saviour, liegt ganz im Inland. Die zwölf Kirchen, kleine, ehrwürdig bemooste Gebäude, sollen sämmtlich in der Zeit vom Beginn des zwölften bis zum Ende des vierzehnten Jahrhunderts errichtet worden sein; und es scheint, als ob sie ursprünglich alle von derselben Kreuzesform in ihrem Grundplan gewesen. Allein spätere Erweiterungen des Baues, durch die wachsende Einwohnerzahl der Insel veranlaßt, haben die Symmetrie der Form und des Styles zerstört; die Bögen der neueren Theile sind anders gestaltet, als die der älteren, und die später hinzugefügten Fenster sind von den früheren deutlich zu unterscheiden. Die ursprünglichen und alten Bögen sind die einfach zugespitzten, die Eingangspforten haben den normannischen Halbbogen, die Thüren von einigen sind spitz, von anderen massiv und viereckig.

Das Kirchlein von St. Clement steht auf einem blühenden Inlandhügel, umgeben von sorgsam gepflegten Gräbern und eingeschlossen von Rosenhecken und hohem Lorbeergebüsch. Der Weg vom felsigen Gestade des Meeres herauf führt durch überhängende Bäume, deren Aeste sich zu einem gothischen Bogen wölben. Im Dunkel dieses vom Waldgeruch erfüllten Domes zu wandeln, hat eine magische Anziehungskraft für die Seele. Die Bäume stehen wie lebendige, windbewegte Säulen, hoch über dem Weg, zu beiden Seiten am Hügelrand, welcher üppig bis tief unten mit Blumen und Schlinggewächsen von wilder Schönheit und süßestem Dufte bekleidet ist. Die Bäume selbst sind bis an ihre Wurzeln belaubt und beblättert, und um den kräftigen Stamm wuchert Epheu bis in den obersten Wipfel; und also, Krone zu Krone, und Wipfel zu Wipfel geneigt, bilden sie das rauschende Dach dieser unbeschreiblich lieblichen Irrgänge, welche die ganze Insel in ein Labyrinth waldiger Hügel und dunkelgrüner Thalschluchten verwandeln. Die sanfte Musik des Windes, welcher flüsternd durch die Blätter streift, wird von dem unablässigen Geplätscher einer verborgenen Quelle begleitet, die — ein bescheidenes Abbild des Unsichtbaren, welcher sie geschaffen — Frische und Segen und Wohllaut um den Wandersmann verbreitet, welcher sich umsonst bemüht, sie zu suchen.

Dieses ist die ahnungsreiche Schönheit der Inlandsschluchten; von einer Wölbung, die unsere Sinne aufwärts zieht, gleich den Säulengängen mittelalterlicher Dome, treten wir in die andere; und ehe wir die Kirchen erreichen, zu denen sie hier und dort führen, haben wir eine andere durchwandelt, in welcher es die Stimme der Natur selber ist, welche Liebe, Trost und Seligkeit predigt.

Die Fruchtbarkeit dieser Insel ist sprüchwörtlich geworden; und berühmt durch das Königreich Großbritannien sind die Birnen, die Aprikosen, die Artischocken und die Trauben von Jersey. Nicht minder reich als der Boden ist das umgebende Meer, welches von Fischen aller Art und Namen, von Hummern und Austern buchstäblich wimmelt. Aber es ist nicht das erstemal, daß sich das Beispiel des gelobten Landes mit seinem prophetischen „nur sehen!" auf profane Weise wiederholt. Die Eingeborenen sind äußerst frugale Leute, und sie zwingen — mitten im Ueberfluß — den Fremden, an dieser Tugend theilzunehmen. Die zoll- und steuerfreien Weine und Cigarren, die man dort erhält, sind von untergeordneter Qualität, und von Fischen und Früchten bleibt nur der Ausschuß zurück. Das Gute wird nach England geschickt; und wer Jersey von dieser Seite kennen lernen will, der muß nach London gehen und die Märkte von Billingsgate und Coventgarden besuchen. In Jersey selbst ist es nur die Landschaft, welche dem Fremden in ihrer Pracht und Fülle vor die Augen tritt.

Man kann, ohne zu übertreiben, die Insel Jersey mit einem mannigfaltigen Garten, mit einem blühenden Walde, so wie ihn uns die Mährchen aus dem 14. und 15. Jahrhundert schildern, mit einem zurückgebliebenen Reste des Paradieses inmitten der blauen See, vergleichen. Aber man würde damit noch nicht jenen Zauber des Ehrwürdigen, Alterthümlichen und Heiligen ausgedrückt haben, der hierselbst um jede Kirche, um jedes Farmhaus, um jede niedrigste Hütte zu schweben scheint. Je weiter man ins Inland schreitet, um so mehr empfindet man diesen Zauber, wie den Hauch, der aus alten Kirchen weht, wenn man sie an Wochentagen öffnet, oder aus tiefen, dunklen Wäldern, welche nur Wenige zu betreten pflegen.

In St. Hélier ist das englische Wesen siegreich gegen das eingeborene der Normannen vorgedrungen, wie überhaupt in den größeren Dörfern der Süd- und Westküste, deren See- und Fremdenverkehr sie zu einer solchen Wandlung vorbereitete. Doch kann man auch hier genau verfolgen und nachweisen, daß sie sich erst in den letzten funfzehn bis zwanzig Jahren vollzog. Auf den Kirchhöfen in St. Hélier und dem Kirchspiel von St. Clement sah ich keinen Grabstein vor 1840 mit englischer Inschrift, außer denjenigen der englischen hier garnisonirt gewesenen Soldaten. Seit jener Zeit aber wechselt das französische „ci-git" mit dem englischen „here lies", und auf dem Kirchhof von St. Brélade, in der Südwestecke der Insel, fand ich sogar auf einem Grabsteine, welcher zwei Gräber deckt, folgende zwei Inschriften dicht nebeneinander:

<table>
<tr><td>Ici réposé le corps
d'Esther Gallichan, femme
de Jacques Gallichan,
† 1825.</td><td>To the Memory
of Mary Charlotte
daughter of James Gallichan,
and Esther, his wife.
† 1851.</td></tr>
</table>

Wenn nun aber auch in der Stadt und den großen Küstendörfern (Gorey, St. Aubin und denen im Kirchspiel von St. Brélade) überwiegend viel Englisch gesprochen und ziemlich allgemein verstanden wird, so ist die Sprache des Inlandes doch, ja man kann geradezu sagen, die herrschende Sprache auf Jersey überhaupt die normanno-französische geblieben. Sie ist die Sprache des Gerichts, der Kirche (der Morgengottesdienst ist unveränderlich französisch, der Nachmittagsgottesdienst alle vierzehn Tage einmal englisch), der Schule, des Bauernhofs und der Kinderspiele, und zwar so rein, daß Chateaubriand, welcher als royalistischer Flüchtling hier lange lebte und das Volk von Jersey genau studirt und kennen gelernt hat, sagt (in seinen „Mémoires d'Outre-Tombe," wenn ich mich recht besinne): „Man findet in Jersey das Muster der alten Normannen wieder; man glaubt Wilhelm den Bastard oder den Dichter des Roman du Rou sprechen zu hören."*) Auf den Kupfermünzen von Jersey und Guernsey, welche zu schlagen ihnen noch gestattet ist, findet

---

*) Es ist bemerkenswerth, daß hier als Bejahungswort statt des französischen „oui" das alt-romanische „vere" zuweilen mit dem italienischen „già" verbunden, vom Volke gebraucht wird.

man die drei normannischen Leoparde, welche in die Siegesfahnen des Eroberers gewirkt waren; normannisches Recht und Gerichtswesen — im Mutterlande, an Frankreichs Küsten, längst im Code Napoléon untergegangen — hat sich auf diesen Inseln erhalten, und es wird versichert, daß Leute der unteren Klassen sich noch unter einander des Ausrufs: „Tu es un Normand!" als eines Schimpfwortes bedienen, damit ausdrückend, daß sie sich für besser und edler als ihre verkommenen Brüder und Stammesvettern, die französischen Normannen, halten.

Einer von den seltsamsten Resten dieser alt-normannischen Rechtsüberlieferungen ist das sogenannte „Clameur de Haro." Das Wort „Haro" war lang ein Räthsel der gelehrten Welt; und ich finde, daß es bei seiner mehrfachen Anwendung in der alten englischen Literatur noch immer nicht ganz zu seinem Rechte gekommen ist. Der ersten Anwendung dieses Wortes begegnen wir in dem ältesten uns erhaltenen englischen Mirakelspiel, welches unter den Harlei'schen Manuscripten im British Museum aufbewahrt wird (2253, 55. b). Es heißt: „The harrowinge of hell," stammt (nach Collier's Ansicht) aus Eduard's III. Zeit, und stellt Christi Höllenfahrt dar, welcher (nach den neutestamentlichen Apokryphen des Nikodemus) naht, um die darin Gefangenen zu befreien. Ein Jahrhundert später erscheint das Wort wieder in den aus der Zeit Heinrich's VI. stammenden Towneley-Mysterien (Publications of the Surtees Society. London, 1836). In der Darstellung des „Iuditium", als die

Trompete des jüngsten Gerichts schmettert, bricht der "primus daemon" in den Angstruf: "Out, out, haro!" aus. Im folgenden Jahrhundert ist das Wort schon auf englische Weise corrumpirt. Es hat sich nämlich ein höchst merkwürdiger Kupferstich erhalten (s. Hone, Ancient Mysteries, p. 138. London, 1823), mit der Ueberschrift: "Jhesus Christus resurgens a mortuis spoliat infernum", welcher Christi Höllenfahrt bildlich darstellt. Mit einem Riesenkreuz in der Linken, zieht er mit seiner Rechten die Geretteten aus dem geöffneten Höllenschlunde, während der Höllenwächter Tutivillus, ein Geschöpf mit fürchterlichen Krallen und langem Schwanze, auf einem Horne bläst, aus welchem die Worte: "Out, out arought", gleichsam ein Hülfsschrei, hervorzugehen scheinen. Das Letztemal, wo wir diesem Worte, in noch stärkerer Corruption begegnen, ist bei Shakspere, und zwar in Macbeth (1, 3) und König Lear (3, 5), jedesmal in der Zusammensetzung: "aroint thee, witch" als Ausruf zum Zurückweisen einer Hexe. Schlegel übersetzt: "Pack Dich!" und "Trolle Dich!" und Delius (Shakspere's Werke I, a. a. O. Elberfeld, Friderichs) sagt, daß die Bedeutung klarer sei, als "die Etymologie des wahrscheinlich adverbialen Wortes aroint, das bei keinem Zeitgenossen Shakspere's vorkommt."

Indem wir weit, weit über diese Zeitgenossen hinaus und um viele Jahrhunderte zurückgegangen sind, glauben wir die Lösung des Räthsels gefunden zu haben.

Wir wissen nun, daß jenes allmälig bis zur Unkenntlichkeit entstellte Wort, nebst seinen späteren Corruptionen, der alte Normannenruf ist; aus der englischen Sprache, in welche er sich während der ersten Zeit der normannischen Herrschaft eingebürgert, verschwand er; aber auf Jersey finden wir ihn in seiner Ursprünglichkeit wieder. In allen Fällen von Besitzstörungen und Vergewaltigungen ist es hier nämlich Rechtsvorschrift, daß der Verletzte in Gegenwart von Zeugen niederkniet und folgende Worte ausruft: „Haro, Haro, Haro, trois fois Haro, à l'honneur de mon prince et de mon droit, on veut me ravir mon droit!" Dieses ist die (von der in Le Quesno's, Constitutional history of Jersey, p. 39, gegebenen beträchtlich abweichende) Fassung, welche mir Meister Crill, der Prévost des Kirchspiels, in dem ich wohne, als die hier gebräuchliche dictirt hat. Sobald der Ruf in dieser Form geschehen, muß Alles, was den Besitz des Rufenden stören kann, eingestellt werden, bis die Sache vor den königlichen Hof gebracht und von ihm entschieden worden ist. Wird der Angeklagte für schuldig befunden, so muß er, außer dem Schadenersatz, eine Strafsumme erlegen; hat aber der Kläger den Ruf erhoben, ohne ihn hernach rechtlich begründen zu können, so wird er zu einer Strafe verurtheilt.

Dieser Gebrauch stammt aus dem ersten Stadium des normannischen Volkslebens, aus jener Zeit, wo — im Anfang des 10. Jahrhunderts — Karl der Einfältige den Herzog Rollo mit Neustria belieh. Es war die Zeit, wo die Normannen, nach ihren abenteuerlichen Zügen

Jerfey und Guernfey.

durch die westliche Welt von damals, sich in der Nord=
westecke des zerfallenden Frankenreichs sammelten; und
jugendfrisch unter den altersschwachen Resten jenes von
romanischen und germanischen Elementen zersetzten Celten=
thums eine neue Welt des Ritterthums, der Schwärmerei
und Poesie schufen. Der erste Gründer dieser neuen
Welt ist Rollo, der Normannenherzog; der Schirmherr
der Freiheit und des Rechtes, der Mann des Volkes, der
Held des Gesanges, hochgefeiert im „Roman de Rou",
dessen Verfasser Robert Wace zu Anfang des zwölften
Jahrhunderts in Jerfey geboren ward;*) wie er selber sagt:

> Jo di è diral ke jo sui
> Wace de l'Isle de Gersui.
> (Roman de Rou, II, 95.)

Auf diesen Rollo oder „Ro", wie sein Volk ihn
nannte — ein ewiges Gedächtniß, das er sich selber ge=
stiftet — bezieht sich das „Clameur de Haro". Es ist
eine Erinnerung daran, daß man in seinen Zeiten nur
den Namen Ro's (Haro = Ha, Ro!) anzurufen brauchte,
um gegen Gewalt und Unrecht geschützt zu sein; und der
Jerfeymann, der sich dieses Namens zu seinem Schutze
bedient, thut es heute noch, wie es in der Formel heißt:
„zur Ehre seines Fürsten und seines Rechtes", und er

---

*) Die Familie desselben existirte nachweislich bis ins fünf=
zehnte Jahrhundert. Noch um 1454 verkaufte ein „Guillemin Vasse"
von St. Clement einige seiner Ländereien an die Anquetil=Familie.
(S. Payne, An Armorial of Jersey, Preface.)

wird bestraft, wenn er denselben durch Mißbrauch entweihte.

Die Kanalinseln kamen erst 21 Jahre später, um's Jahr 933, an William, den Sohn Rollo's. Auch ihre Bevölkerung war ursprünglich eine celto=romanische; römische Baureste, druidische Altar= und Tempeltrümmer existiren noch in den Thalschluchten und auf den Anhöhen von Jersey, ja reichliche Spuren altceltischen Aberglaubens charakterisiren noch heut das häusliche Leben seiner Bewohner. Hier, wie in den andern ursprünglich von Celten bewohnten Ländern, fand ich z. B. das Hufeisen zum Schutze der Hausthüre gegen eingebildete dämonische Wesen; ja ich fand es hierselbst häufiger und regelmäßiger, als in den bisher mir bekannten Ländern. Es giebt auf Jersey wol kaum eine Farm oder eine Fischerhütte (in der Stadt habe ich es weniger bemerkt) wo nicht zwei Hufeisen in das untere Ende der Thürpfosten einander gegenüber eingenagelt wären. Das Hufeisen deutet von allen Reminiscenzen des Celtenthums in die älteste Epoche desselben hinauf, indem es ein Abbild der heiligen Form ist, welcher sich die Druiden bei ihren Bauten vorzugsweise bedienten und deren Umrisse wir noch in den Resten ihrer Opfertische (Cromlechs) entdecken. In Irland soll das Hufeisen gegen die Feen beschützen; auf Jersey glaubt man sich durch dasselbe gegen Hexenkraft zu sichern. Denn es ist merkwürdig, wie hier auf dem Lande der Hexenglaube verbreitet und eingewurzelt ist. Strenge Hochkirchenleute und eifrige Anhänger der Wesleyanischen Lehre (deren es hier sehr viele giebt) sind ihm in gleicher Weise ergeben. Ich habe die wunderlichsten Geschichten davon erzählen hören. Ein begüterter Farmer in unserem Kirchspiel hatte im vorigen Jahre das Unglück, daß eine Krankheit unter seinem Vieh ausbrach, die ihm den größten Theil desselben in kurzer Zeit hinraffte. Er konnte sich nicht überreden, daß dieses rasche Hinsterben seinen natürlichen Grund habe, sondern schrieb es der Hexenkunst eines alten Bettelweibes zu, welches er kurz zuvor von seinem Hofe gejagt hatte, weil er ihr nicht traute; und anstatt sich nun an einen Thierarzt zu wenden, nahm er seine Zuflucht zu folgendem Mittel, welches ihm gleichfalls eine im Gerüche übernatürlicher Kräfte stehende alte Frau angerathen hatte. Er nahm das Herz des zuletzt gefallenen Thieres, steckte es ganz voller Dornen und hängte es darauf in den Rauchfang; und so wie es nun verdorrte und verging, glaubte er, daß auch die Hexe, die ihm sein Vieh verzaubert, verdorren und vergehen, und damit der böse Einfluß aufhören müsse, den sie über dasselbe geübt. — In dem Fischerdistrikte, von hier an der Küste hinunter bis nach Gorey, zeigte man mir einen Mann von einigermaßen unheimlichem Aeußern, welcher für einen Hexenmeister gehalten wird; und so groß ist die Furcht vor demselben, daß (dies sind Meister Crill's eigene Worte) „die Fischer umkehren, wenn sie ihm auf dem Sande begegnen, und sollte auch Wind, Wetter und Lockspeise noch so gut sein." — Für den gespenstischen Zusammenkunftsort der Hexen von Jersey wird der graue

„Rocbert" oder „Hexenfelsen" gehalten, einer jener granitnen Kolosse von übereinandergepolterten Steinklötzen, mit wild-grotesken Conturen, welcher von bleichen, traurigen Haidebüscheln umweht und von zahlreichen Furchen und Rissen — Spuren der Hexenfüße, wie die Eingeborenen meinen — durchzogen, auf einer einsamen Wiese über dem Meere steht, nicht zehn Minuten weit von unserer Villa. Hierher, so erzählt das Volk, begaben sich um die Stunde der Mitternacht ehemals viel gottlose Menschen, um mit Hülfe der hier versammelten Hexen über ihr eigenes oder das Schicksal derer, die sie liebten oder haßten, zu entscheiden, wofür sie selber dem Teufel verfielen. Ich habe den grauen Rocbert oft und zu jeder Tageszeit besucht, und immer wahrgenommen, daß die Bauern und Fischer es vermeiden, ihm nahe zu kommen; ja selbst bei Meister Crill habe ich eine unwillkürliche Beschleunigung des Schrittes bemerkt, als wir einst in der Abenddämmerung dem verrufenen Felsen vorbeigingen.

Das Hufeisen an der Thür und ein oder zwei eingesunkene „Pouquelahs"*) auf den Hügeln dieser Insel sind aber auch Alles, was vom Celtenthume übrig geblieben.

Denn hier, wie überall, triumphirte das Normannenthum, welches sich zur Vervollständigung seines inne-

---

*) So heißen hier die in Wales und Irland „Cromlech" genannten Druidenaltäre, wahrscheinlich mit Bezug auf den wohlbekannten „Puka," den Kobold der celtischen Feenlehre, von welchem ich jedoch außer dieser muthmaßlichen keine weitere Spur auf Jersey fand. Das „lay" kann nichts anderes sein, als das celtische „lech," so daß das Wort etwa mit „Stein des Puk" zu übersetzen wäre.

ren Sieges der Sprache der Besiegten bediente, über die
Volksreste der alten und verkommenen Cultur, mit der
Eisenkur des Nordens das südliche Blut der Celten neu
stärkend und belebend.

Das trotz seiner sächsischen Infusion immer noch zu
sehr celtisch gebliebene England wurde die Königin der
Meere, weil die Normannen es besiegten und unterwarfen; und Irland blieb die Bettlerin und die „Niobe der
Nationen," weil die Normannen es wol unterwerfen, aber
nicht besiegen konnten. —

Mit dem übrigen normannischen Besitzthum Wilhelms
des Eroberers gingen auch die Inseln des Canals auf
England über; und sie verblieben bei England, nachdem
die Normandie, das alte Neustrien, unter König Johann
wieder an Frankreich verloren ging.

Es läßt sich daher denken, daß diese Inseln seit
alten Zeiten ein Gegenstand des Aergers und des Neides
für Frankreich waren. Es machte auch viele Versuche,
den letzten im Jahre 1781, um sie zu überrumpeln; aber
diese Versuche scheiterten an den Felsen dieser Inseln,
an den englischen Bollwerken, den englischen Wachtthürmen, den englischen Mörsern und den englischen Rothröcken, welche sich in erstaunlicher Menge noch heut auf
jedem hervorragenden Punkte der Küste befinden. Ob
die eingeborenen Bewohner von Jersey so treu englisch
sind, wie die englischen Handbücher behaupten, wage ich
nicht zu entscheiden. Ich glaube es nicht; obgleich ich

auch nicht gesagt haben will, daß sie irgend welche prononcirt französische Sympathien hätten. Die Bewohner von Inseln pflegen selbstsüchtige Naturen zu sein; je kleiner die Inseln, je selbstsüchtiger ihre Bewohner. Die von Jersey sind eifersüchtig auf ihre alte Verfassung, ihre alten Gesetze, ihre alte Sprache. Ich weiß nicht, ob sie die Franzosen lieben; aber aus vielen kleinen Zügen, die der Fremde und Unparteiische leichter sieht, als der Einheimische und Betheiligte, habe ich gemerkt, daß sie die Engländer nicht lieben.

Es ist eine oft besprochene Thatsache, daß Jerseyleute keinen geselligen Verkehr mit den dort angesiedelten Engländern haben und Mischheirathen derselben zu den Seltenheiten gehören. Kein Bauer grüßt den Engländer; ja, man ist ziemlich sicher, keine Antwort zu bekommen, wenn man ihnen auf Englisch guten Morgen oder guten Abend wünscht. Sie liegen in der Dämmerung auf den Mauern ihrer Gehöfte, kräftige Bursche in runden Lederhüten, dunkle Mädchen mit sonngebräunten Gesichtern, und unbekümmert um den Fremden, der vorbeiwandert, lachen und scherzen sie in einer dem Engländer unbekannten Weise und singen französische Lieder. Besonders oft hörte ich das „Partant pour la Syrie," die Nationalhymne des neuen Kaiserreichs. An den Wänden ihrer Stuben hängen französische Bilder, wie sie in den Fabriken des Elsaß verfertigt werden, und wenn sie ja eine Zeitung in die Hand nehmen, so ist es die französisch geschriebene „Chronique de Jersey."*) Frägt man sie in englischer Sprache nach irgend einem Punkte der nächsten Nachbarschaft oder um den Weg, den sie Alle kennen, so erhält man entweder gar keine oder die Antwort, sie wüßten es nicht; wogegen sie sich höchst liebenswürdig bezeigen, sobald man sie auf Französisch anredet. Daher denn die im Innern der Insel unter den Leuten von Jersey lebenden und von ihnen mehr oder weniger abhängigen Engländer auch durchaus nicht freundlich gegen sie gesinnt sind. Die englische Wirthsfrau von Gorey sagte mir, sie seien geizige Leute; der englische Apotheker von Grouville sagte mir, sie seien nicht ehrlich, man könne ihnen nicht trauen; und der englische Kutscher unserer Villa beklagte sich, daß sie so unhöflich seien und ihm niemals ausweichen wollten, wenn er ihnen auf einem schmalen Wege begegne. Wie gesagt, ich glaube nicht an den englischen Patriotismus auf Jersey. —

Uebrigens haben die Engländer an diesem unfreundlichen Verhältnisse selbst viele Schuld. Sie kommen unter ein Volk, welches seit undenklicher Zeit französisch spricht, und, anstatt sich diese Sprache, so gut es gehen will, anzueignen, sagen sie es den auf Alles, was ihr

---

*) Außer diesem französischen Blatt erscheinen auf Jersey noch zwei englische: „The Jersey Independent" (täglich) und „The British Press and Jersey Times" mit dem Motto: „pro rege, lege, grege" (dreimal). Sie bringen fast nur Abdrücke aus den leitenden englischen Zeitungen, und sind für die auf Jersey lebenden Engländer, was „Gagliani's Messenger" für diejenigen ist, die auf dem Continente leben. —

alles Eigenthum ist, stolzen Bewohnern von Jersey in's Gesicht, daß sie ihr „nasty gibberish," ihr häßliches Kauderwelsch nicht lernen wollten und könnten. Dagegen die viel gelehrigeren Jerseyleute mit Leichtigkeit so viel Englisch aufpicken, als sie nöthig haben, um im Verkehr des täglichen Lebens und auf dem Markte die Engländer um desto sicherer übervortheilen zu können. Die große Selbstsucht der Engländer und die noch größere der Jerseyleute liefern sich hier beständig kleine Vorpostengefechte; und die zähe Geschmeidigkeit der Letzteren siegt in der Regel über die unveränderliche Schwerfälligkeit der Ersteren.

Das wahre und eigentliche Band, welches diese Inselgruppe dauernd an England gefesselt hat und noch fesselt, ist zunächst das religiöse des Hochkirchenthums, welches hier fast zu derselben Zeit eingeführt ward, als in England; und dann das große Maß der ihr von Alters her gewährten und garantirten Privilegien, deren Mehrzahl schon aus dem zwölften Jahrhundert und der Regierung König Johann's stammt.

Dieselbe Ansicht hatte schon, zweihundert Jahre vor uns, Peter Heylyn, den wir wol als den ersten Touristen auf Jersey betrachten dürfen und der, trotzdem er im Vorworte seines Reisewerkes*) die richtige Bemerkung

---

*) A survey of the estate of France and of some of the adjoining islands. London, printed by E. Coty for Henry Seller, over against St. Dunstans Church in Fleetstreet. 1656. Ich fand dieses ziemlich seltene Buch in der vom Bischof Falle, dem Historiker von Jersey, gegründeten und der Stadt St. Helier bei

macht, daß man über kleine Inseln nicht gut große Bücher schreiben könne, doch einen recht anständigen Quartband geliefert hat. „Die Bewohner dieser Inseln," sagt er (S. 294), leben so zu sagen in „libera custodia," in einer Art freiwilliger Unterwerfung, und sind in keiner Weise mit Taxen oder anderen Belastungen ihrer Person oder ihres Vermögens bekannt. Daher denn, so oft das Parlament von England seinem Fürsten eine Geldbewilligung macht, sich immer ein Provisum in der Acte befindet, dahin, daß diese Bewilligung oder diese Subsidien oder was darin sonst gewährt sein mag, sich nicht auf eine Verpflichtung der Einwohner von Jersey und Guernsey erstreckt ... Diese Privilegien und Immunitäten (zusammen mit verschiedenen anderen), in neueren Zeiten durch das mächtige Band der Religion unterstützt, sind die Hauptveranlassung jener Beständigkeit gewesen, mit der diese Inselbewohner ihre Treue gegen England gehalten. So viel vermag Freiheit oder wenigstens doch ein erträgliches Joch über den Geist und die Neigung eines Volkes." — Hierzu macht funfzig Jahre später der eingeborene Historiker Falle die Bemerkung: „Wir haben, so lange wir im Genuß dieser Privilegien sind, keinen Grund, einen Wechsel unserer Herren zu wünschen." (Caesarea, or an account of Jersey. I. Edit. 1694.)

---

seinem Tode 1736 vermachten Bibliothek, deren Benutzung mir freundlichst gestattet wurde. Einer seiner Nachkommen, ein alter, zuvorkommender Herr, der mir bei meinen Forschungen auf Jersey manch' nützlichen Wink gab, ist Bibliothekar derselben.

Wie zu Peter Heylyn's Zeiten giebt es auch heute noch weder Zölle noch Abgaben, weder Stempeltaxen noch Schlagbäume, weder Steueraufseher noch Controlleure irgend welcher Art auf Jersey: und diese seltene Freiheit, verbunden mit dem Reichthum des Bodens und der Sparsamkeit seiner Bewohner verleihen dieser glücklichen Insel überall den Anblick des friedlichen Wohlergehens, der gesegneten Ordnung, und sie erklären es, warum man nirgends Armuth und niemals einen Bettler sieht.

Auch die innere Verwaltung und Organisation ist durchaus selbstständig und vollkommen unabhängig vom englischen Parlament. Diese Inseln erkennen nur die Königin von England an, und die Gewalt des von derselben eingesetzten Gouvernements ist höchst beschränkt. Jersey und Guernsey haben jede ihr eigenes Parlament, die „Staaten" genannt; das von Jersey besteht aus den zwölf Richtern (Jurés-justiciers) und den zwölf Geistlichen der zwölf Kirchspiele, den zwölf Bürgermeistern (connétables) derselben und vierzehn alle drei Jahr neu erwählten Deputirten. Der Civil-Gouverneur der Insel (für Guernsey zusammen mit Sark und Alderney gilt dasselbe) so wie der oberste Befehlshaber der hier stationirten Truppen hat das Recht, den Sitzungen der „Staaten" beizuwohnen und bei ihren Berathungen mitzureden. Ein Stimmrecht hat Keiner von Beiden, sondern nur ein Veto in Fällen, welche das specielle Interesse der Krone berühren; so daß die Canalinseln in der That einer nur unter englischer Oberhoheit stehenden

Republik gleichen, in welcher die englische Hochkirche herrscht und die englische Münze cursirt.

In ähnlicher Weise hat sich, wie schon weiter oben angedeutet, das alte Gerichtsverfahren conservirt; und eine der wichtigsten Rechtsquellen, das Gewohnheitsrecht, ist noch heute fast unverändert das „vieux Coutumier de Normandie." Daher denn auch die Juristen der Canalinseln in Frankreich studieren und in Paris ihre Prüfungen machen, ihre Grade erwerben müssen. Das Erbrecht, dieses für alle stabilen Interessen entscheidende Grundgesetz, hat sich bei den „Seigneurien" in seiner ganzen feudalen Strenge erhalten. Die Seigneurie — etwa dem Begriff eines Rittergutes in Preußen entsprechend — vererbt sich mit Ausschluß jeder anderweitigen Verfügung unter Lebenden oder auf den Todesfall strikt nach dem Gesetze der Primogenitur; das Bauergut dagegen, „die Farm," wird zu gleichen Theilen unter die Söhne vertheilt, die Töchter erhalten zusammen ein Sohnestheil, und das Farmhaus geht unverändert an den ältesten Sohn über.

Die Seigneurien, deren es auf Jersey vier (auf Guernsey zwei) giebt, haben viel von der Bedeutung verloren, welche sie in der alten Zeit des Feudalwesens hatten, wo der Grundsatz galt: „nulle terre sans seigneur," und der Seigneur wirklich noch ein Herr war. Es sind eben nur noch große Besitzungen mit ehrwürdig alterthümlichen Gebäuden hinter hohen, dicken Mauern, um welche Epheu rankt und dunkle Bäume wachsen. Doch haben sich noch manche Reste der Vergangenheit erhalten. So hatte der Seigneur das „droit de colombier," d. h. das ausschließliche Recht, Tauben zu halten; und noch heut' sehen wir neben den Seigneuriegebäuden den alten runden Thurm, „colombier" genannt, in welchem ihre ehemalige Wohnung gewesen. (Siehe: Le Quèsne. 92.) Vormals ward auch der Thurm der St. Martins-Kirche im Kirchspiel gleichen Namens von den Pfarrern desselben als Taubenschlag benutzt; aber einer von den Pfarrern überwarf sich mit dem damaligen Seigneur von Rozel, worauf dieser ihm das Recht nahm, Tauben zu halten. Die Fluglöcher in der Thurmspitze sind aber noch heute zu sehen. (Siehe: Payne: Armorial of Jersey. 22.) — Der Herr der Trinity-Seigneurie ist noch heute verpflichtet, zwei Enten für die königliche Tafel zu liefern, so oft der Souverain oder die Souverainin von England in Jersey zu speisen beliebt. Und bei der Ankunft derselben sind zwei andere von den Seigneurs verpflichtet, ihnen in der See, bis an's Geschirr ihrer Pferde, entgegenzureiten. Der seltsamste aller Gebräuche ist aber mit der Seigneurie von Saumarez verbunden, deren freundlich von blühenden Gärten umgebenem Herrensitz mit hohen Steinportalen, weißen Wänden und grünem Spalier ich oft auf meinem Inlandwege nach St. Helier vorübergehe. Der Pfarrer des Kirchspiels von St. Clement hat nämlich die Verpflichtung, die Herrin von der Seigneurie das erste Mal, wo sie nach einem Wochenbett wieder ausgeht, hinter sich auf einem weißen Pferde von ihrem Hause nach der Kirche zu führen und sie in derselben Weise nach beendigtem Gottesdienste zurückzubringen. Der Seigneur muß das Futter für das weiße Pferd liefern, welches der Pfarrer für diesen Zweck hält. Ob jedoch heut zu Tage der Seigneur diesen Reiterdienst wirklich noch von seinem Geistlichen verlangt, sagt meine Quelle (Rooke, the Channel Islands, 50.) nicht. —

Auch unter den Farmhäusern habe ich einige von beträchtlichem Alter gesehen. Ueber die Zeit, wo das Cromwell'sche Regiment auch hier Alles umgestürzt zu haben scheint, reicht zwar keines hinaus; aber von den unmittelbar nach jener Revolution neu errichteten hat sich manch' eines erhalten. Man kann dies hohe Alter meist durch Zahlen nachweisen; denn es war von jeher Gebrauch auf Jersey (und ist es noch heute), in den Stein über der Thür die Initialen des Bauherrn und seines Weibes, zwei ineinander gefügte Herzen und die Jahreszahl der Gründung einzumeißeln. Aber auch sonst unterscheidet man diese alten, vom Vater auf den Sohn vererbten Farmhäuser sogleich von den neuen durch ihr ehrwürdiges Aeußere, durch den Umfang der innern Höfe, durch das bemooste Strohdach, die normannische Spitzbogenpforte, die massenhafte Schwere und das castellartige Aussehen der sie einschließenden Mauern. Man sieht es mit einem Blick auf diese normannischen Bauernhäuser, von wem die Engländer es gelernt haben, das stolze Wort: „Mein Haus ist meine Burg!"

Neben diesen behäbig-vollen Wohnsitzen einer begülerten Baueraristokratie finden sich zahlreich die kleineren Häuser der jüngeren Söhne, welche nicht selten mit Geld abgefunden werden. Kleiner, bescheidener, dürftiger als jene haben sie doch nichts Aermliches in ihrer Erscheinung. Im Gegentheil, mit den wuchernden Blumenbeeten vor ihren Thüren und gekleidet in die duftige Tracht des Lichtes und der Wärme, gleichen sie noch immer angenehmen Stätten des Friedens, die man mit ihren Bewohnern theilen möchte. Und die vielfach parcellirten Felder, golden von der Ernte, die dem Herbste entgegenreift, von zahllosen rothen Blumen am Rande umleuchtet, und von Geisblatthecken, aus denen die Biene Honig saugt, und hohen Bäumen mit tief niederhängendem Laubwerk umschlossen, geben selbst dem hügeligen Ackergrund dieser Insel das Ansehn, als seien es Gärten und Gefilde, geschaffen mehr zu des Menschen Lust und Freude, als dazu, ihn im Schweiße seines Angesichtes zu nähren.

Diese Milde der umgebenden Natur ist nicht ohne Einfluß auf das Recht geblieben und sie scheint es der letzten Consequenz seiner Strenge gänzlich beraubt zu haben. Zwar existirt die Todesstrafe dem Buchstaben des Gesetzes nach auf Jersey; aber sie wird so selten verhängt, daß Meister Crill — meine Autorität in all' diesen Dingen — sich seit vierzig Jahren keines Beispiels derselben entsinnt. Man hat wol einen „Galgenhügel" in der Nähe von St. Helier, dem Fort Regent gegenüber; aber der Galgen ist von demselben seit Menschengedenken verschwunden.

Nicht als ob die jedem Sterblichen angeborene Leidenschaft, welche die Quelle der großen Tugenden und der großen Verbrechen ist, sich hier, unter den Blumen und Bäumen der Hügel, so sehr geläutert und geklärt hätte; Meister Crill erzählte, daß bei verhältnißmäßig wenig schweren Verbrechen seit jener Zeit doch drei Mordthaten vorgekommen seien, deren Urheber man mit Genehmigung des Gouvernements auf eine der englischen Strafcolonien deportirt habe. Es ist in der That das Gesetz und das von ihm vorgeschriebene Verfahren selber, welches diese auffallende Erscheinung erklärt. In alten Zeiten galt hier das Asylrecht in seiner ganzen Ausdehnung. Noch zeigt man dem Fremden die „perquages“, eine besondere Art von Wegen, welche aus den verschiedenen Kirchen zum Meere hinunterleiten, und auf welchen jeder Capitalverbrecher, welcher Schutz in ihnen gesucht, das Eiland verlassen durfte, um nie wieder zurückzukehren. In neueren Zeiten, seit mit der Reformation jenes umfassende Schutzrecht der Kirchen verloren gegangen, giebt es hier zwei Geschwornenhöfe, von denen der erste, aus dreizehn Mitgliedern bestehende, „l'Enditement“ (der kleine Hof) genannt, nur über die Frage „plutôt coupable qu'innocent“ zu entscheiden hat, worauf, im Falle der Entscheidung, „plutôt coupable“ an den großen Hof „la grande Enquête“ appellirt wird, von dessen vierundzwanzig Mitgliedern fünf hinreichen, um den Angeklagten von der Todesstrafe zu befreien.

Bertrand Payne, welcher kürzlich begonnen hat, eine

Geschichte der edlen Geschlechter von Jersey*) zu veröffentlichen, meint in der Vorrede, daß es jetzt die höchste Zeit sei, ein solches Werk zu unternehmen, wenn es überall noch zu Stande kommen solle. „Denn," so sagt er (p. 13), „das allmälige Aufgehen der eingeborenen und ausländischen Familien und das Verschwinden manch' elnes geehrten Namens, welcher nun beinah vergessen ist, minbert ihre Anzahl; und es mag sein, ehe noch viele Generationen dahingegangen, daß dieser letzte und reinste Rest der alten Normannen in jener Olla Potrida von Nationen, Engländer genannt, untergegangen ist und sein Name den zufälligen Bewohnern der ehemaligen Inselheimath beigelegt wird."

Dies ist die hergebrachte und beliebte Klage unserer Alterthumsforscher, und sie wiederholt sich heutzutage überall und in allen Verhältnissen. In der That könnten wir auf den Ladenschildern von St. Helier den Commentar dazu finden. Namen, von Robert Wace in der Liste der Ritter aufgeführt, welche unter des Eroberers Leopardenbanner bei Hastings fochten, paradiren heutzutage in der weniger ritterlichen Liste derjenigen, welche Bank- und andere Geschäfte betreiben auf Jersey. Ein Nachkomme der De Carteret-Familie — von deren altem Ruhme so mancher Schloß- und Kirchenbau auf Jersey und Guernsey zeugt und deren heldenthümliche Tradi-

---

*) An Armorial of Jersey, being an account heraldic and antiquarian of its chief native families etc. 1859. (Only for subscribers.)

tionen die Blätter der normannischen Chroniken erfüllen — hat ein Comptoir an der Ecke des Royal Square in St. Helier. Die Familie der Robins hat 43 Schiffe auf dem Meere, und man hält sie für die reichste der Insel. Andere von den aristokratischen Geschlechtern bewohnen in stolzer Zurückgezogenheit die beschatteten Gehöfte des Inlandes, und kaum, daß man noch an den Thürbogen ihrer Häuser das bemooste Wappen erkennen kann. Auf diesem kleinen Inselstaat, dessen Entwickelung, von keinem äußern Zwange gehemmt, den natürlichsten Verlauf von der Welt nahm, sehen wir den Weg, welchen einzuschlagen die Aristokratie von der Zeit selbst gezwungen wird. Die Stammverwandten erobernder Königsgeschlechter stehen hinter Wechseltischen; die Nachkommen reisiger Schloßhauptleute führen Schiffe nach Neufundland zum Schellfischfang; die Enkel im Gesange lebender Helden bebauen das Land und sorgen für die Heerde, welche im fetten Grase der Triften weidet; und so zeigt uns das Bild dieser gesegnetsten aller Inseln, wie wir Alle, ob wir einen Stammbaum haben, oder keinen, uns genöthigt sehen, Hand an die Arbeit zu legen, welche das strenge Gesetz unserer Tage ist. Ja, noch mehr; wir sehen, wie erst sie, diese Arbeit, es war, die der Insel den gegenwärtigen Anblick des Reichthums und der Fülle gegeben. Sie war nicht immer so, wie sie heut erscheint. Noch Peter Heylyn beklagt sich bitterlich über die Menge der Bettler, von welchen er sich auf Schritt und Tritt belästigt sieht, und schreibt sie mit Recht dem damaligen

Zustande der Indolenz und Unthätigkeit der Insulaner zu. Damals, wo noch die „alten Familien" regierten und Handwerk, Handel und Schifffahrt nicht waren auf Jersey, konnte die Insel kaum 30,000 Einwohner ernähren, wogegen sich jetzt gerade noch einmal so viel des glücklichsten Wohlstandes auf derselben erfreuen. Ach! die Tage des Paradieses waren kurz; und selbst unter den Laubgewölben von Jersey vernehmen wir das traurige Echo des Fluches, welcher uns daraus vertrieben, und lernen, wie die Menschenhand ihn in Segen verwandeln kann und soll.

Dieses sind die Gedanken, welche mich beschäftigen, wenn ich still am Abhange der Hügel sitze, und die lieblichen Scenen überschaue, die mich umgeben: die Obstgärten, die Wiesen, die weißen Fußpfade hier und dort, und die halb von Laub und Blumen verdeckten Häuschen, zu denen sie sich emporschlängeln. Sie begleiten mich auf meinem Lieblingswege zu dem alten Thurme La Hogue Bye, welcher auf der Höhe des Inlands steht, und von welchem die Chronik erzählt, daß ein liebendes Weib ihn zum Andenken an ihren hier erschlagenen edlen Gemahl errichtet habe. Von den Zinnen dieses Thurmes, von welchem einst der Prinz von Auvergne, als er vor dem Blutregiment der Revolution hierher geflohen war, sehnsüchtig nach der bläulich dämmernden Küste des geliebten Frankreichs geblickt, blicke auch ich hinüber, der glücklichen Tage der Jugend und des Frühlings, welche ich dorten verlebt habe, und manch eines

guten Freundes, manch einer holden Freundin von drüben
eingedenk. Dann, von den trügerischen Bildern der Vergangenheit, welche kommen und gehen, über das Meer
im Abendroth heimwandernd, senkt sich das Auge auf das
im letzten Sonnenschein träumende Inselidyll zu meinen
Füßen; und in weitem, prächtigen Bogen umschreibt es
die tiefdunklen Buchten, die Wälder, die den Rand derselben kränzen, die Dörfer mit ihren weißen Kirchthür-
men, an denen der Scheidegruß des Abends hängt, den
unerschöpflichen Reichthum von Frieden, Schönheit und
Segen, der ringsum ausgebreitet ist. Bis zuletzt der
flammende West die hohen Pinien und Ulmen um den
Thurm ganz mit seinen Gluthen erfüllt, und das
grüne, kühle Dunkel des Rasenbodens unter ihnen mit
goldenen Flittern bestreut, welche magisch hin- und her-
tanzen.

Aber auf einem der Heimwege von diesem Thurme
— als ob das Schicksal mir selbst hier die seltene Il-
lusion des Paradieses nicht gönnen möchte — war es,
wo ich entdecken sollte, daß auch das kindliche Liebesglück
meiner beiden Hausgenossen, trotz der Apfelbäume, unter
welchen wir sie zuerst wandeln sahen, nicht frei von irdi-
schen Mängeln sei. Denn zu meinem Entsetzen mußte
ich vernehmen, daß er — der junge Ehemann von neunzehn Jahren — die Clarinette blies, und seine siebzehn-
jährige Gemahlin ihn auf einem Pianoforte begleitete,
welches — nach dem Klange zu urtheilen — schwarze
Untertasten hat. Ich will Nichts von dem peinigenden

Lärm sagen, welchen diese beiden Instrumente, jedes unbekümmert um das andere, in der sonst so engelstillen, von Abenddämmerung und Rosenduft erfüllten Villa anrichteten; aber ich kann es nicht lassen, an eine geistreiche Freundin in Berlin zu denken, welche ganz ernstlich behauptet, daß Clarinetteblasen ein Scheidungsgrund sei.

Guernsey.

Am Tage, da ich Pontac verließ, bemerkte ich schon vom frühen Morgen an auffallende Gruppen des Fischervolkes am felsigen Strande des Vorgebirges von Le Hocq. Der Himmel war klar, aber eine scharfe Brise wehte aus Westen, und die volle Fluth rollte mit seltener Schwere gegen die Felsköpfe der Küste. Ich ging zu den Leuten. Sie hatten etwelche Spiere, Stängen und anderes leichtes Schiffsgebälk aufgefischt, welches unweit des Ufers mit dem Wasser herangetrieben kam. Sie meinten, es könne wol ein Schiff in dieser Nähe zu Schaden gekommen sein. Ein paar Stunden später, als das Wasser zurücktrat, sahen sie durch ein Fernrohr, weit in der Grouville-Bai, zur Linken der Felsen von Ikhot eine Mastspitze. Zwei Böte wurden vom flachbespülten Ries ins Wasser geschoben und segelten alsbald in der Richtung ab, während die Andern, auf die Felsen gelagert, ihnen nachsahen. Gegen Mittag kam die Nachricht, ein Schooner sei zwischen den Klippen gescheitert; die Piloten von Gorey seien schon an Ort und Stelle gewesen, als man angekommen; aber es sei nicht viel zu bergen und von der Mannschaft habe man keine Spur entdeckt. Wahrscheinlich habe sie sich nach den Küsten der Bretagne zu retten versucht.

Nach dem Mittagessen, Nachmittags drei Uhr, nahm ich Abschied von Mr. Tallis, meinem ehrenwerthen Wirthe. Eben kam die Fluth wieder herein, und sie warf die Leiche eines noch nicht lange gestorbenen, aber von der Wildheit des Meeres und des Grundes arg verstümmelten Menschen auf die Bank. Man hatte sie auf ein Lager von Seetang getragen, und die Leute von Pontac und Saumarez standen im Kreise um sie, als ich — auf meinem Wege nach St. Helier — vorbeiging.

Die Sonne jenes Tages ging mit strahlender Schönheit über dem kalten rauschenden Grün der Aubins-Bai nieder. Aber ich werde nicht vergessen, wie unheimlich der Wind in der Nacht pfiff; wie die Fenster klapperten und die Thüren sich in den Schlössern rührten. Früh um sechs Uhr verließ ich das Hotel. Die kleine, hübsche Elizabeth war schon auf. Sie stand in der Thür, als ich ging, und mit einem halb weinenden und halb lachenden Gesichte sagte sie: „Sie werden eine fürchterliche Ueberfahrt haben, Herr!"

Nun folgten Tage, die zu den eigenthümlichsten meines Lebens gehören. Tage voll Sturm und Seegeruch aus ungesunden Kajüten, voll Segelknattern, Mövengeschrei, Nebel, Regenschauer, Marktscenen, Sonntagsglocken und süßem Resedageruch — wie aus andern Welten; Tage, welche in dem schlechten und durch sein trauriges Wetter denkwürdigen Sommer des Jahres 1860 die schlechtesten und denkwürdigsten für mich sind.

Schon im Hafenwasser zitterte das große, mächtig gebaute Packetschiff, und die schwarzen Dampfsäulen seiner beiden schräg liegenden Schornsteine stiegen in den schwarzen Wolkenhimmel. So fuhren wir von Jersey ab. Wie fürchterlich recht hatte die kleine, hübsche Elizabeth gehabt! Aber ich will von dieser Fahrt nichts sagen; sie dauerte nur drei Stunden, und triefend von Salzwasser stieg ich aus dem Schiffe, welches um diese Zeit schon einem großen Lazareth glich, bei St. Peter's Port an das Land.

St. Peter's Port ist die Hauptstadt von Guernsey; sie liegt an der Westseite der kleinen Insel und erhebt sich amphitheatralisch über der Bucht, welche sie hier mit mäßigen, schön belaubten Hügeln bildet. Aber Alles lag in Nebel und Regendunst begraben. Es war ein wunderbares Bild; düster, schwermüthig, geisterhaft. Die Wolkenschichten kamen und gingen; bald gaben sie einen Blick auf die Stadt frei, so daß man die Häusergruppen und Terrassen, die Giebel und Thürme, ja sogar die Farben erkennen mochte; bald war Alles wie weggefegt, und eine finstere Nebelmauer stand auf dem Meere.

Ich spannte den Schirm auf und wanderte dem Hotel zu; ich hatte mich nicht zehn Schritte vorwärts

gearbeitet, da knickte der Wind mir den Stiel gerade über
der Hand ab. Ein anderer Zug des Windes trug mir
den prächtigsten Duft von Herbstblumen entgegen, und
ich sah, daß die Grundmauern der Lagerhäuser am Wasser
mit Heliotropen= und Resedafeldern bekränzt waren. Das
Hotel lag dicht am Wasser; eines jener alterthümlichen
Gebäude, wie sie auf Guernsey noch so häufig sind. Ich
wohnte in einem Thurme, vier Treppen hoch, und hatte
die ganze See vor mir mit ihrem Nebel und ihren hohen
Wellen. Dort ging das Schiff wieder hinaus — dort
wirbelten die beiden Rauchsäulen im Sturme herum —
dort war Schrecken und Nacht und Elend in dumpfen
Kajüten ... Ha! jedesmal, wenn das Schiff sich hob und
senkte, war mir, als thäte der Thurm, in welchem ich
saß, desgleichen.

Die Erinnerung, welche ich von St. Peter's Port
und Guernsey habe, gleicht einem Nebelbilde. Unklarheit
wechselt mit plötzlicher Helle und einer Farbenpracht für
Minuten; und das Ganze hat für mich das Unsichere
eines schweren Traumes, den magischen Reiz einer Däm=
merung am Meere.

Es war Sonnabend, als ich in St. Peter's Port
anlam, und das bunte Gewühl des Markttages entwickelte
sich wie ein Gaukelspiel aus den Aermelfalten des Ne=
bels. Ein Nebel ganz anderer Natur, als der von Lon=
don; nicht gelb, sondern weiß, fast farblos — kein
zäher Nebel, sondern ein Nebelschleier — zauberhaft,
trügerisch, und gefürchtet von den Schiffern, die dieser

gefährlichsten aller Küsten vorbeisegeln müssen. St. Peter's Port ist eine alte Stadt, mit Giebeldächern, wie in Nürnberg, mit vorväterlichen Thurmresten an der Seite bürgerlicher Wohngebäude, mit rothen Thüren hier und dort, mit mittelalterlichen Erkern und undefinirbaren Winkeln, mit runden Fenstern und Spitzbogenpförtlein, wie bei den alten Farmhäusern auf Jersey. Ich entsinne mich aus meiner frühesten Kindheit einer Straßenskizze von Guernsey, die ich im Brockhaus'schen Bilderconversationslexicon gesehen. Dieses war dazumal das Buch der Wunder für meine Geschwister und mich; und unsere Bewunderung war so gründlicher und handgreiflicher Natur, daß das Buch mit Stumpf und Stiel ein Opfer derselben geworden. Es ist aus dem Bücherschrank des Elternhauses verschwunden; aber in dem Herbstnebel jenes Sonnabend sollte ich dies alte Bild der Kinderjahre lebendig wieder finden. Da stand es, hinter der Stadtkirche. Da waren die engen Straßen und die Dächer, die sich oben fast berührten; da waren die Erkerfenster und die seltsamen Schnitzereien daran, die Karren mit zwei Rädern, die über das unebene Pflaster holperten, die Fuhrleute in ihren Kitteln, die schweren, breithufigen Pferde, die Frauen in ihren hohen, schwarzen Kappen. Da waren die Treppen, die von Gäßchen zu Gäßchen, den ganzen Berg hinaufführen — denn die Stadt liegt am Berge, und dahinter ist Nichts mehr von ihr — da waren die Winkel, wo die Welt plötzlich ein Ende zu haben schien, und zuletzt doch wieder ein schmales Treppchen, über das man weiter stieg. Welch' ein Wirrwarr von Stufen, Zickzackleitern, überhängenden Giebeln, Masten und Raen im Hintergrunde, und Blumensträußen und Blumentöpfen überall!

Blumen bilden den großen Grund- und Charakterzug von Guernsey. Kein Haus ohne Garten, kein Fenster ohne Töpfe, kein Tisch ohne Bouquet. Welch' eine freundliche Ueberraschung, ja, welch' eine Ermuthigung in dieser Finsterniß des Nebels und der Nässe, die kaum für Augenblicke wich. Im Innern des Landes soll sich keine Hütte finden und keine Farmwohnung, in welcher nicht ein eigenthümliches aus Blumen und Farnkraut aufgeschichtetes Lotterbett, das sogenannte „grüne Bett", die Stelle einnähme, welche man unter weniger blumenliebenden Nationen dem Sopha angewiesen sieht. Blumen waren es auch, welche dem sonst so trübe durcheinander wühlenden Sonnabendsmarkt die Täuschung eines heiteren Reliefs verliehen.

Wie in St. Helier scheidet sich der Markt von St. Peter's Port in einen englischen und einen französischen. Auf der englischen Seite hat man unter hohen Säulengängen vierzig reinliche Boutiquen voll von Rind- und Hammelfleisch, und nebenan, in einem Parallelgange, unter gläsernem Dach, ungefähr eben so viele Fischläden, wo die Hummer im Naturzustand auf dem heimathlichen Grunde von faulem Seetang und Klippenmoos neben zerschnittenen Schollen und Salmen herumkriecht. Das Geflügel, das Gemüse und die Blumen — Alles, was leicht, luftig und duftig ist, befindet sich gegenüber auf der französischen Seite des Marktes, in einem dritten Säulengange, „les Halles" genannt. Die „Damen der Halle" sind Bauernweiber aus der Normandie, die in einem Fischerboote jeden Sonnabend Morgen den Kanal kreuzen, um ihren Platz auf dem Markt von St. Peter's Port einzunehmen. Sie tragen jene hohen, weißen Mützen, die den Ausdruck des Ernstes und der Strenge im Gesichte dieser Frauen in einen schmucklosen Rahmen fassen. Auf dieser Seite des Marktes hört man nur Französisch — jene einschmeichelnd geschmeidigen Wortklänge, die an die Blumen und Bouquets der Madeleine erinnern; unter den Ochsenvierteln und Hammelkeulen der andern Seite wird das mehr verwandte Englisch gesprochen. Die offene Mitte zwischen beiden Säulenportalen ist neutral; hier stehen Honigkuchenbuden und Gingerbiertische, und leichtfüßig durch dies Sprachen= und Volksgemenge, durch all' diese Körbe und vereinigten Gerüche von Meer und Land bewegen sich die lieblichen, kleinen, dunkeläugigen und dunkelhaarigen Töchter der Insel. Feenhaft=anmuthige Wesen, und in ihrer zierlichen Erscheinung, das feine Strohkörbchen unter dem vollen, runden Arm, das kokette Hütchen mit dem kurzen Schleier, der eben ihr Gesicht umspannt, auf dem kecken Kopfe erinnern sie den Fremden an die alte Sage, daß die Guernsey=Leute von den Feen abstammen.

Denn viel mehr, als dies der auf dem von englisch= französischen Cultureinflüssen modernisirtem Jersey der

Fall ist, haben sich hier Spuren der frühesten Vorzeit und Reste des ältesten Aberglaubens erhalten. Hier sind die Götter noch nicht alle in's Exil gegangen; hier haben sich die Feen noch nicht in Hexen und Hexenmeister verwandelt, wie drüben, auf dem Schwestereiland. Was von den alten celtischen Heiligthümern übrig geblieben, wird — ganz wie in der gegenüberliegenden Betragne, wie in Wales und in Irland — noch auf die Feen, diese letzten Bewohner des altheidnischen Mythenhimmels, bezogen. Einen Hexenfelsen kennt man hier nicht. Aber man zeigt uns auf einem nördlichen Vorgebirge der Bazon-Bai einen wohlerhaltenen Cromlech, „le creux des Fées" genannt, und erzählt uns, daß von hier aus in alter Zeit die Feen hervorgekommen, um Guernsey zu erobern, und daß sie nun über das Wohlergehen ihrer früheren Heimstätten und ihrer Abkömmlinge, der Leute von Guernsey, wachten. — Ist es nicht bemerkenswerth, daß die Einwohner dieser kleinen, wogenumbrohten Eilande nicht genug zu haben glauben an der Allmacht des Einen, auf den wir Alle vertrauen, und darum eine Geistermacht heraufrufen zu ihrem besondern Schutze? — Ich habe etwas Aehnliches fern im deutschen Meere auf den nordfriesischen Inseln beobachtet. — Ein anderes Celtendenkmal, der Steinpfeiler „Maenhir" im Kirchspiel von St. Peter im Walde, zehn Fuß hoch über dem Grund, ein Gegenstand der Furcht für die Eingeborenen, und der Forschung für die Alterthumskundigen, soll ein Lieblingsort der Feen sein, die oft sich hier in stillen Nächten versammeln. — Zahlreiche kleine, hübsche Feengeschichten, die der Mühe des Sammelns, bevor sie aus der Erinnerung schwinden, wol werth wären, knüpfen sich an diese und ähnliche Denkmale der celtischen Vorzeit.

Nicht minder conservativ zeigt sich dieser kleine von Klippen und Nebel geschützte Fleck Erde mitten im stürmischen Kanal in Bezug auf die Normannenzeit, welche derjenigen der Celten folgte. Guernsey ist bei weitem französischer als Jersey; nicht in der Gesinnung — darüber habe ich in der That kein Urtheil — wol aber in der ganzen Erscheinung, Lebensart und Sprache. Sogar die englische Münze ist vom allgemeinen Cours ausgeschlossen; auf dem Sonnabendsmarkt, in der Stadt und auf dem Lande, überall wird nach französischen Franken und einem eigenen in Guernsey geschlagenen Kupfergelde, den sogenannten „Doubles", deren acht ungefähr auf einen englischen Penny gehen, gerechnet.

Gegen zwei Uhr Nachmittags hatte die Marktherrlichkeit ein Ende; wahrscheinlich früher als sonst, wegen des Unwetters, welches sich nur in langen Zwischenräumen auf Momente aufhellte. Mit meinem stiellosen Regenschirm in der Hand war ich lange müßig umhergeschlendert. Die Highstreet mit ihren großen, prächtigen Kaufhäusern, durch deren hohe Fenster im Erdgeschoß man einen Blick auf die Schiffe des Hafens und das offene, stürmende Meer hatte, war mehr als einmal durchmessen worden — denn sie hatte hier und dort knappe Grenzen und Endpunkte, und Treppen führten weiter, in die Nebengassen hinauf. Ich erstieg sie, eine nach der andern, und ein wunderliches Panorama von engen Höfen, dunkeln Sackgassen und dreieckigen Erkerhäusern lag zuletzt unter mir, den Berg hinunter bis zum Rande des Meeres. Ich befand mich nun in dem neuern und schönern Theile der Stadt, welcher das schmale Plateau des Hügels bedeckt. Ein furchtbarer Regenschauer, der eisig kalt eben wieder einbrach, zwang mich, in Anbetracht meines mangelhaften Regenschirms, irgendwo in der Nachbarschaft Schutz zu suchen. Da stand ein dunkles, ehrwürdiges Gebäude zu meiner Linken, mit einem Garten davor, in welchem Pinien und Lorber wuchsen, mit einem Rundbogen-Wetterdach über der röthlichen Eingangsthür, mit breiten hohen Fenstern, die alt und ehrwürdig aussahen, mit einem düstern Ernst, einem Schimmer von Schwermuth über der dunkeln Façade. Hierher, auf die Steinstufen unter das Wetterdach trat ich, um Schutz zu suchen. Ich sah eine Messingplatte an der Thür und las darauf die Worte: „Hauteville-House". Plötzlich zuckte es wie ein Funken durch meine Seele — ich hatte es heute Morgen schon im Hotel gehört, wer der Bewohner von Hauteville-House sei.

Es war der Dichter der Dämmerungsgesänge und des Glöckners von Notre-Dame, es war der erste Romantiker Frankreichs, es war der staubhafte Flüchtling und der große Feind Napoleons des Kleinen, — es war Victor Hugo, vor dessen Haus im Exil ich stand!

Ein kurzer Kampf — und ich wandte mich um, und

pochte und klingelte. Denn „knock and ring" ist auch das Mene-Tekel unserer großen Dichter in der britischen Verbannung geworden. Es dauerte ziemlich lange, ehe man mir öffnete. Ich fragte nach Monsieur Victor Hugo. Er ist nicht zu Haus, hieß es; er ist von einer Reise nach Irland und England noch nicht zurück. — Alles, was mir blieb, war ein Blick in sein Arbeitszimmer, dessen Fenster vorn auf die Pinien und Lorbeern des Gartens und hinten auf die See und die Küsten von Frankreich gehen. Mit Ehrfurcht und entblößtem Haupte stand ich eine Weile in dieser Werkstätte eines der erhabensten Geister, und große Schatten, halbfertige, luftartige aus „Weltlegende" gingen an mir vorüber, ehe ich in den kalten Regen des Herbstnachmittags zurückkehrte.

Was nun folgte, läßt sich in wenig Worten sagen: Regen, Nacht, Morgendämmerung, die hochkirchliche, sang- und klanglose Stille des englischen Sonntags, neuer Regen von Anfang bis zu Ende, neuer Sturm, neuer Nebel. Stundenlang saß ich in meinem Thurme, und sah auf das Meer vor mir, und die Inseln Jeddou, Herm und Sark, die wie drei große Grabhügel im tiefen Dunste des Wassers lagen. — Dann ein Gang in die Hafenbauten und zu dem Felscastell von Castle Cornett, welches sie schützt; dann zurück zu meinem Thurm, in dessen Grundflur auf den Sopha's drei englische Gentlemen und eine Lady gähnten, während Seine Herrlichkeit, der „Waiter," sonntäglich geschmückt, in weißer Binde, weißer Weste und schwarzem Frack an der Thür gähnte.

Der Abend kam, und Lichter funkelten den ganzen Berg hinauf, durch den Nebel. Abendlichter! welche Sprache doch redet Ihr, daß Euch das Herz selbst in solchem Aufruhr und trüben Tumult der Natur selig versteht und begreift? Da saß eine Mutter in Weiß mit ihren Kindern rund um den Tisch, und das älteste Mädchen, ein schwarzer Lockenkopf mit rothen Schleifen am Gewand, las aus der Bibel. Dort unter den Blumen des Fensters, in halber Dämmerung, saßen zwei junge Leute, die sich liebten, Hand in Hand — vielleicht verlobt oder neulich vermählt; — dort stand ein schönes, sinniges Wesen am Schalter, das sich langsam unter ihrer Hand niedersenkte zwischen der Nacht und der Kuppellampe, die im Hintergrund des Zimmers eben angezündet wurde... Und dort stand die alte Stadtkirche, und matter Schein quoll aus ihren gothischen Fensterbögen und der Choral der Gemeinde mischte sich mit dem Brüllen des Meeres und dem Heulen des Sturmes...

Am andern Morgen fuhr ich ab. Aus Nebel ging es in Nebel. Die Hand der Vorsehung selber hat ihren Schleier über die Geschichte dieser Reise gebreitet; die meine soll es nicht versuchen, ihn zu lüften. Das Röcheln der Maschine, die Heftigkeit der Sturzseen, das Wimmern des Sturmes, die Nässe, die Kälte, die Unsicherheit, in der wir Alle bis tief in die Nacht hinein zitterten, sollen in der Erinnerung nicht erneut werden. Nur ein Moment wird mir ewig unvergeßlich bleiben.

Mit einem wilden Matrosengesang — ich glaube, es

war die Melodie von „So fare thee well, my own Mary Anne" — stürzten die Schiffsleute plötzlich an den Besanmast, um die Segel zu reffen; denn das Schiff ging, als wolle es seinen Bugspriet in den Zenith kehren, und die Gewalt der Sturzseen war so gewachsen, daß das Deck beständig unter Wasser stand. Wir waren in den Strudel zweier gegeneinanderpolternden Fluthen gerathen, die uns trieben, während der Wind von der Gegenseite kam. Und fern im Nebel erblickte ich, unklar über Wasser, eine wüste Felsenmasse, mit etwas Weißem darauf, wie Mauer und Thürme.

„Das sind die Caskets!" hieß es mit Einemmal hier und überall auf Deck, und Alles, was sich von den Passagieren noch bewegen konnte, begab sich auf Steuerbordseite, um sie zu sehen. Der Pilot, welcher — ein braver, wetterfester alter Mann, in Leder gekleidet von Kopf bis zu Fuß — bisher sich gern mit mir unterhalten hatte, weil ich sein Französisch verstand, stand hoch auf der Brücke, bald mit der Rechten, bald mit der Linken dem Manne am Rade Signale gebend. Nachdem eine halbe Stunde also unter beständigem Rollen und Ueberschlagen der See vergangen war — die schrecklichste halbe Stunde der ganzen Fahrt — kam der Pilot wieder herunter. Ich lud ihn ein, einen Schluck Brandy mit mir zu trinken — und aus dem Fläschchen, an welchem der Mund der irischen Brighit so oft geruht, stillte nun der Lootse der normannischen Inseln seinen gewaltigen

Durst. Dann sagte er mir folgendes über die Caskets, welche düster in den Nebel zurücktraten:

„Diese Gruppe einsamer und nackter Felsen, auf welchen kaum ein Steingewächs fortkommt, und ehedem nur einige Seevögel nisteten, war lange ein Schrecken für Seeleute. Denn zwischen der Insel Guernsey und den Caskets sind die Fluthen nimmer still; auf jedem Punkte des Compasses setzen sie im Laufe jeder Ebbe und Fluth von allen Seiten der Nachbarküsten ein und gehen in Winterszeiten oft mastenhoch. Bis zum Jahre 1723 waren diese gefährlichen Felsen durch kein Zeichen der Führung oder Warnung für die Seefahrer ausgezeichnet, und die Folge davon war eine lange, ununterbrochene Reihe der allerschrecklichsten Unglücksfälle. Endlich in jenem Jahre wurden die drei Leuchtthürme auf dem höchsten Felsen errichtet, welche wir heute wegen des Nebels nur undeutlich sehen. Sie stehen im Dreieck und sind durch starke Mauern verbunden, welche einen Fleck von Alberney herübergebrachter Erde einschließen, darin einige Gemüse gezogen werden. Die Thurmwächter sind Leute von jener Insel, und bekommen fünfzig Pfund das Jahr. In den Leuchtthürmen sind Zimmer für sie, und Kammern mit Vorräthen, welche über den ganzen Winter ausreichen müssen, da man alsdann nur mit der äußersten Noth ankommen kann. Sollte jedoch der Vorrath knapp oder die Hilfe eines Arztes nothwendig werden, so kommuniziren die Thurmwächter mit Alberney durch einen kleinen Telegraphen während des Tages, oder durch ein Feuer auf dem Felsen bei Nacht. — Was die Bewohner dieser einsamen Thürme am Heftigsten empfinden, ist die Gewalt der Stürme; sie heulen wüthend rundum und die See, wenn sie empört ist, und der Anbrang des Fluth-stromes sie noch höher schwellt, speit ungeheure Wasser-massen über die Felsen, wobei die Lichter oft getroffen und ernstlich beschädigt werden. In solchen Nächten wer-den oft die Seevögel, unfähig, länger mit dem Sturme zu kämpfen, von dem Lichte angezogen und gegen die Gläser geschleudert, welche klirrend zusamenbrechen, wäh-rend die Flammen verlöschen und die armen Vögel todt in die Thürme niederstürzen."

Noch einen Zug that der Lootse aus meinem Brandy-Fläschchen. Dann wegen der Nähe eines Schiffes, welches im Nebel entdeckt wurde, stieg er wieder auf die Brücke.

Dieses ist die letzte Erinnerung, welche ich von Guernsey habe. —

Schlußwort.

Selig sind die Toten, die im Herrn sterben, von nun an.
Offenb. Johannis 14, 13.

Unser Leben ist unser bestes Gedicht. Die Schlüße, die uns das Schicksal in die Feder diktirt, sind die ergreifendsten.

Eben, wo dieser letzte Bogen in die Druckerei gehn soll, erhalte ich einen Brief mit dem Zeichen eines Schiffs gesiegelt, in dessen Segel ich die Jnitialen des wackern Seefahrers und Romandichters Heinrich Smidt erkenne.

„Mein Neffe," schreibt er, „Herr Carl Felix von Westerland auf Sylt, war in diesen Tagen hier. Er brachte mir die Nachricht mit, daß mein alter Freund, der Capitain Dirksen Meinertz Hahn, mit Tode abgegangen ist."

— — — — —

Guter, alter, freundlicher Mann! Du sitzest nicht mehr am Fenster Deines Hauses unter den Dünen. Du lachst nicht mehr, Du erzählst nicht mehr. Ich werde Dich nicht wiedersehen, wenn ich die kühle Frieslands-Jnsel auf's Neue besuche. Du liegst nun bei der kleinen

Kirche von Westerland zur Seite Deiner Frau Hedwig, die Dir im Tode vorangegangen. Die Haide rauscht über Euch. Die Stürme des Herbstes brausen über Eure Hügel, und wenn der Sommer kommt, werden die kleinen Bienen darüber summen.

Schlafe wol, guter, alter, freundlicher Mann! Gebe Gott uns Allen einen heiteren Lebensabend, wie Dir, und ein ebenso seliges Ende.

Mit diesem Wunsche wollen wir Abschied nehmen von den „verschollenen Inseln."

Berlin, den 21. October 1860.

Druck von G. Bernstein in Berlin, Mauerstr. 53.

www.ingramcontent.com/pod-product-compliance
Lightning Source LLC
Chambersburg PA
CBHW021959220426
43663CB00007B/881